# 塚本邦雄の宇宙

# I

Yoshio Hishikawa

菱川善夫

短歌研究社

# 塚本邦雄の宇宙　Ⅰ　目次

II

二〇〇七年　第十七回一月十日から第三十三回十一月二十八日まで

写真・装訂　間村俊一

# 塚本邦雄の宇宙　Ⅰ

# 第一回
# 二〇〇六年四月十二日
## 『水葬物語』

二〇〇五年（平成十七）六月九日、塚本邦雄さんが亡くなり、「現代詩手帖」が八月、「塚本邦雄の宇宙　詩魂玲瓏」という特集号を出しました。この中で塚本さんの代表歌を五百首、私が選びましたので、これをテキストにして読んでいきたいと思うんですが、五百首というと歌集二冊分でしかない。しかしこの五百首は、塚本邦雄の二十四冊の歌集の中から選ばれたものです。塚本邦雄の全体像をどういうふうにつかむのか、それをつかまないと「塚本邦雄の宇宙」の「宇宙」は正確に理解できないことになる。塚本さんはどんどん変化していっていますので、一冊の歌集を丁寧に読むということ以上に、この五百首を読むことで、塚本邦雄が目指したものが、全体としてどういうことなのか、身近にわかっていただければと思っています。

塚本さんの歌は、心の中のことをそのまま書いていくという従来の近代短歌の方法とはまったく違いまして、全部、頭の中に組み立てているイメージですから、現実にありえないようなことが毎回出てくると思うんです。そんなに難しい言葉を使っているわけじゃないけれども、どうしてこういう幻想を歌に詠まなくちゃいけないのか、なぜこれに価値があるのか、というところを読めないと、何のためにそんな歌をつくっているのか、なかなか読み取れない。

鑑賞というのは、ただその言葉の意味をとるというだけでなくて、作者の狙っている主題、モチーフを含めて読み取ることにあると思います。毎回せいぜい十五首くらいになると思っていますが、私の解釈は一つの仮説であって、そのように読めと強制しているわけではない。私はこう読みますよ、したがってこういう読み方を一つの参考にして早く自分の解釈を見つけ出して、私の言っていることに新しい解釈をつけ加えてほしいということなんです。

塚本さんの歌は、正字表記で、ゆまに書房刊の全集は全部正字になっています。今は簡略体の漢字で、正字はものすごくわかりにくい。正字を書くときにとても参考になるものですから、その点も、気をつけるといいのではないかと思います。

まず『水葬物語』からいきましょう。

革命歌作詞家に凭りかかられてすこしづつ液化してゆくピアノ　『水葬物語』

塚本邦雄の第一歌集『水葬物語』を開くと真っ先に出てくるのが、この歌です。つくった順に並べて歌集をつくる人もいますけれども最初に一首、作家の姿勢といったものが読み取れるものが置かれるべきで、この歌がまさにそうなんですね。

この歌集は「未來史」という題の一連から始まって、いくつかの小題に分かれているんですが、最初が「平和について」なんです。ですから、この歌は「平和について」という題をもっています。平和とはどういうものかということについて、塚本邦雄の考えがこの歌の中にあると見なくてはいけない。

革命歌作詞家ですから、革命歌の歌詞をつくる人ですね。この革命歌作詞家がピアノに身を凭りかからせている。たぶんそのピアノは竪型ではなくてグランドピアノを連想したほうが格好がつきますね。そのピアノに身を凭りかからせているけれども、しかし徐々に液化、つまり液状化していった。ピアノが溶けていくというんですよ。黒い液体となって床の上に流れていくというイメージです。

なぜこんなことが起きるのかという驚きがまずやってくると思います。しかし何か、革命歌作詞家にピアノを溶かすような魔力があるのか。この歌の中では詠んでおりませんけれども、おそらくピアノがゆっくりゆっくり時間をかけて全部溶けていって、革命家作詞家はピンと最後まで残っている。そういうふうにもとれるけれども、ピアノが溶けたときには革命歌作詞家も溶けてしまっているんじゃないか、と思わせます。かたちのあるものがかたちのないものへ溶けていくというのが、ここでは重要なモチーフになっている。

なぜ革命歌作詞家をここに持ってこなければいけないかと言いますと、もし革命が成立して今、まさに革命をうたわなきゃならない時代であるならば、ピアノの蓋を開いて高らかにピアノを鳴らすでしょう。つまり、革命歌をうたうことができない、革命歌が必要ないということは、もう革命の時代ではなくなってしまった、革命が夢のように消えてしまったんだ、だから革命歌をつくるために革命歌作詞家がいたにもかかわらず、革命歌をつくることができないでいる。革命幻想が崩れてしまった悲しみをうたっているんだと見ることができますね。

なぜ革命かといいますと、戦争中は完璧な軍国主義の政治体制である国家主義が人々をきつく縛りあげていた時代でした。これが戦争に負けて新しい民主主義の時代になりました。政治体制の変化は教育の中にも嵐のような勢いでやってきましたからね。僕たちが経験したのは、真っ黒に墨で塗りつぶした教科書でした。

国家主義が崩れて、新しい民主主義の時代になった。それは、まったく新しい国家が生まれる可能性をはらんでいるはずじゃないですか。どういう新しい憲法ができるのか、期待を込めて見ていたわけです。かつての憲法とは違う、国民を中心とする新しい憲法が当然できなきゃいけないし、同時に国民の位置づけや責任、意識を大きく変えていくものと思っていた。それは前の国家主義的な政治体制から見れば、まさに革命的な変化だったと見ていいでしょう。

しかし、蓋をあけてみたところ、革命の体制、幻想といったようなものは脆くも潰《つい》えてしまったというのが、まずこの歌の中にはあるんですね。つまり、今ある平和はそういう革命的な夢が全部洗い流されてしまったあとにやってきた平和なんだよと。フランス革命で人々が王侯貴族を軒並み、ギロチンにかけて血を流して得た、ああいう革命とは全然違うんだという意識ですよね。事実それを裏付けるものがいくつかありました。

敗戦後すぐの昭和二十一年（一九四六）に、郵便局や放送局、新聞社あるいは公的な機関の労働者が集まって賃金の値上げ、雇用制度を拡大せよと全国的なゼネストが組まれたんですね。そして労働者の活力が国家の体制に危険な影響を与えそうになったとき、マッカーサーの一言で、一言ですよ、完全に水の泡にされてしまいました。まさに労働者が中心になって古い体制をひっ繰り返そうとしたときには、それはもうつぶされてしまいました。

それから、雌伏していた共産党の野坂参三が中国から帰ってきて人々が熱中して迎え入れる。そして共産党が選挙でもたくさんの議席を獲って、革命幻想を呼び起こす時代がやってきました。近藤芳美の『歌い来しかた　わが短歌戦後史』にその時代のことがよく書かれています。


新しい選挙で共産党が進出した興奮がなおつづき、野坂参三が占領下にある日本の人民政権樹立の可能性を語った。平和革命といい、それは「九月革命」などという幻想を生んだ。九月までに彼らの政権が生まれるという希望である。中国では人民解放軍の北京入城が伝えられていた。北京に中華人民共和国成立の宣言がなされるのは、その年の秋である。

（近藤芳美『歌い来しかた　わが短歌戦後史』岩波新書　一九八六年）


人民政権、天皇が政権のトップに立つのではなくて人民が自分達で、手でもって政権を握ることが出来るんだと可能性を語った。つまり共産党が中心になって新しい人民政権をつくると言うんですね。

選挙は一九四九年、昭和二十四年のことですね。平和革命を踏まえたとありますが、これも、コミンテルンの批判を浴びてだめになって、共産党が武力闘争に転向していくきっかけになったんです。そういうふうにつぶされて、だめになっていきます。

そして、すぐに朝鮮戦争が始まりました。アメリカ側の韓国とソビエト側の北朝鮮が、朝鮮半島を戦場に、三十八度線を仮の停戦ラインとするまで、たくさんの血を流して戦いました。戦争が終わってすぐに平和が来ると思ったところに朝鮮半島での戦争が危機感を煽り、革命的な新しい政治体制、国家体制ができるんじゃないかっていう幻想が脆くもつぶれてしまったわけですね。

もちろん、塚本邦雄の革命幻想は共産党の考えている革命幻想とは一致しないと思いますけれども ね。一度は革命幻想を心に描きながら、しかしそれが崩れていった、その時代の口惜しさ、虚しさ、悲しさ、怒り、こういうものをどうやって表現するのか。

従来だったら、たとえば今、自分が経験した朝鮮戦争であるとか、ゼネストを見たり聞いたりしたものを詠んで、革命はもう遠くなってしまったんだな、とうたうでしょうね。塚本さんがやったのは、個人的な体験を語ることではなかった。今、どういう時代なのかという全体像を密度の高いイメージで描きます。絵でいえば、ああ、こういう時代なんだと思わせるような一枚の抽象絵画を、彼は描こうとしていたと見てください。徐々に溶けていくピアノは、溶けていく革命幻想を非常に物質感のあるものに置き換えて表現しています。

今の平和というものは、勝ち取った平和ではなくて、そういうふうになし崩しにされていった平和なんだと。名ばかりの平和で、これを本当の平和と言っていいのか、という疑問、批判ですね。それがこの歌の中にあるっていうことが、たいへんなんです。つまり、歌は自分の体験だけをうたうんじゃなくて時代の状況を批評できるということを証明したんですよ。これはもう画期的な方法論の革命ですね。

全部がこの調子ではありませんけれども、ここから『水葬物語』が始まっています。大事な視点は短歌が時代そのものを批評する、時代に食い込んでいくことのできる形式だということを、鮮烈なイメージ、幻想的なイメージをつくることによって、可能にしたんですね。イメージの重要さを、この一首はわれわれに強く呼び起こします。

時代に対する批評の姿勢は、たとえば次の歌がわかりやすいだろうと思います。

聖母像ばかりならべてある美術館の出口につづく火薬庫
『水葬物語』

聖母像をならべてある展覧会場が実際にあったかもしれませんが、これも架空のものと考えてください。塚本邦雄はどこかで見たものを詠んでいるというより頭の中でつくったんですね。聖母像ですから、当然、イエスを生んだ聖母マリアです。崇高な聖母マリアの美しさがたっぷり味わえる平和な時代のもっとも象徴的な美術館ということになると思います。ところが、そういう気分を味わって出てきたとたんに火薬庫がある。山を崩すためのダイナマイトの火薬庫ではなくて、明らかに爆弾や地雷や戦争のために使う武器の火薬庫でしょう。よりによって平和のムードに浸って美術館から出てきたところが、まっすぐ火薬庫へつながっている。

美術館を建てるところがないから、火薬庫の前につくらざるを得なかったところに、たまたま出会ったからではなくて、意識の世界の中で一つの幻想地図をつくったら、今の平和というものの恐ろしさを呼び起こす危険なイメージになっている。やはり前の歌と同じように、肯定するんじゃなくて批判して、時代の危機感を読む人に呼び起こすものになっていますよね。

先ほど言いましたように、こういううたい方は、これまでほとんどなかった。もちろん幻想的な歌はありましたけれども、時代の中にある危機的なものをわれわれに想起させるという幻想ではなかった。単に心の中に悩みや悲しみやそういうものをうたうだけじゃない、時代に密着してこんな批評を可能にするものになったんだとわかるわけです。

「平和について」の次に「市民」という小題が出てきます。なぜ、「市民」と考えたかというとそれ以前には市民というのはなかったんですね。何があったかというと国民なんですよ。国家の赤子《せきし》、天皇の赤子、赤子と書いて天皇を父とする子供のことで、天皇のためにいつでも命を捨てなくてはいけない、そのための国民です。ですから学校も昭和十六年からは国民学校と言っていました。小学生のうちから少国民、大人も子供も、国のために命を捨てるような教育システムです。

それが解放されてやっと市民になった。市民といえば当然、憲法で保障されているように個人の幸福を追求できる。だれでもが自分の自由を追求することができますし、言論、思想、信条の自由が保障されている。そういう新しい市民が生れることによって、地域社会はもちろんのこと、国家そのものが新しくなっていく。

過去の国民意識を清算して新しい市民意識を、どういうふうに持つのかが問われる時代になってきましたから、この「市民」という小題も、時代の必然性に密着したタイトルなんですよ。

ところが果たして、要求されるような市民的な自覚を市民と呼ばれる人方はみな持っているのかというと、そんなものは持っていない。それは新聞を見たらわかりますよね。公的な金を使い込んだり、市民のために政治をやっているのか、と思いたくなるような場面が絶えず起こっているじゃないですか。仕方がないと手を拱《こまぬ》いて黙ってやり過ごすのか、政治的には抗議すればいいんですけれど、それより文学として何かしなければならないのではないか、塚本さんが考えたのは、そういうことですね。

そういうときに必要な武器はなにか、立派なことをたたえるときには効きませんが、批判するときに諷刺は非常に有効です。日本の諷刺文学の早いものでは、たとえば『吾輩は猫である』は、猫が人間のさる先生の家を批判する。夏目漱石は諷刺という技法を使ってやろうと試みたんですね。スウィフトの『ガリヴァー旅行記』や、ラブレーの『ガルガンチュア物語』など、ヨーロッパには諷刺文学がたくさんありますけれども、そういうものを読み尽くしていないと諷刺の骨法は手に入らない。それを念頭に置いてつくったのが、次の歌です。

市民のてっぺんにいるのが市長。市長は市民に対して責任がある。市民意識がきちんとしていれば、市長も態度が立派で市民の幸せのためにちゃんとやっているでしょう。しかしそれがもっとも怪しい時代になっておりまして、塚本邦雄はこういう諷刺を想定してつくっています。

## 樂人を逐つた市長がつぎの夏、蛇つれてかへる——市民のために　『水葬物語』

一見、歌を外れているようですが、散文的な方法を取り入れてちゃんとうたわれています。楽人ですから音楽家ですよ。逐《お》うはあとを追いかける。市長が音楽家のあとを追いかけて行ったんですね。歌手なのか、ピアニストなのか、バイオリニストなのかわかりません。男か女か、ここでは言っていないけれど、市長が男と仮定すれば、この楽人は女にきまっています。さらにきれいな人なんですね。それで、この市長は頼むからうちの交響楽団の首席になってくれとか、まあ口説きに行ったんだな。つまりその女に気があるんだよ。そしてフラれたんだ。それで黙って帰ってくるわけにいかないでしょう。困ったなと思って何をしたかというと、次の夏に蛇を連れて帰ってきたというんですね。これがめったにいない珍しい蛇で、連れて帰れば人が集まる。それが市民のためになるんだという。これも実際にあった話を詠んでいるのではないですよ。市長は、本当に市民がそんな蛇をほしいと思っているのか、そういう諷刺なんです。

蛇でなくてもほかのものでもよさそうなんだけれど、何で蛇なのか考えさせるところが大事なんですね。蛇というのは、文化史の上でどういうふうに描かれているかということをまず一通り調べなくてはいけないし、精神分析学、フロイトの世界では蛇は何か、ということも絡ませて考える必要がありますね。そこが実は塚本さんの歌を読むときの楽しみなんですよ。

蛇が登場するのは、みんなが知っている旧約聖書でしょう。蛇がアダムとイブをそそのかして知恵の木の実、林檎を食べさせる。それで神様は怒って蛇は死ぬまで地面を這って生きろとそういう姿に変えさせられた。言ってみれば蛇のもっているずるがしこさですね。また、気持ちの悪いもの、奇怪なものというのは反転させると非常に神秘的な能力になりますからね。蛇のように聡く、賢くというような言葉も聖書の中に出てくる。蛇は賢いからこそ、そそのかして知恵の木の実を食べさせることができたんでしょう。

市長のずるがしこさが、蛇だから出てくるんですよ。自分の失敗をごまかして蛇のほうが市民のためになるという勝手な口実をつくって帰ってくる。これはそういう市長のだらしのない生き方を諷刺するための歌でしょうね、びっくりするような着想ですね。

精神分析では、蛇は長いから男根、ペニスのシンボルになります。『カラマーゾフの兄弟』でも男性性器の象徴として出てくる場面があるから、それをつきまぜて考えると、この楽人はやはり女でなきゃだめだ。女を追いかけて結局ものにならなかったものだから、市民のためと口実をつけて帰ってきた。そういう諷刺ですね。

自分が市民として市役所に行って何か屈辱感を感じたという体験を歌に詠むのとは違って、その程度の市民意識しか市長にはないんだという平和、市民意識についての批判が、ここからうかびあがってきています。

つひにバベルの塔、水中に淡黄の燈《ひ》をともし——若き大工は死せり

『水葬物語』

塚本さんの歌の中には聖書に因む歌がたくさんあります。バベルの塔は、旧約聖書の創世記に出てきます。人々が天に届くまでの高い塔をつくった。神はその傲慢を怒り、お互いの意思が通じないように言葉を乱し、あちこちに分散してしまった。聖書の中ではバベルの塔という言葉は出てきません。ただ、建物のつくられたバビロニアが元になるのでしょう、通称バベルの塔と呼ばれている。

バベルの塔に象徴されるのは天をもしのぐようなすごい仕事をしようとすることですが、「つひに」とありますから、長い間、その塔をつくろうとしてとうとうそれが完成した。しかも、砂地にあるんじゃないですよ。水の中ですね。バベルの塔を一人黙々と建てて、とうとう完成したんですね。完成した証拠として小さな窓々に灯を点した。灯がついたということが完成を暗にあらわしております。

いったいこれはだれが建てたのか、というのが結びの言葉です。「若き大工は死せり」、「死せり」の「り」は完了の助動詞ですからね、このとき、大工は死んでいる。建てて死んだというの

ではなく、若い大工は死んだ状態のまま水中で一人コッコッコッコッ、誰も建てられないような巨大なバベルの塔を築いたんですよ。やっと完成して、その印に明るい灯が窓に点ったんだ。表現からいうと、そういう歌なんです。「若き大工」とあるのは、職人的なすぐれたアルチザン、芸術家を連想させます。その若い大工はすでに死んでいる。そして水中でその仕事をしている。

この『水葬物語』の扉に「亡き友　杉原一司に獻ず」と書かれています。読む人に、若き大工というのは死んだ杉原一司だとすぐわかるようにできています。自分が最も信頼する同人仲間として、ただならぬ光を放っていたその杉原一司です。あとがきにもありますけれども、自分たちはフランス語で方法という意味の「メトード」という雑誌をつくった。定型詩というのは、大工がすぐれた作品をつくりあげるように構築していくものであって、きちんと計算してつくっていかなきゃいけない。だから自分の歌はすべて杉原一司の方法論にしたがってつくっているんだ、と書いていますから、この若き大工はそういう意味でも、若くして亡くなった、塚本が最も尊敬する批評家であり歌人であった杉原一司を指しているんですね。

杉原一司は死んだって仕事をしている。『水葬物語』は、水葬された杉原一司が水の中でコッコッと仕事をしている。そして完成されたすばらしいバベルの塔、それこそが彼のつくりあげた短歌形式、短歌というもの、定型とはそういうものなんですよということですね。

このバベルの塔は塚本邦雄の目にははっきりと見えている。そういうかたちで自分の友達を褒めたたえるという歌です。

「雨季に」という小題の中に、このバベルの塔の歌が出ていますが、もう一つ選んでいるのが次の歌です。

黴雨空《つゆぞら》がずりおちてくる　マリアらの眞紅にひらく十指の上に　『水葬物語』

梅雨空ですから太陽がカラッと明るく照っている空とは違いまして陰鬱な空ですけれども、その下に一人じゃなくて複数のマリアがいる。いったいこのマリアが何を指しているのかというのが大事なポイントになります。

マリアたちが手を開いた、しかもその手は真紅だ、その十指の上に何があるのかという意味をとろうと思えば、最初に還ればいいわけです。梅雨空を強調するために冒頭に持ってきている。マリアらの真紅に開く十指の上に梅雨空が落ちてくるという内容ですね。

絵に描こうとしたときにその手にどうしても真紅の色を塗りたい。ということは、もし、このマリアが何の悲しみも知らない女だったら、真紅に開くというイメージは浮かんできませんね。やはり心の中に赤い色に暗示されるような悲しみとか何か必死になって生きていかなきゃならない願いがある。そういうものを表現しようとすれば掌は真紅だ。天に向かって真紅の掌を開いたという状態は、何かに対して救いを求めるようなイメージじゃないですか。

そうしますと、この歌の中心にあるのはマリアなんですけど、このマリアは聖書に描かれているマリアの中でどのマリアがふさわしいか。やはりマグダラのマリア、娼婦ですよ。塚本さんの歌には、敗戦後の日本の現実がかなりきちんととらえられていて、写実派の人々ならその辺の街角に立っている街娼としか詠まないところをマリアと言ったんですね。当時はパンパンと呼んで、歌に詠んだ人はたくさんいるけれども、あきらかに軽蔑している言葉ですから、それをマリアと詠んだ人はだれもいない。最も穢れているかもしれないけれどしかし、塚本邦雄はそうしなければ生きることの難しい時代の中で、必死になって生きようとしている女性たちの心の世界に入って、それをマリアに昇格させているんですね。一つの祈りの気持ちをマリアに代わって塚本さんが詠んでいる、そういう歌になっていると思います。

マリアが悲しみのあまりに真っ赤な十本の指を天に向かって開いたという梅雨空、これをステージの上で五十人くらいの女性たちがいっせいに赤い手を開いて空がパアーッと落ちてくるというイメージをつくったらこれはもう踊りになりますよ、ジャズダンスとかね。

今度は大きく小題が「未來史」から「鎮魂曲」に変わります。その最初がこの歌です。

貴族らは夕日を　火夫はひるがほを　少女はひとで戀へり。海にて

『水葬物語』

詩の一節か散文のようですけれども、これもやはりきちんと短歌形式は守っています。「貴族

らは夕日を」で切って「火夫はひるがほを」と読まなければならないんですが、五七五はきちんと守られています。こういうのを句割れと言い、そしてそれがつぎの句とつながるから句割れは必然的に句跨りになります。「少女はひとで　戀へり。海にて」と七七になります。これも「少女はひとで戀へり」と読むんですがつまり、海のところに三人の人物を立たせているわけです。一人は貴族です。もう一人は火夫です。もう一人は少女です。そして海にて、というのは、一番最後にありますけど少女のところにだけ掛かるのではなく全体に、夕日を見ている貴族にも昼顔を恋しく思っている火夫にも、ひとでを恋しく思っている少女にも掛かるわけです。海という何か幻想性と憧れを呼び起こすところに三人を配置しました。

貴族は夕日を恋しく思っている。天皇家と姻戚関係のあった人方、それから三井、三菱という巨大な資産があった人方でしょうね。戦後華族制度や財閥が解体されましたから生活に困っています。夕日は没落寸前のイメージですから、没落寸前の貴族たちが最も輝いていた時代を、もう取り戻せないけれど懐かしいなあ、と思い出している。

二番目に登場させているのは火夫、火を扱っている男です。ボイラーの仕事ですね。昔は石炭の時代でしたから、汽車も船も火を起こす屈強な男たちが必要でしたけれども、職業としてのイメージだけじゃなくて、同時に塚本さんが『水葬物語』の中で火夫という言葉を何ヵ所か使っているんですね。つまり心の中に火を持たない男は男じゃないんですよ。火があってこそ男だという意識があるんですね。

その火夫は昼顔を恋しく思っている。何でそんな屈強な男が昼顔の花を好きになるのか。花の名前は全部そうですが暗喩性を持っています。すぐに思い浮かぶ小説にケッセルの『昼顔』があるじゃないですか。ルイス・ブニュエルによって映画化されてカトリーヌ・ドヌーブが演じていますが、貞淑な妻でありながら同時に娼婦である、つまり二面性を持っている女性が昼顔と呼ばれた。火夫は何を海のほとりで求めているかというと娼婦を心の中に呼び起こしている。

少女のほうはどうか。純粋なかわいい少女はひとでを恋しく思っている。ひとでというのは非常に獰猛な生物で貝を片っ端から食いつぶしていく。そしてまた、ちぎってもすぐ再生する能力をもっているので、漁師にとってはありがたいものじゃない。つまり少女というのは外見はかわいらしく見えるけれども何かひとでのような凶暴なもの、荒々しいものを秘めているから「ひとで戀へり」と言っているんですね。

没落していくものと反対に、戦後の混乱の中で屈強な仕事をしている男たち、そしてまた、これから未来を背負っていかなければならない少女たち、それぞれに心の中に求めている世界が違っている。

戦後の複雑な人間の心の状態をある特定の一人に集約するのではなくて、こういう三人の人物を配することによって時代の風俗をにおわせようというのがこの歌の目的でしょう。この貴族、火夫、少女という言葉は、すでに塚本邦雄の基本的な語彙として繰り返し出てきます。塚本邦雄が貴族に何を描こうとしているのか、火夫にどういうものを込めようとしているのか、ほかの歌と並べてみると少しずつわかってきますが、これが「鎮魂曲」の章の最初に出てきます。

# 両岸にレクイエムの響《な》る河をゆく船、たそがれて薊色の帆

『水葬物語』

川の両岸に倉庫か家が建っているのでしょう。実際にそこで鎮魂歌《レクイエム》が鳴らされているととらえなくても、幻聴のように聞こえてくるととってもかまいません。両岸にレクイエムが鳴っているその川を、一隻の船が静かに動いていくというイメージです。どうしてそこにレクイエムが鳴るのかと考えますと、おそらくB29に集中的に攻撃され、たくさんの死者が出た。だから未だに死者の面影が残っていてレクイエムが鳴っているんだと思います。

小樽の倉庫も同じように機能していて兵隊に送る食料などがあって私も学生時代に動員され、敵の飛行機が来たときにすこしやられました。そのように読んでみれば両岸にレクイエムが鳴る理由がわかると思います。

そこに一隻の船が帆を立てて進んでいくんですけれども、たそがれてきたために白い帆が沈んでいく太陽の光に照らされて、帆全体が薊《あざみ》色に輝いている。どうしてそれを赤い帆としないで薊色としたのか。薊色とうたわれている限りにおいては薊の花を想像しないわけにはいかないでしょう。薊はさわってみると痛いじゃないですか。やはり薊の色の中にそういう痛みっていうのかな、呼び起こしますよ。

ですから、死者がたくさん出てレクイエムが鳴っているんだけれども、船の帆自体が痛みを込めながら、静かに水の上を死者のことを悲しみながら進んでいくというイメージが浮かんできます。薊色が持っている魂の痛みを連想させますので、一つの効果を発揮していると思っていい。何も鎮魂曲は戦場で死んだ人のためにだけ奏でられるものではないんですよ。国内にいてもたくさんの人が亡くなっていて、むしろそういう死者たちのことを忘れちゃいけないということを塚本邦雄は念頭に置いているからこういう歌が生まれるんだと思います。

ここでは帆だとか旗が出てきているんですが、次は「旗の章」に出てくる歌です。

赤い旗のひるがへる野に根をおろし下から上へ咲くジギタリス　『水葬物語』

赤い旗はさきほど言いましたように労働運動、革命運動などが盛んな時代でしたから、革命性を象徴するものでしょう。その赤い旗が翻っている。しかし塚本邦雄は、野原の中の、赤い旗ではなく、野原の真中にしっかりと根を下ろして咲いているジギタリスの花に注目している。ジギタリスの生態をそのまま忠実に詠んでいるんだけれども、花の生態学をここで歌にしたっていうのではつまらない。「下から上へ咲くジギタリス」、なにかここに意味があるんじゃないか。

下剋上という言葉があるでしょう。戦争中は上から下へと全部命令が下ってきた。権力を握っている者が下の人間にすべての命令を下す。それが破壊された。今はすべて下から上だと、そこから民の意思、なにかを新しく言挙げしようとする創造力、エネルギーですね、それを荒々しい野原に根を下ろすジギタリスがあらわしているんですね。

塚本邦雄は新しい反抗の意志、反逆の志をこういうかたちで詠んだ。政治的な革命の旗を振っているんじゃないですよ。政治的な革命の旗と違って私はこのジギタリスのように下から上へとまさに下剋上の精神、反逆の精神で咲いていく、これは私の魂をあらわす花ですよと言っているんですね。古い価値をひっくり返すことはいかに大切か、私がやるのはそれだという決意がこの中にあるんですね。

そう読むとこれは塚本さんらしいすごい歌になると思いますよね。そしてこの「鎮魂曲」の中での傑作が出てきます。

## 湖の夜明け、ピアノに水死者のゆびほぐれおちならすレクイエム　『水葬物語』

湖があります。明け方、湖のそばからピアノの音が聴こえてきた。いったい誰が弾いているのか。湖のそばにピアノを持っていって生きている人間が弾いているのではない。

このピアノはどこにあるんですか？　水の中です。水の中にピアノがあって弾いているのは水死者、死んだ人間なんです。さきほどの若い大工は死んでりっぱな塔を建てたように、水死者も水の中でピアノを弾いているんだ。そのピアノの音が湖のそばに行くと水中から聴こえてくるんです。しかも、これが水死者であることはリズム上でもはっきりと感じさせますね。死んだ人間だから指が硬くて柔軟に動かない。硬い指をゆっくりほぐしてやる。「ゆび、ほぐれ、おち、ならす」というそういう細かいリズムの刻み方が死んだ人間のゆっくりした動きを暗示します。そして「レクイエム」とこう来てるんだな。うまいもんだよねえ。

ここも意味はわかる。確かに水中で死んだ人間がピアノを弾いている。だけど、何でこんなことをイメージしなくてはいけないのか。どこにこの歌の現代性があるのかということがわからないと、奇妙な、想像力を弄んでいるというだけで終わるんですね。生きている人間じゃなくて死んだ人間を持ってきたのはどうしてなんでしょう。

生きている人間は死んだ人間にあてて誰もレクイエムを弾かなくなったんだ。死んで二、三年の間は思い出したでしょうが、五年も十年も経ってしまうと誰も死んだ人間のことなんて忘れて、レクイエムも弾こうとしない。だから死んだ人間が死んだ人間に対してレクイエムを弾くしかしょうがない。ですからただ靖国神社に祀っておけばいいってもんじゃないですよね。死んだ人間を忘れるな、生きている人間が冷たく死者を忘れているときに、死者みずからが死者のレクイエムを奏でなくてはならない、今はそういう時代なんだと呼び起こした。この歌は、今という時代に対する批評になるんじゃないでしょうか。

『水葬物語』は、さきほども言いましたように、杉原一司に献じられたもので、彼は戦争で亡くなったわけじゃないですが、しかし彼と同じ若者たちが戦争でたくさん死んでいきました。もちろん、中国大陸、南方の島々で、陸上で死んでいった人間もいるけれど、海の中にどれほどたくさんの死者がいるか、戦争のときには海は死者の墓場になった。

死んだ人間たちがひそかにこういうかたちで魂鎮めをしているというふうにとっていいんじゃないでしょうか。鎮魂歌あるいは鎮魂曲にしないで、レクイエムとカタカナで書いているんですけれども、カタカナ表記がそれなりに効いていると思いますね。

## 薔薇つむ手・銃ささへる手・抱擁《あひいだ》く手・手・・・の時計がさす二十五時

『水葬物語』

この歌で「鎮魂曲」が終わります。字余りのように見えますけれども、この点を全部とって読んでみてください。これは「二十五時」ということがわからないとどうにもならない。ルーマニア出身のC・V・ゲオルギウの小説で、第二次世界大戦中にフランスに亡命、その後に書かれたんですね。ナチスの残虐性は、われわれもよく知っているんですが、ナチスだけが残虐だったんじゃないんですね。ソ連の残虐性は、日本人も戦後長い間、シベリアの強制収容所に送られていますが、その両方の残虐性を告発しているのが、この『二十五時』という作品です。アンリ・ヴェルヌイユによって映画化されています。

ユダヤ人と間違えられて収容所に入れられ、その後十三年間に百五カ所の収容所を盥《たらい》まわしにされた男を主人公にしています。結局、ドイツとソ連両方の非人間性を暴いたというので非常に注目されたんですね。

『二十五時』という題名はどうしてつけたのか、一日は二十四時間で終わりますよね。二十五時というのは最後の時間の一時間後の世界、その世界にわれわれは生きている。機械的なものが秩序を支配していて、それが結局人間を支配してしまっている。そこは人間の法律とか秩序はいっさい関係ないところなんです。そこでは処刑が機械的に行なわれ、いかなる希望も未来も何もない。これが二十五時なんです。

いかにも美しい薔薇を摘んでいる。あるいは国のために銃をとって働いている、あるいは恋人が美しい抱擁をし合っている、それぞれ意味があり価値ある手でしょう。しかし二十四時間の後の最後の一時間を、その手は知っている。やがてそれはどうにもならない絶望の時間に必ず結びついていくんだという予言になっている。そういう時代にわれわれは生きているんじゃないか。

確かにいま、一見、薔薇を摘む手、銃を支える手はわれわれの近くにはない。抱擁《あいいだ》く手があったとしても、どうにもならない最後の一時間の中に、われわれは確実に導かれてしまっているんじゃないのか。すべての手はそちらの方向を指しているというとらえ方なんです。現代文明の救いがたい状況を、小説を通してわれわれに強く訴えている。ここにもやはり、塚本邦雄の、時代を見るするどい目があることがわかるでしょう。

第二回

# 二〇〇六年四月二十六日

『水葬物語』

戦争のたびに砂鐵をしたたらす暗き乳房のために禱るも　　『水葬物語』

実際に乳房から砂鉄が滴るということはあり得ないことですね。しかし、あり得ないから、この歌は出鱈目なことを言っている、何の意味もないと言えるかというと、逆でしょう。どうして砂鉄がここで使われているのか。砂鉄をいくら赤ん坊の口に含ませたって成長するはずがありません。まったく不毛の話が砂鉄に込められています。

戦争によって赤ん坊が殺されてしまった、その母親を前提にして読まないと砂鉄を滴らす悲しみが理解できないと思います。戦争が、戦場にいる兵士の上にだけ悲劇をもたらすのではなくて、戦争に行かない女性や子供たちの上にも悲しみをもたらします。それは広島や長崎に原爆が落とされたことを考えてみれば簡単に理解できるけれど、沖縄戦でも、北海道、東京でも空襲で亡くなった人はたくさんおります。弱い者がもっとも悲しい苦痛を体験するのが戦争というものです。

ピカソの大作「ゲルニカ」の左の端のほうに、子供を失ったお母さんの悲しみが描かれています。この歌はその現代版と見ればいいのではないでしょうか。

これは、何の戦争だとは言っていないけれども、民主的な戦争、子供を傷つけない戦争があるのか、そんなものは絶対にないということを強調しています。戦争が起こるたびに必ず母親が子供を失って、乳房を含ませるべき子供はもういない。母親の悲しみは砂鉄の悲しみとなって乳房から滴るだけなんだ。子供を失って悲しんでいる母親の不毛の乳房のためにこそ、祈りをささげなくちゃいけない。「禱るも」の「も」は詠嘆の助詞で、こういう内容になっています。

戦争が終わった後、さまざまな死者への鎮魂が、生きている人間の責任として残っていきます。兵士への鎮魂もさることながら、名前も知られることなく死んでいった子供たち、赤ん坊たちも忘れてはいけないということが、この歌の背景にある一つの思想です。砂鉄と乳房というのは、およそ結びつかないイメージですけれども、砂鉄をもってくることによって悲劇性が物質化され、強烈に訴えてきます。そういう意味で、ここではこの砂鉄という言葉がとても効いているんじゃないですか。「暗き乳房」の中に砂鉄がいっぱいに詰まっていると連想すれば、「暗き」は悲しみを意味していることはすぐ理解できるでしょう。

戦争が人類にもたらす悲劇性、これをはっきりと詠んでいるところに、この歌のすぐれた現代性があるとみるべきでしょう。

## 眼を洗ひいくたびか洗ひ視る葦のもの想ふこともなき莖太き　『水葬物語』

ひょっとして自分の見方が間違っているんじゃないか。それで何度も何度も冷たい水で目を洗っている。「眼を洗ひいくたびか洗ひ視る」というところに、ある怒りのようなものがこもっていることが理解されると思います。何を視ているのかという対象が結句の「葦のもの想ふこともなき莖太き」です。葦というのは弱々しくなよなよしているはずなのに図太い猛々しい茎なんですね。しかもその茎はものを想うこともない、何も考えない茎です。こんなものがあっていいのかと目を洗って何度も見つめなおすと言っているんですが、当然この言葉はあの有名な十七世紀フランスの哲学者、思想家、数学者のパスカルの『パンセ《瞑想》』が下敷きになっているのがわかるでしょう。

人間は考える葦だ。弱々しい葦ではあるけれどもしかし、宇宙について、自分を取り巻くすべてのものについて深く考えることができる。それが、人間が最もすぐれている点なんだと述べたのがこの『パンセ』です。それを踏まえて詠んでいるわけです。ところが今、自分の目の前にいる人間は何ものを考えない、悩んだり苦しんだりしない、図太い無神経な逞しい茎をしている輩なんです。驚くばかりにそれがはびこっている。

この「もの想ふこともなき」というのはいったい何を指しているかというと、敗戦後の日本の政治体制の変革を考えてみればわかるでしょう。戦争中は軍国主義で天皇絶対主義の国家体制でした。それが戦争に敗れて民主主義へと変わってしまった。この制度上の変革、あるいは敗れたことによって日本人が受けなければいけない精神上の苦しみがあるはずだと思うけれども、時代がどんなに変わろうとも適当にうまく生きてその時代に迎合して生きていく人間はいるんですよ。政治を動かしていた為政者、指導する立場にある文化人、それに日本人全体が同じように流れていっている。

この歌には、そういう特定の指導者に対する怒りもさることながら、それに対して不思議に思わない、それを善しとして同じように歩んでいく民衆に対する、塚本邦雄の批判も重ねて読んでもかまわないでしょう。

もっとも、これは「もの想ふこと」の「もの」がいったい何を指すのかによって理解の仕方が違ってきます。短歌に引き寄せていえば、歌は「第二芸術」というレッテルを貼られて苦境に立たされました。そこからいかにそれを超えて短歌の近代化を図るか、難しい問題が目の前にありました。しかし「第二芸術」と言われても傷つかない人間もたくさんおりましたから、そういうことも含めて、「もの想ふこともなき太い莖」と言っている。

前の歌は戦争がもたらした悲惨なものへの祈りでしたが、この歌は戦争が終わっても内面的に傷つくことのない人間たち、どんな時代にも迎合して生きていこうとする人間たちに対する鋭い諷刺だと思えばいいですね。

その次、がらりと歌の内容が変わっております。この時代の危機感を真正面に据《す》えて、それをきちんと詠んだということは塚本邦雄の最も重要なところですけれども、『水葬物語』全体をみると、他に、一種の「好色文学」といったほうがいいのかな、きわめて世俗的な題材を仰ぎながら、一種の風俗小説的なものを詠んだ歌がたくさんあるんです。

時代の変化というのは、思想だとか哲学だとか制度だけの変化じゃなくて風俗を含めて人間の生活全般にあらわれてきます。だからときには滑稽なものもあるし、見るに忍びないものもある。人間の生き方そのものががらがら時代によって変わってくる。そういう変化に対して塚本邦雄は見事な反応を示して、それを作品に詠み込んでいっているんです。

塚本邦雄のことですから、街の中を歩いて何か自分が体験したものをそのまま詠み取るという詠み方ではなくて、そういうものを題材にしながらも架空の物語に仕組んでいく。戦後の荒廃した風俗の変化の中に、物語の材料がいろいろ転がっていたと思いますが、それをとてもおもしろいかたちで取り上げた。

塚本邦雄が「好色文学」とレッテルを貼られて出発していたら現代短歌はどうなっていただろうか。だから私は知っていたけれども、塚本邦雄の、時代に切り込んでいく姿勢だけを中心に評価してきました。今、そのおもしろさをやっと語ることができるようになった、その一つがこの歌です。

# 裏側にぬれたひとでの繪を刷つて廻す——愛人失踪告知　『水葬物語』

何だろう、この歌は。意味不明な感じがするけれどもポイントはこの「愛人失踪告知」にあるんですね。『水葬物語』の「水葬物語」という一連の最初に「失踪告知」という小題がありまして、その中にあるのですが、誰か失踪していなくなったことを人々に知らせる書類が回ったという、その書類を詠んでいるんです。

「私の彼女がいなくなったよ」ということをパーティかサロンで、こっそり知らせようとする。しかし、そこには表と裏があって、表向きには「俺が愛していた〇〇子が自分を捨ててどこかへ行ってしまった」、「拾った人にはくれてやるから勝手に使ってくれ」と、たとえばそう書いてあったとします。その裏側に絵が描いてある。濡れたひとでの絵だ、すごいじゃないですか。僕は小樽の生まれだからしょっちゅうひとでで遊んでいたからわかります。真ん中に凄い口がついていて、ハマグリなどの貝の殻を破って中身を食うのですが、あの強力な口というのは明らかに女性性器を連想させるものです。濡れるというのは女性性器の特色ですから、愛人がいかにそのセックスが暴力的というか、「すごいんだよ、そっちのほうが」と言うために濡れたひとでの絵を失踪告知の裏に刷っている、言ってみればそういうことなんでしょう。

今は少なくなりましたけれども、昔は家制度にがんじがらめになっていて、そこから逃げていく人はよくありましたよね。よく新聞に出ていたじゃないですか、人捜し欄の「父危篤、善夫すぐ帰れ」とか「話はわかった母梅子より」なんてね。

逃げられた男は、その愛人に対する止みがたい思い出がきっとあるのでしょう、あるいは逃げていったものに対する屈折した怒りとか、黙っていられないものがある。それをみんな周りの人間が知っている。それをわざわざ知らせるためにこういう書類を回したというのが歌の持つ一つの物語なのです。ある意味で退廃といえば退廃的な話ですが、その中に退廃の要素だけではないものが入っていると思うのです。「愛人」という言葉をまず使った。戦後文学の中で誰が最初に短歌の上に使ったかというと塚本邦雄なんです。

俵万智の「愛人でいいのと歌う歌手がいて言ってくれるじゃないのと思う」という歌、「言ってくれるじゃないの」、これがうまい口語の使い方で文語じゃちょっと表現できませんね。愛人というのが一つの価値なのです。結婚なんかしなくても愛人というかたちで生き続ける、それを俵万智が積極的に詠み始めてたくさんの人々の共感を得たというのですけれども、愛人という生き方がもし社会的に認知されなくて差別されるような時代だったら、あの歌は受けなかったと思います。なんとなく、そういう風潮が『サラダ記念日』の前後にはありましたからね。昔は愛人というような言葉は使われてはいなかった。明治時代に引き戻ってみれば、お妾さん、囲われ者です。逃げることのできないのがお妾さんでした。

森鷗外の『雁』という小説は、お玉という女性が妾になって池之端に囲われている。東大の学生たちが通る道筋にあるものですから、医学部の岡田というなかなか美貌のいい男に恋心を燃やして、何とかしてこの環境から抜けだすのを助けてもらいたいと思う。自分だって、それだけの価値がある女だと思っているけれども、岡田はドイツに行ってしまい逃げ出すチャンスはなくなってしまった。ちょうど、不忍池に雁がいっぱい来る季節になったから、男たちが石をぶつけて殺して食おうじゃないかという。そんなかわいそうなことをする前に、俺が逃がしてやると言って投げた石が雁にあたって死んでしまった。その雁を暗くなってから引き揚げてみんなで鍋にして食うんですけれども、その雁が結局お玉の運命を暗示している。どう頑張っても今の身分からは逃れられない、こういうのが明治、大正のころのお妾さんです。

ところが愛人っていうのは、それとはちょっと違っています。要するに夫婦の法律的な約束を結ぶ関係とは違うあり方です。家庭をつくるとかお互いに経済的に協力して生活をつくっていくというのではなく、どちらかが一方的にお金を出す。その代償としてセックスで結ばれている。いつ逃げたってかまわない、必要なくなったら出ていってもいいという自由度があるのが愛人ですよ。

愛人という言葉が有名になったのは、何と言ったってマルグリット・デュラスの『愛人《ラ・マン》』です。翻訳出版されたのが一九八四年です。意外に新しいですね。仏領インドシナにいたときの経験を書いているのですけれども、愛人の年齢って何歳くらいを連想しますか。この愛人は十五歳半。つまり中学生です。華僑の青年の愛人となって、しかし徹底した愛の中に没入する。人生の最も若い時代、最も祝福された時代を生きているうちに、そのような時間の圧力におそわれることがときにあるものだ、そんな話を聞いた覚えがある。もう十八歳で手のうちようのない老人になってしまった、という経験を書いているのがこの小説です。

男を愛しているか、というよりも、何か自分の中に徹底的に欲望の行きつくところまで行ってしまいたいと思う衝動が彼女を男に近づけた。ですから、いずれは男と別れるだろうと覚悟したうえでやっている。

デュラスの場合には愛人は、この少女より十何歳上の中国の青年です。ですから愛人と言ったからといって女ではなく男を連想することも当然許されますけれど、この歌では、先ほど言ったように「ぬれたひとでの絵を刷って廻す」という絵が女性の性的なものを連想させますから、これは間違いなく女だと見なくてはいけないでしょう。

田村泰次郎の『肉体の門』のような、娼婦たちの世界に取材する作品がどんどん出てきて、女性がかつて男に縛られてがんじがらめになっていたような時代とはまったく違う自由な時代になってきた。それに振り回されている男たちの滑稽さを男と女の関係性の変化の中で詠んでいく。男と女の関係性をショート・ショートのようなものに仕立てようという詠み方はほとんどないですから、これは短編小説を頭において読まなきゃならない。従来の近代短歌的な「私」の経験を中心にして詠むのとはまったく違うところが非常に新しいところです。

「愛人失踪告知」という世俗的なものを材料にして見事に時代をとらえることに成功した、おもしろい歌だと思います。もし戦争の歌ばかり並んでいたら、ちょっと息苦しくなるけれども、こういう歌があることによって、時代の陰影が浮き出てきます。

アルカリの湖底に生《あ》れて貝類はきりきりと死の螺旋に巻かれ　『水葬物語』

アラビア語でアルは物質、カリは灰です。アルカリの湖底というのはただ塩っぽいという意味だけではなくてアルカリのカリの意味している灰、死の香りといいますか、死の要素というようなものが強調されます。その湖底で生まれた貝をイメージしてください。

その貝は紡錘形をしている巻貝で、螺旋を巻いています。その線を「死の螺旋」ととらえたのです。それがきりきりと巻かれている。きりきりという言葉は、ある苦痛を予感させるのではないでしょうか。事実、貝は生まれたときから螺旋を持っていると思いますが、塚本邦雄は生まれたとたんに死という厳しい螺旋に巻かれているのだ、と言っている。生と死というのは切り離された別のものではなくて生が成長するときには死も一緒になって成長していく、それがアルカリの湖の底で「きりきりと死の螺旋」に巻かれていく。

それはまた、戦後の厳しい時代ですから、生きにくいアルカリの湖底で生まれて、しかし死の螺旋に巻かれながらも必死に生きていこうという、まさしく巻貝のような命が戦後のわれわれの命であり塚本邦雄の命だったんじゃないのか。

そういう厳しい死によって生もまた成長していくんだ。死は人間の生とともにあるんですよ、という哲学がここにあると思います。「アルカリ」の「ア」と「生《あ》れて」の「あ」、ちゃんと韻を踏むように三十一音の定型を整えています。この「きりきり」もよく効いています。

海底に夜ごとしづかに溶けゐつつあらむ。航空母艦も火夫も　『水葬物語』

「あらむ」のところではっきり句点を打って止めています。これを従来の短歌形式のリズムに合わせますと、「海底に」、「夜ごとしづかに」、「溶けゐつつ」で五七五になりますから、次の第四句目で、「あらむ。航空」、「母艦も火夫も」、という切りかたになってしまいますけれども、全部で三十一音は変えていない。溶けいつつあらむ、航空母艦も火夫も、というふうにリズムを変えて散文的なリズムを生かしています。そうすると第四句が二つに割れて、句割れ句跨りが生まれるわけです。

先ほどの歌はアルカリの湖底でしたが、ここでは海底です。海の底に毎晩毎晩静かに溶けているであろうよ。何が溶けているのか、航空母艦も火夫もだ、と言っているのです。言うまでもなく太平洋戦争のときに、航空母艦を中心とする戦闘機が重要な役割を果たしました。いったい南の海にどれぐらいの船が沈んでいるのか。日本も次から次へと航空母艦が撃沈されてなくなってしまった。祥鳳、赤城、加賀、蒼龍、そしてアメリカのレキシントン、ヨークタウン、ワスプ、ラングレー、イギリスのハーミーズ、ほかにもあるかもしれないけれど、私の調べた限りでは九隻沈んでいる。一隻の航空母艦にいったい何人の兵士が乗っていたのか。それを計算すれば相当な数の兵隊もまた海の底に沈んでいるということになります。

この歌では敵も味方もへったくれもないのです。敵味方を超えて戦争の犠牲になったこれらの航空母艦のことを念頭に置かなければいけない。当然、この海底で溶けつつあるのは、日本のほかに、敵のアメリカやイギリスの航空母艦も溶けていっているのです。溶けるという言葉は、一番最初の歌「革命歌作詞家に凭りかかられてすこしづつ液化してゆくピアノ」にもあり、塚本の歌の中でとても重要なキイ・ワードになるわけです。

海底ですから目には見えませんが、航空母艦は徐々にかたちを崩して溶けていく。完全に溶けきってしまうまで、いったいどれくらい時間がかかるかわかりませんけれども、目に見えないところで、戦争の悲劇は続いているということなのです。しかも、溶けているのは航空母艦だけじゃない。「航空母艦も火夫も」と言っています。ここでどうして「兵士も」と言わないのか。航空母艦に乗っている兵士を無視して、火を燃やしている火夫だけが中心になっているということではないのです。心の中に火を抱いて戦っていった兵隊たち、彼ら一人一人の中に無念の思いが火のように燃えていたと思います。ですから、それを強調するために火夫と、言ったのだと。

この『水葬物語』が出版されたのが昭和二十六年（一九五一）ですから、人々は次第に戦争のことなんか忘れている。そういう時代に、逆に忘れてはならないよ、と海底に沈んでいる航空母艦や兵士たちがかたちを崩して少しずつ溶けていく様子を、グロテスクなものを強調するんじゃなくて、とても美しいイメージに置き換えている。おそらく溶けるには少なくても百年から二百年はかかるでしょうけれど、そういう悲しい存在感を言葉の中に強調しているところが、この歌のすごいところではないでしょうか。

## 銃身のやうな女に夜の明けるまで液状の火薬塡《つ》めゐき　『水葬物語』

これもまた、なかなか魅力的な歌です。戦後とは言いながら、まだ戦争の危機感が残っていた。事実、数年後に朝鮮戦争が始まりましたからね。

単に女が鉄砲のようにガリガリに痩せているという形容じゃなくて、戦争のために、いつまた悲しい思いがやってくるかもしれない、そういう時代を生きている女性のイメージを銃身が喚起します。そして、銃身のような女に夜の明けるまで液状の火薬を塡めていたというのです。

実際、女に火薬を塡めることはできませんけれども、これは最初に「銃身」という言葉が出てきましたから、銃に関係のある言葉、つまり縁語ですね。以下、銃に関係する言葉で一首をまとめていくというのは和歌時代の縁語の技法ですが、それを現代にきちんと再生させて詠む。「銃身のやうな女」ときたからそこに火薬を持ってきた。

「液状の火薬」はいったい何なのか。一つはアルコールを連想させます。お酒も液状の火薬の

ような危険性、刺激性をもっていますでしょう。だから、そういう女と朝まで飲んでいたという
こともできる。しかしそれではまともすぎておもしろくない。「液状の火薬」というのは何も酒
ばかりじゃない。相手が男とは書いてないけれども、「液状の火薬」を塡めるのは男の役目です
からね。そうすると、「液状」の「液」は男の精液と当然のように結びついていきます。精液だ
ととれば銃身のような女に朝まで男がセックスをやりつくしていたとそういうイメージになるの
です。快楽を求めることによって生きていることを確認しようという、何か荒れた危険の中での
儀式のようなものがここに、におってくるのではないでしょうか。

戦争が終わって表面的には平和になりましたけれども、また新しい戦争の危機が近づいてきて
いる。そういう時代の雰囲気をどうやってとらえたらいいのか。政治問題を歌の中に詠み込むこ
とも可能でしょう。けれども、こういう男と女のセックスの中でとらえて、時代そのものをきわ
どく呼び起こすのは、並大抵のことではない。緊張した時代の雰囲気が出ていると思います。こ
れもまた、誰もやらなかった方法ですよ。

ダマスクス生れの火夫がひと夜ねてかへる港の百合科植物　　『水葬物語』

この歌は「寄港地」という一連の中に納められています。つまり船乗りが長い航海をしながら

港々に寄っていく、そのときの物語なのだということを念頭に置いて見ていくといいと思います。
塚本邦雄は水夫と言わないで、ことごとく火夫と言っている。男として必要なエネルギー、情熱、そういったものを持っているのが火夫ですが、なぜダマスクス生れの火夫を持ってきたのかということが、問題でしょう。

いったい、ダマスクスというのは何処なのか、今はダマスカスというのが一般的な読み方です。戦後シリア・アラブ共和国の首都になりましたけれども、歴史の古い町で旧約聖書の中にダマスコという名前で登場しています。紀元前から、アッシリア、ペルシャ、ローマ帝国、十字軍やモンゴルなど他民族の侵略を受けて、それに耐えながら栄えてきた国なんです。独立をしたのは一九四六年ですから、日本の敗戦の翌年ですね。そういう長い戦乱を潜り抜けてきた国の男です。

「ダマスクス生れ」というとやはりそこに戦争のにおいがある。日本が負けてしまったにもかかわらず、ダマスクスは独立国として認められるところに来ています。そこに塚本邦雄は眼をつけたのだと思います。
そうしますと、先ほどの、戦争に負けて「もの想ふこともなき莖太き」でチョロチョロと生きている日本人とは違い、ダマスクス生れのこの人間の中に、日本人が失ってしまっている激しい情熱のようなものをたたえていると見るべきでしょう。ダマスクス生れの火夫ですから当然、地中海を中心に航海をしてきた荒々しい水夫を念頭に浮かべるべきでしょう。

しかし、ここでは水夫の荒々しさを詠うことが目的じゃない。下の句を見るとわかりますけれど、「一夜ねてかへる港の百合科植物」をうたいたいのです。植物の百合と寝たのかということになるけれども、これは明らかに女の暗喩です。

船員が集まる港町には当然、船員相手の女たちがたくさん屯《たむろ》しています。私も小樽の生まれですから港の近くにはそういう女たちがわんさとおりました。焦点はこの「一夜ねてかへる――」です。その娼婦たちを美しい百合科植物として絶讃しているところが見所ですから、卑しい商売の女と寝てきた男かと倫理的、あるいは差別的な目で見るというのではなくて、この心に火を抱いて、何か満たされない情熱をもっているその一人の火夫、そして火に灼かれる白い百合科植物ですね。火の反対の百合科植物との間に何か非常に濃密で妖艶な性の世界が展開されるイメージを呼び起こします。

ダマスクス生れの火夫の相手をすることによって、ますます百合科植物が百合科植物としての美を発揮します。危険なものを丸ごと飲み込んで美しく咲いていく。しかも、その火を浄化するような、鎮めるような役割を「港の百合科植物」はしているのでしょう。女の持っている生命力の美しさといいますか、そういったものをここでは詠もうとしているのです。

この時代には本当に女たちがパンパンと称していっぱい街頭に立っていましたよ。歌の中にはパンパンという言葉は出てこないけれども近藤芳美の歌集『埃吹く街』とか大野誠夫の歌集『薔薇祭』にも詠まれていますから、そういう女たちがたくさんいたということは事実で、写実主義の人が詠めば自分が実際に東京の銀座の街頭で見つけた娼婦だとか、札幌のすすきのあたりの娼婦を詠んだところでこぢんまりとしてつまらない。「ダマスクス生れの火夫」が「百合科植物」を抱いていると、「おーいいなあ俺も抱きてえなあ」と思うような、そういうロマンを感じさせるんじゃないですか。

だから、そういうものを低い目で見るという意識はないのです。むしろそういう女たちの荒《すさ》んだところから生れた戦後の美しい女のイメージ、もっと本質的な問題ですが、この百合科植物の美を見事にとらえているのです。わかりやすく言えば、水夫相手の娼婦ということになるのですが、娼婦の美しさを塚本邦雄が見事に詠んでいるということは実は非常に大事なことなのです。しかもシリアの男を持ってくることによって異国的な妖しい美しさがとらえられている。こういうところに小説的な組み立て方で歌を詠んでいるということがわかるでしょう。

その次の歌はたいへん変わった歌で、塚本邦雄以外、誰もつくれなかった。「粋な祭」という小題の中に出てくる初めの歌で、求人広告の歌なんですよ。求人広告を歌にするというのは確かにおもしろい発想です。

當方は二十五、銃器ブローカー、祕書求む。——桃色の踵の　『水葬物語』

散文のようですけれども、指折り数えてみれば五七五の中に納まっています。一見それを感じさせないで詠み込んでいるというのはなかなかのものです。求人広告のポイントは「祕書求む。」。求めている男は何をやっているかというと銃器を売って金をもうけている。戦争が終わったにもかかわらず朝鮮戦争が始まって、実際日本はそういう銃器ブローカーが暗躍した時代でもあったから、銃器ブローカーをもってきたところにも、戦後日本に平和がくると思いきや即座に朝鮮戦争が起こってしまった時代がちゃんととらえられています。

しかし、戦争の危機をうたうのが目的じゃなくて、そういうものを背景にもっと別のものに転移させて、人間というものの生き方に焦点をあてて詠んでいる。二十五歳の銃器ブローカーの男の求める秘書、その条件は何なのかが結句に示されています。なんといっても若々しい足の美しい女性、つまり頭がいいとか英文タイプができるとか学歴はどうでもいいんだ、一番大事なのは「桃色の踵」をもっているというのがおもしろいところです。

どうしてこういう美しい女性を求めようとするのか。これは銃器ブローカーが求めているのであるけれど、同時に塚本邦雄が銃器ブローカーを借りて求めているととってかまいません。

谷崎潤一郎の『刺青』という小説があります。彫物師《ほりものし》の清吉は、絶世の美女の背中に女郎蜘蛛を彫るのが夢で、彫るに足る美しい背中を持っている女を探し求めているんです。彫る前は彫物師のほうが女に対して絶対的な力を持っていますが、いったん作品ができあがったときには女のほうが作品ですから、自分の作品の前に清吉はひれ伏すよりしょうがない。「お前さんは真先に私の肥料《こやし》になったんだねえ」と女に言われるのですが、つまりこの桃色の踵の女も、男の言いなりになって、ただ給料をもらうためにだけ仏頂面して働くのではなくて、桃色の踵で銃器ブローカーを踏みつけにするような美しい気概を持っている女が欲しいということなのです。踵でもって求める女のイメージをつくりあげたなんてすごいことじゃないですか。銃器ブローカーの秘書となるのですから暗闇の商売をしなきゃなりませんけれども、そういうのができる女っていうのは手の汚れたような人間じゃなくて、逆に美しい桃色の踵を持ったような、そういう美が必要なのだ。美というものはすべての上に優先させるべきだという考え方ですね。

新しい戦争の危機感をはらんでいる時代に、敢然と逞しく生きていけるのは男じゃなくて女だ。「港の百合科植物」がここでは「桃色の踵」に代わっているのですが、そういう女たちへの思いが出ているんじゃないでしょうか。こういう求人広告は、現実にはあり得ないからこそ歌の中で生きている。何人かの女たちが応募してくる。どんな話が展開するか、ここから小説ができますよ。

芽をふける楡の切株、そこにある淫賣婦《ぢごく》の沓に途ふさがれぬ

『水葬物語』

楡《にれ》は札幌にもなじみの深い木です。大きな楡の木があったけれどもそれがあまりにでかくて邪魔だというんでしょう。切ったのですが切株は死んではいない。切株から芽が吹いてきている。しかし、そこに何が置かれているかというと、淫売婦たちがたくさん集まって、そこでたくさん

脱ぎ捨ててある靴に道をふさがれたと言うのです。

淫売婦は、夜の商売だから明るいところに出てくるのはイメージを壊すことになる。だけれども塚本邦雄はあえて淫売婦たちを集めてそこで踊りを踊らせようとしているのです。ここにも、軽蔑する眼差しがあったら、絶対こんな物語はつくらないでしょう。淫売婦たちがいかにも楽しそうに草むらの上に裸足になって、これからダンスでもしようと集まっているイメージが浮かんできます。

生命力が強い楡の切株は、女性たちの人生そのものを暗示するんじゃないでしょうか。この女たちも恋人が死んでこういう商売に入ったとか、人生のなかで枝を切られるように苦しい思いをしている。しかし、そういうものにめげないで春の訪れの中で自分たちの生命を謳歌しようとしている、実際に見たから詠んだというより、塚本邦雄はそういう女たちにエネルギーを与えることによって、生きていく悦びを表現しようとしたからこそ生まれた歌だと思います。

「淫賣婦《ぢごく》」という言葉は近世から使われて歌舞伎にも出てきます。辞書的に説明すれば公的に認められていない、ひそかに売春行為をする女のこと、つまり私娼のことを言うんです。今はもう買春禁止法によってなくなりましたけれども、石川啄木の有名な論文「時代閉塞の現状」に出てきます。文学の状況がだめになってしまったことをこんなふうに言っているんです。「淫売屋から出てくる自然主義者の顔と女郎屋から出てくる芸術至上主義者の顔と何もかわりない」。つまり淫売屋というのは私娼窟ですからちょっと格が落ちるのでしょう。女郎屋のほうは法的に認められている、そこから芸術至上主義者が出てくるのを知っている。女郎屋と淫売屋、こういったものが明治の時代にはあった。自然主義者というのは現実を重視する小説を書く人方ですし、芸術至上主義者は享楽的なものを書く人ですけれども、できあがった文学作品っていうのはたいした変わりはないというときに、こう言っているんですね。

永井荷風の小説にも出てきますが、この「淫賣婦《ぢごく》」の語源は、決定的な意見はないのですが、遊女におぼれていろいろな苦しみを味わうというようなところから来たらしいと一応はそうとっておきますが、「地獄」を塚本邦雄はちゃんと歌の中に復活させたということ、これは見るべき点だと思います。港の百合科植物も、桃色の踵の秘書も、愛人失踪告知でもそうですけれども、男たちもさることながら、さまざまな下積みの女たちに美的なイメージをちゃんと与えていること、しかも、それが作品の中できちんと主張されている、これはやはり見落としちゃいけない点だろうと思います。

貧しい女たちがそういう商売に行かざるを得ないからプロレタリア文学にも出てきますけれども、その前にすでに明治の文学にもあったことがわかります。そういう女性を買うのを「地獄買い」というし、住んでいる街を「地獄街」といったのですけれども。その「地獄」という言葉を復活させて女性たちのエネルギッシュな生命をたたえている。やはり見落とせない視点だと思います。

# 第三回
# 二〇〇六年五月十日
## 『水葬物語』

ものがたり

エスキヤルゴオ・かたつむり
エコルス・樹の皮
エコオ・うはさ
エスキヤルパン・舞踏靴
エリス・らせん
エリプス・だゑん
エスキナンシイ・に扁桃腺炎

『水葬物語』

これは言葉の実験を試みているんですね。何でこんな実験をするのかという疑問がきっと皆さん方でも残るんじゃないかと思われます。

どんなふうに組み立てられているか解説をしますと、まず、上段は全部カタカナで書かれています。全部、「エ」の音で始まる言葉でそろえている。最も長いのは最初の「エスキャルゴオ」、四句目の「エスキャルパン」、そして最後の「エスキナンシイ」ですけども、その一番長い部分の第一音と第二音が、「エス」になってます。あらかじめ第二音のところまで、そろえることを前提にして言葉を選んであるわけです。

これはすべてフランス語ですが、「エスキャルゴオ」、「エコルス」と「エコオ」で七ですね。それから、「エスキャルパン」、それから、「エリス」、「エリプス」で、七ですね。「エスキナンシイ」と、五句三十一音、五七五七七のかたちをちゃんと使って、頭韻を「エ」で統一したときにどういう言葉が出てくるだろうかと、並べたわけですね。

その日本語訳が、下の言葉なんです。「エスキャルゴオ」、まあ、これはフランス料理でも食べますからね、おわかりだと思いますけれども「かたつむり」。「エコルス」は「樹の皮」、「エコオ」は「うはさ」と訳しています。それから「エスキャルパン」は「舞踏靴」、「エリス」は「らせん」、「エリプス」は「だゑん」、そして「エスキナンシイ」は「扁桃腺炎」にあたりますが、下段でも、五句三十一音を意識して詠んでいるんですね。「かたつむり」、五でしょ、「樹の皮」、「うはさ」で七ですね、そして、「舞踏靴」で五でしょ、「らせん」、「だゑん」、「に」と小さく入れて「扁桃腺炎」、というふうに、五七五七七のかたちを崩さないで、上段と下段がなっているんですね。

塚本邦雄は、こういうつくり方を試みたんですねえ。じゃあこれはただ同じ響きの音を並べただけのものであって、何の意味性も浮かんでこないのかというと、そうではない。意識したわけでないんだけれども、そこに自然に、ある種の意味性が生じてくることが、こうやって並べてみると、わかります。そうでなければ、「ものがたり」というタイトルをつけた理由がわからないですね。

これ自体に、どんな物語が含まれているか、読み取ることができるでしょうか。人によっていろんな物語を展開させることができると思います。しかしまあ、多分こういうふうに分解できるだろうという、私の一つの物語を言ってみましょう。まず日本語訳のほうで意味性をとったほうがいいと思うんです。

「かたつむり」——と言うと、くるくるくるっと巻貝のような殻を背中に背負っているじゃないですか。そういうまあるい、円形の線の動きが自然に頭の中に浮かんできますね。

「樹の皮」に行きますね。四角い樹も人工的につくる場合があるけれども、樹の皮もまあるいわけですよ。それで中に年輪があります。かたつむりの背中の殻のように、樹の皮にも、そういう年輪の螺旋状の曲線を、イメージすることができますね。

その目で作品を見ていけば、「うはさ」、これはもちろん女の立てる噂だし、その噂が螺旋状に次から次へと飛んでいきます。ちゃんとした情報じゃなくて噂ですから、口から口へと渦を巻いて飛んでいく。一つの螺旋状の展開を見ることができるでしょう。

その次に出たのは「エスキャルパン」、「舞踏靴」ですね、舞踏靴は踊ることを目的としていますから、くるくると回ります。この舞踏靴から呼び出されるのも旋回するイメージですね。「らせん」は文字どおり、そのものですし、「だゑん」もそうでしょうね。しかもこの楕円というのは円と違いまして中心が二つありますよね。二つあるというのは、当然のように、男と女を連想するんじゃないですか。そうしますと、その男と女をめぐる噂話が中心になるでしょうね。

そうして最後に「エスキナンシイ」、「扁桃腺炎」で結んでおりますね。楕円に螺旋、楕円に扁桃腺炎。よく見ると桃も出てます。扁桃腺は、桃の字が暗示してるように、まあるい感じになっている。そうすると下のほうに、全部何か球形、円形を連想させるイメージがずーっと連なってることがわかるんじゃないですか。

そうしますと、あの柔らかいかたつむりの感触が、女性のイメージにつながって、噂の話が次から次へと広がっていって、噂話に熱中して女の扁桃腺が真っ赤になってしまった、まあ、強いていえばこの物語をそこに、帰着することができますね。もちろん、もっと突飛な物語を組み立てたってかまわないんですけれども。

要するに、その意味にぴったりと結びつく言葉を選んでくるんじゃなくて、最初は「エ」で韻をそろえて、言葉を並べただけです。もちろん、並べ方は今言ったように、五七五七七のかたちを意識して、分解しただけなんです。そうやって並べてみたところ、無意識のうちに、韻をそろえて並べてみただけにすぎないものを、しかし日本語に訳してみると、そこに何か予期しない物語が自然と発生してくるんですね。

これまでの歌のつくり方っていうのは、自分がこういうことを表現したいというテーマが先にあって、それにふさわしい言葉を探していくんでしょう。ところが反対に、まったくゲームのように、無意識に言葉だけを中心に集めていったとき、予期しない意味が、そこにあらわれてくるんですね。そういうことを言葉の実験として塚本邦雄はここで遊んでいるわけです。

無駄といえば無駄という気もしますけれども、言葉と言葉が偶然、くっついてきたときに、予想しがたい何か、別の物語が向こうから発生してくる。言葉っていうのはそういう生きたものであって、ただ貼り合わせていくのではなくて、そういう言葉の機能を重視してつくってみようとしたときに、われわれの予想を越えるような物語ができてくる、そのおもしろさですね。

しかも、それが今言いましたように、ちゃんと五句三十一音というかたちだけは守っているわけですよね。これは、この「ものがたり」のおもしろいところで、しかも、上段の四行目の「エスキヤルパン」を中心にして、言葉を視覚的にも左右対称になるように組んだわけですよ。

そして、その左右対称のフランス語の建築物の下に、日本語訳のほうは真四角の建物が建っているような印象を与える。何となく、ある建築物の構造を連想させるようなつくり方になっているんですね。視覚的にはその「ものがたり」の中に、一つの建物の空間を、呼び起こすようなつくりになっていることがわかります。

ただし、このかたちになったのは、『塚本邦雄全集』のときなんですね。初版本と、初版本をテキストにした筑摩書房の『現代短歌全集』の「水葬物語」の三冊を見くらべて、あれっ、違う、と思ったんですが、ここでは全集にならっています。初版では、下の日本語は、字間が詰まっています。初めの「かたつむり」と最後の「に扁桃腺炎」が五文字で長く、左右対称になるように最初はつくられていたんですよね。ところが、全集版では真四角になるように組み換えられたんです。

これを誤植と見るか、新しい創作と見るか、まあ、全集版にはこういう箇所がいくつもあるんですね。私にしてみれば、左右対称のかたちが最初頭の中にありましたから、どうも真四角のほうは馴染みにくい。全体としては安定感のあるかたちに塚本邦雄は整えていますがね。最初のかたちのほうがおもしろいなあ、という気がする。足がついていて、上にちょっと乗っかってる感じでね。

この私の解釈は一例にすぎませんから、無数の物語が生まれるはずですよね。かたつむりを食ったと、木の皮をがりがりと嚙み砕いた。すごい音がして噂が立った。何かそんなふうにどんどんつくっていけば、いろんな話が飛び出てくるんですね。これは読む人にそういう創造的な契機を与える方法にもなっているんです。その中の一つ、言語実験の面白い作品として、最初に登場してくるこの「ものがたり」をとってみました。

以下は従来の短歌形式の歌です。

革命にうちふりし手の熱すこし冷ますため鐵の紘樂器おき　『水葬物語』

革命のために熱心に振った手が熱く燃えたぎっている。その手の熱を冷ますために何を持ってきたかがこの歌の見どころになります。

鉄でできている弦楽器を置いた、と言うんです。実際に鉄のバイオリン、鉄のチェロ、鉄のギター、そんなものはないですから、これはまあ、虚構の世界で、言葉の上でだけつくった楽器ですね。革命に手を振って、その手を冷ますために、できるだけ冷たい鉄でできている楽器を置いて、その熱を冷ますのだ、という歌なんです。

いったいこれは何を言おうとしているのか。塚本邦雄にとって、革命というのは非常に大事なテーマだということは、冒頭の一首「革命歌作詞家に凭りかかられて」でわかったと思います。

戦後日本が、新しい市民革命を遂げて、自分たちの夢が実現できるような、そういう世界が来てほしい、と一生懸命手を振っていた。しかし、それは実現しない。しかし、その手の熱だけはいつまでも手の中に残っている。その熱を少しだけ冷ますために、その冷たい鉄の弦楽器の上に、私は手を置いた、と言うんですね。

その鉄の弦楽器に弦をはって鳴らしても、美しい音が出るとは思いません。おそらく、革命そのものがもう成立しないということは、その鉄の弦楽器の響きから、予感されるんではないでしょうか。

しかし、革命そのものを完全に諦めているのではない。どうしてわかるのか。振りし手の熱を少し冷ますためと言ったんです。ちょっぴりそれを冷ますために、鉄の弦楽器の上に手を置いている。ですから、革命への夢は完全に消えてしまったわけじゃないんですよ。実現できなくとも、その夢自体はなお、熱い手の中に残っている。しかし、現実は、かくなってしまった。その現実を見つめるために、その手の熱を少し冷まして、冷静に振り返ってみようというのが、この歌の意図だと思うんですね。

革命そのものへの決定的な絶望を言いたいのではなくて、革命がそういうふうに熱い連帯を組んで、いっきょに巻き起こるような現象はなくなってしまったけれども、個人的な気持ちの中になお革命の夢は消えずにくすぶっている、そういう感じがここから出てくるのではないでしょうか。

これは「トリコロールの歌」の章の中にありまして、トリコロール、三色旗ですね。フランスの三色旗が市民革命の象徴ですけれども、イタリア、オランダにしても、ロシアにしても、色は違いますけれども、三色旗はたくさんあります。そういう市民革命の夢をどこかで抱きながら実現できない現実を詩的にとらえたときに、この歌が生まれてきたと言えばいいでしょうね。

前回にも塚本邦雄の歌が、革命一辺倒の歌ばかりじゃない、好色文学的な要素の強い作品がけっこうある、と言いましたけれども、それが「LES POÈMES DROLATIQUES」という章の中に入ってます。ポエムは詩、DROLATIQUESは滑稽な、という意味ですね。直訳すれば、「滑稽な詩」。バルザックに、「レ・コンテ・ドロラティック」という小説があります。この「コンテ」を「ポエム」に変えて、バルザックの題名を頂戴して、それにならってつくりましょうというわけです。

このバルザックの作品ですが、『風流滑稽譚』として、小西茂也という人が訳しています。エロティックでありながら芸術的な香気を発する、これが名品中の名品と呼ばれるにはそういう詩的なニュアンスがたくさんあるからなんですが。

塚本邦雄は、このバルザックの向こうをはって、物語に富んだエロティック短歌をつくろうとしたんですね。たいした男ですよ。

## 風媒花ばかり培《そだ》てて生きのびた園丁の掌《て》の圓錐形果　『水葬物語』

最初のこの歌は独立して読んでも、それなりの意味は伝わってくるけれども、こういう一章の中にあるんだということを念頭に置いて読むと、作品がガラッと変わってきます。

「風媒花」っていうのは、風が媒介して雄蕊と雌蕊が結合する。この園丁は、風媒花ばかり育てて生きのびた。この歌のつくられた時代背景から言えば、戦争中にも戦争に行かないで、ただひたすら、園丁としての仕事をやって何とか生きのびた、とまずとられるでしょうね。そして園丁が、風媒花のちっちゃな円錐形果を手の上に置いて、ああ、立派に育ったな、と楽しんでいる。まあ、黙って読めばそうとられるでしょうね。

しかしこれは今言ったように、「レ・コンテ・ドロラティック」に因んだポエムですから、そんなんじゃないんですね。

三つの章に分けているんですが、一番最初は「コキュの歌」、コキュって何だかわかる？　そう、寝とられ男、コキュですねえ。

『風流滑稽譚』は、コキュが非常に重要な役割をするんです。女房を寝とられるような男なんていうのは、笑いものの対象になるんですね。ですから、コキュを、うまく書けないと、この高尚な文学とは一騎討ちできない。塚本邦雄は、バルザックの向こうをはって「私はまずコキュをちゃんと歌ってみせる」と勝負を挑んだ。たいへん真面目な勝負なんですよ。まず、「コキュの歌」の最初が、これです。そういう目で読むと、何か変わってきませんか。

何が変わるかっていうと、最後の「園丁の掌《て》の圓錐形果」っていうところに、焦点が行くだろうと思いますね。女房を寝とられた男が掌の上にね、円錐形果をおいてじっと眺めている。それは暗喩的なものですからね、女性のクリトリスを明らかに連想しているんだと思いますよね。

そういうコキュの滑稽さというものを、真っ先に持ってきている。風媒花の円錐形果をちゃんと知っていなければ、この発想は出てきませんけれども、寝とられた園丁が逃げていった女を思い出すために、掌の上にそっと、小さな木の実をね、弄んで、思いに耽っているという物語が出てくるわけです。

こういう塚本さんの歌は、今まではほとんど無視されてきた。へたに解説すると、品性が卑しいと馬鹿にされるから、見捨てられてきてるんですけれども、『水葬物語』の中にきちんと組み入れられているんですね。自分のことしかうたわない、うたっちゃいけないんだという歌人はね、こんなことやると、「おれはいつのまにかコキュになったんだ」と思われるので決してうたわない。これはコキュの悲しみ、滑稽さを通して、人間の持っている、根底にある悲哀感のようなものを歌の中で浮かび上がらせようと実験している作品なんですね。そういう点で、従来の塚本邦雄のイメージからちょっとはずれるかもしれませんけれども、おもしろい試みがここにあると思いますね。

鹵獲品中の薔薇油やオパールに妃が飽きたころ、またいくさ　『水葬物語』

なぜ戦争というものはいつまでたっても終わらないのか。人類が飽き飽きして、もういいかげん終わってよさそうに思いますよね。しかし絶え間なく、戦争が昔から繰り返されている。これも言ってみれば、人間の愚かしさ、と結びつけて考えなければわからないところがある。戦争を止めることができないのは政治力がないからだ、国際的緊張関係の問題だと、政治学者は考えるかもしれませんけれども、それとは違う、どこか人間の本質的な愚かさ、滑稽さというものと無縁ではないと思います。

塚本邦雄はそこに、一つの架空の物語をつくることによってその愚かさを、浮かび上がらせるという方法を考えた。それがこの一首ですね。

戦争をして相手の国から好き放題に盗んでくる戦利品が鹵獲品です。その「鹵獲品中の薔薇油」は薔薇からとった高級なオイルで、食用ではなくて体を美しくさせるための高価な装飾用のオイルでしょうね。

それから、「オパール」、宝石ですね。「オパールに妃が飽きたころ」、つまり、男達が戦争をして、戦利品をたくさん持ってきたけれども、それはいったい誰に献上しているかというと、美しい王妃に献上しているわけです。王妃のエロスのおこぼれにあずかろうと、男たちが争って献上した。しばらくの間、王妃もその美しい贈りものに満足しているでしょう。しかし、欲望には限度がありません。もっといいものが欲しくなります。王妃が、もっとすばらしいものをどっかから持ってこい、と言ったんでしょうね。そうすると、男たちは戦争をして、いろいろなものを持ってくる。だから戦争は絶え間なく行なわれる。女の欲望のために戦争は起きてるんだ、と読み替えて、物語をつくっているわけです。

笑い話と言えば笑い話ですけれども、なぜ戦争は起きるのかっていうのを、うーんと省略して、人間の欲望に立ち返れば、案外これが実体だということになるかもしれませんね。

政治学的な配慮なんかじゃなくて、人間の存在そのものの持っている、根源的なエロスや欲望に結びついたところで、戦争をあきらめることのできない王様や王妃の愚かしさを通して、戦争への諷刺がここに出てきますね。

同じく「LES POÉMES DROLATIQUES」の中の三つめの歌になりますが「扇の歌」と題されている章で、扇は、日本ばかりじゃなくて、外国の女性たちもよく使いますよね。この章には、権力を握っている女性たち、あるいはエロティックな女たちが出てきます。

## 寶石函につけて女帝へ鄭重にのびちぢみする合鍵獻ず　『水葬物語』

宝石函はわかりますよね。中にたくさん高価な宝石が入ってる。しかし宝石函につけて、何を献呈したかということですね。その女帝に伸び縮みする合鍵を献呈したというんですね、丁重に。合鍵を献呈したのは、「いつでも私の部屋に来てください」という意味でしょうけれども、その「合鍵」を「のびちぢみする合鍵」と言っているんですね。ここにやはり隠された笑いと諷刺、エロスがあります。

合鍵が伸びたり縮んだりすることはありません。鍵穴に差し込む鍵っていうのは言うまでもなく、男のペニスを連想させるわけですよ。合鍵ですから、これは人為的につくったペニスですね。人工ペニスの歴史はものすごく古くて、カーマスートラの時代からありますしね。女たちだけが住んでいる荘園でしょっちゅう使われていた、と。その人工ペニスを、と言ってしまったら、露骨すぎておもしろくない。だから、「のびちぢみする合鍵獻ず」と言ったんです。

権力の頂点にいる女帝の愚かさをわかっていながら、あえて機嫌をとって、好色のために身を売るようなことをやっている男たちの、何とも言えない愚かさをここで諷刺しているんですね。

塚本邦雄の歌には、権力の頂点に立つ人間に対する批判の歌がたくさんあるんです。たとえば天皇とか政治家を笑いものにするのは、わりと簡単ですけれども、女を笑いものにするときに、男と同じように言ったんじゃあおもしろくない。ここでは、わざと性的なものにひっかけて詠んだところが、やはりたいしたもんですよね。わかっている人の前で読むと顔が赤くなるけど、大体わかってないから？　言えるんだと思いますね。

そういう歌ばかりでなくて、次のようなきれいな歌もあるんです。

## 割禮の前夜、霧ふる無花果樹《いちじく》の杜《もり》で少年同士ほほよせ　『水葬物語』

割礼というのは少年が大人になるときの一種の通過儀礼のようなもので、イスラム教などでは小さなうちにやりますね。少年の、ペニスの包皮に刃を入れて先っぽを切るんですね。だから、痛いでしょう。でも、それは宗教的な意味があって、ユダヤ民族が国を失ったときの、その民族の痛みを共有するために男の子は必ず、割礼の洗礼を受けなきゃならなかった。

日本も戦争で負けたときに、二、三歳の男の子は全部割礼をして痛い思いをさせれば、こんなだらしのない日本にならなかったはずだったんだけどね。

その霧の降っているいちじくの森の中で、少年同士が明日行なわれる割礼の儀式におびえて、身を寄せ合っている。まだ穢れを知らない少年たちの、お互いに頬を寄せ合っているこのイメージは、非常に美しいですねえ。少年の美を、非常に強く感じさせる歌になっているんじゃないでしょうか。いったん穢れを知ってしまったあとの人間と直前の人間との間には決定的な差がある。塚本邦雄が、汚れていく大人たちのいっぽうで、まだ純粋性を残している少年や少女たちを一生懸命うたうのも、そういう一つの対比を明確にすることによって、人生っていうものの意味を際立たせたいからだと思います。

しかし、何でいちじくなんだろうというところを考えないといけませんね。塚本邦雄ですから聖書に関係あると思ったほうが間違いない。旧約聖書の、アダムとイブが林檎を食うでしょう。それでお互い素っ裸であるのに気がついた。あっ、と思って葉っぱで隠そうとした。さて、その葉っぱがいちじくです。

つまりいちじくの葉っぱというのは性的なものだから、隠した少年のペニスを連想させる働きを持ってるわけなんです。実際そうしたかという話じゃなくて、詩的言語として歴史の中で使われてきた、イメージの喚起力がいちじくの中にありますね。割礼を受ける前の、すがすがしい少年のペニスの美しさがいちじくの葉によって想像される。それはまた、少年の美しさを引き立てることになりますよね。

こんなふうに、エロスを中心に人間を見ていく、あるいは時代背景をそういう目でとらえていくという冒険をした人は、塚本邦雄以外にはいなかったんですね。なぜ、戦争はいつまでも終わらないのか、それをたとえばコキュ、寝とられた男の悲しみを詠むことで問う。まあ、時代を先取りしている人ですよ。

今度は、「スペイン綺想曲」という大きなタイトルの中から三首選んでおります。常識的な発想と違う、すばらしい発想の曲、これが奇想曲ですね。

「スペイン綺想曲」と題しているように、塚本邦雄はスペインに対して相当若いときから深いものがありました。当然彼のスペイン趣味は、作品の中に投影されています。この小題はスペイン語で、「エル・レリカリオ」、すぐれた聖人の遺したもの、あるいはその聖人が祀られている建物のことです。それに因んでいる歌ですが、聖なる身分の人は全然出てきません。しかし、ここにうたわれているもの自体が身分の高卑にかかわらず、神聖な、死の世界を持っているんだということが塚本邦雄の言いたいところなんでしょうね。

ここで登場しているのは、ギターです。

窓下にむせぶギタ一ラ、ギタ一ラは墓穴に似し黒き洞《あな》もち　『水葬物語』

「むせぶギターラ」とありますから、これは部屋の中で独奏してるんじゃなくて、女のいる窓下でセレナーデをうたって語りかけているんですね。切ない愛の表現に、重要な役割を演ずるのがギターです。

「ギターラ」はスペイン語でギターなんですが、その「ギターラ」を繰り返して、よく見ると、「墓穴に似し黒き洞《あな》もち」と言ってる。確かに丸い穴があいていて、中で増幅された音が出ていく。その丸い穴が、墓の穴に似てるって言うんで、僕は最初それを読んでびっくりしましたね。ギターの中心にある丸い穴が、墓穴のような暗さを持っている、愛と死とは、切り離しがたい関係にあるんだということを、こういう場面で、はっきりと浮かび上がらせる作品だと思います。

ギターを弾いてるのは庶民の青年に過ぎませんけれども、死の神聖さから言えば、このギターの中にもそういう聖なるものがあるんじゃないかと、感じているんでしょうね。風俗的に読めば女の窓下で男が愛を囁いているというだけの浅いスケッチで終わってしまうんですがね。「ギターラは墓穴に似し黒き洞《あな》もち」っていうことは、ギターの本質を言っているだけじゃなくて、この愛そのものはいつかは死に導かれていきますよ、という人生そのものを、におわせているっていうところが大事なところです。

殺戮の果てし野にとり遺されしオルガンがひとり奏でる雅歌を　『水葬物語』

この歌は「スペイン綺想曲」の中に入れて考えなくても十分説得力のある歌で、「新アランブラ物語」と題する小題の中にあります。アルハンブラは、グラナダ地方の南にあって、「アルハンブラの想い出」というフランシスコ・タレガの有名な曲がありますね。

スペイン文化に、戦争があるたびに入り込んでくるアラビア風の文化が融合して、独特の文化圏を持っているところです。そのために、アルハンブラには人工的なとても美しい庭園や彫刻作品がありますけれども、同時にまた、宮殿の背景にそういう攻め落とされた歴史の悲しさが滲んでいる。アルハンブラの宮殿を念頭に置けば、長い間、外国に侵略されてきたスペインの野原を重ねて読むことができます。

殺戮が終わった野原に取り残された一台のオルガン。どうしてピアノでなくてオルガンなのか。多分教会が破壊されて、オルガンが残されたんでしょう。宗教的な感じがオルガンにはこもっておりますけれどね。そのオルガンが自然に歌を奏でた。しかも、奏でる歌は雅歌。旧約聖書の中にある愛の歌です。

不毛の荒野に取り残されたオルガンがひとりでに愛の歌を奏でている。つまり戦争が破滅の極限に達して、いっさいが終わってしまったのであれば、オルガンが雅歌を奏でるはずがない。オルガンは沈黙したまま、その終末をただじーっと予告するだけに終わるでしょう。しかし何もなくなったところで、荘厳にオルガンが愛の歌を語っていたんですね。

つまりその徹底した破滅の中からやがて新しい歌が起きてこなければいけない。新しい愛の歌が始まらなければならない。そういう予感を感じさせる歌だと思います。

そして、このオルガンに、短歌という定型詩をイメージして詠んだととるならば、まさにその廃墟を背景にして、短歌は沈黙し壊滅してしまうんじゃなくて、そこから新しい歌が起こるべきだ、塚本邦雄が、自分はその新しい歌の担い手になるぞ、というひそかな決意をここに込めていると読むこともできる。

多分、日本の、戦に負けて焼け野原になった体験が前提として考えられなきゃいけませんけれども、ただその悲しみだけで終わっていないところが大事な点だと思いますね。

## ひる眠る水夫のために少年がそのまくらべにかざる花合歓　『水葬物語』

先ほどの「割禮の前夜」の歌と同じように、少年が登場します。男たちのむんむんとした欲望をたぎらせているイメージと違って、塚本邦雄の描く少年は、まったくそれとは別の、聖なるイメージを伴う存在になってますけれども、この少年もそうですね。

何で昼から眠らなきゃいけないのか。酒に酔っぱらっているという印象は、これにはありませんね。夜の船着き場には女たちがたくさん待ってますから、そこで一夜を明かして戻ってきて眠る水夫の話ですね。水夫には水夫の、そういう港町でのロマンがあるでしょう。その水夫のために、少年は仕えているんだと思います。

その少年が、水夫の枕元に、花を飾った。しかも飾った花は、「花合歡」だというんですね。夜になると葉っぱが閉じる。その花の形態と性質のほかに、漢字では合歓と書きますが、これは葉が閉じたり開いたりするイメージからきていると思いますけれども、人間にたとえて考えた場合に、その喜びをお互いに分かち合う、人間的な生の喜びを暗示するものが隠されておりますよね。ですから、ここにチューリップをもってきても駄目なんだね。「花合歓」をもってきたら、それが浮かんでくるんですね。

この湿しい水夫と可憐で純粋な少年は、とても綺麗に対比的に詠まれていますよね。性質の違ったものを一首の中に取り入れて際立たせるのは塚本邦雄の得意な手法ですけれども、これも水夫とその少年とが、うまく機能している。水夫は水夫の、また少年は少年の固有性が引き立つようにつくられていますね。

その次の三首、これは「環状路」という一連です。大きな都会に、ぐるぐる回っていく道路がありますけれどもね、そういう大きなタイトルの中に配分されている歌です。

## 聖母像の乳房狙へる銃孔の中の螺旋に眼をまきこまれ　『水葬物語』

聖母像の乳房を狙うと言ってるんですから、やはり塚本邦雄の中にある反キリスト、反宗教のイメージがはっきりしていると思うんです。崇高な聖母の姿を前に、うなだれる、あるいは尊敬の念を持って見つめるというんじゃない。聖母像にピストルを向けて狙うっていうんですね。乳房を狙っているところに、すでに聖母に対する破壊的な意志を読み取ることができます。弾を遠くに飛ばすために銃孔の中は、たくさんの螺旋状のみぞがつくられています。そこを弾が螺旋を描きながら飛び出していくわけでしょう。銃孔から聖母像の乳房を狙ったところが、その螺旋の中に、目玉が巻き込まれていったと言うんですよ。つまり自分の目玉が弾になって、乳房を射抜くということですね、これは。

目玉で乳房を射るって言うんですから、これは、聖母マリアに対する敬意どころか、目玉でもってマリアを犯してやるっていうんですね。しかし、すごい歌をつくれるもんですね。塚本の反宗教的な、反イエス的な志っていうのは、すでにこういう歌の中からはっきり読み取ることができますね。

体を売っている夜の女たちに対しては、逆にとても親しい労りの目を向けている。宗教的な聖なるものとして祭り上げられているものに対しては、決してそれをそういう目で見てはならないっていうのが、塚本邦雄の自分に課している哲学です。

から・から・から・からの夏天にアメリカの薔薇類轢《ひ》きてゆく跛馬《びつこうま》

『水葬物語』

「から・から・から・から」というのは、下句に出てくる馬車の音です。しかし、その「から」が単に車輪の音だけじゃなくて、空虚な感じを連想させます。空っぽの音を立てて、馬車が動いている。

「から・から・から・から」というのは、乾ききった真夏の空気を呼び起こしますが、その天上に、「アメリカの薔薇」を轢いていく馬がいると詠んでいます。もしアメリカ文化に対する尊敬の気持ちがあったら、決してアメリカの美しい薔薇を轢《ひ》きつぶしていくとは描き出さなかったでしょう。軽薄なアメリカ文化に対する塚本邦雄の嫌悪感がここにはっきりあると思うんです。

この歌の他にも、アメリカに対する塚本邦雄の否定的な歌はたくさんあります。もちろん、アメリカのすぐれた作家、芸術家、映画俳優ジェームズ・ディーンに対する、塚本さんの敬意は歴然としてあるんですけれども。まあ、今でもそうですが、力の強い者がすなわち一番すごいんだというアメリカの奢った姿勢と言いますか、日本の敗戦以来、一貫して変わりませんけれども、アメリカに対する許しがたい気持ちが塚本邦雄の中にもある。それを、表現している一つのスタイルが、この歌ですね。

戦争体験者として、抜きがたいアメリカへの不信感が、塚本邦雄の根底にあることがわかります。ただ表現が、直接的なアメリカ批判というかたちをとっておりませんので、軽く見なされるかもしれません。しかし、諷刺という一つの技術を使って、アメリカへの、否定的な意志を伝えようと試みています。

受胎せむ希ひとおそれ、新緑の夜夜妻の掌《て》に針のひかりを　『水葬物語』

まったくと言っていいほど、塚本さんは自分自身の生活の背景になるようなことはにおわせない人ですけれども、この歌には、塚本邦雄自身の生活が影を落としていると思いますね。しかし生活的な詠み方とは違っております。

「受胎」という言葉をまず持ってきましたけれども、「受胎告知」を思わせる言葉で、自分の妻に子供ができたようだと言っています。しかし子供ができるというときに、喜びだけではない、同時に怖れがやってくる。

季節は新緑の夜で、妻の手には針の光があると言っているんですね。夜ですから、太陽の光が差し込んできているわけじゃありません。別に妻が、針をにぎってるわけでもないんですよ。しかし、眠っている妻の掌の中には針の光が降っているというイメージですね。その願いと怖れのうちのどちらを針の光が強く感じさせるかというと、言うまでもなく針は危険ですから、当然怖れのほうですよ。これは生まれてくる喜びよりも、怖れのほうが、見ている自分の中に、日ごと大きくなっていくという不安を感じさせるのではないでしょうか。

もちろん、子供が生まれるというのは妻だけの問題じゃなくて、自分の問題でもあるわけですね。妻自身の怖れというよりも、かたわらにいる自分の怖れのほうが妻の手の中の針の光というイメージで呼び起こされます。

受胎することが単なる喜びだけじゃなくて、同時に怖れも抱かせるものだという、その怖れというものはいったい何なのかという、どこから来るのかということを、読む人に考えさせる歌になっています。そういうところがこの歌の魅力でしょうね。新緑がどんどん葉を茂らせていくように、怖れもまた深くなっていくでしょう、きっと。生と死の巡り合わせと言いますか、離しがたい関係に気づいているんだと思いますね。

今日読んだところは、明確な主題性があって、一首一首が独立しているというものではないもんですから、何首かまとめて読まないと、本当の意味はつかみにくいんですけれども、全体的な雰囲気はおわかりいただいたんじゃないかなという気がします。

# 第四回
# 二〇〇六年五月二十二日
# 『装飾樂句《カデンツァ》』

五月祭の汗の青年　病むわれは火のごとき孤獨もちてへだたる　『装飾樂句《カデンツァ》』

今日から第二歌集『装飾樂句《カデンツァ》』に入ります。

これはもう、僕の宝物になっています。こんな小さな歌集なんですよ。本文は正字に直しているんですが、表紙はなぜか略字体で『装飾楽句』という装訂です。出版されたのは、昭和三十一年（一九五六）。昭和二十九年（一九五四）に亡くなった、中城ふみ子さんが同じ作品社から出した『乳房喪失』と『花の原型』の広告が載っています。

この歌は最初の小題「惡について」の第一首目の歌です。最初の歌っていうのは、どの歌集の場合も大事ですけれども、塚本の場合、これはそれなりのシチュエーションを持っています。

いったい五月祭っていうのは何なのか。今、大学でも、十月にやれば十月祭、五月にやれば五月祭と言いますから、大学祭なのかな、と思うかもしれませんけれども、そうじゃないですね。「汗の青年」という内容が、大学祭のイメージとはちょっとそぐわないでしょう。

五月の最大の行事と言えば、やっぱりメーデーでしょう。「五月祭の汗の青年」から何を頭に描くかと言うと、メーデーに参加している、プラカードを掲げている青年たち。今もメーデーは続いております。だけど、きわめて怠惰な、と言ったら失礼だけれども、汗もかかないようなメーデーになってしまった。戦後のメーデーというのは非常に激しいもので、皇居前で警官と渡り合った歴史があります。まだ、労働組合、労働者の意識が燃え立っていた時期です。そういうメーデーに参加している若い青年たちを念頭に置いたほうがいいと思いますね。

で、「汗の青年」ですが、いずれも政治的な目的のために集まってる青年でしょうね。それを最初にばっと出しておいて、『水葬物語』の中にも一字空きはまったくなかったわけじゃありませんけれども、『装飾樂句《カデンツァ》』では俄然多くなる。「汗の青年」と断ち切って空白をあけて、「病むわれは」と始まっています。

ここでぱっちり切れています。上の句、下の句の概念で言えば、「五月祭の汗の青年」が上の句ですよ。それから下が全部下の句。「病むわれ」は、もちろん病みあがりの私。私は火のような孤独をもって誰と隔たってるのかは言うまでもなく、その上の句の「五月祭の汗の青年」。病んでいる私は、このメーデーに参加している逞しい汗の青年たちとは、確然たる隔たりを持っている。しかも火のような孤独を持って隔たっている、と言っている。

孤独っていう言葉は別に新しい言葉じゃないけれども、人間が存在する限り、孤独を抜きにして語ることはできないと思うんですよね。新しい質の孤独というのをつくらなかったら、現代の歌壇としては、弱いことになるでしょうね。

その孤独に火を結びつけるというのは、これはかなり強烈な印象を与えます。内部に燃え盛る火があって、それが自分をも人をも焼き滅ぼすような、そういう孤独なんだ、と言ってるんですね。その孤独はおそらく「汗の青年たち」が政治的な目的で、組織として動いている、そういう類のものとは遠く隔たっている、もっと個人的な孤独でしょうね。

「へだたる」は、空間的に隔たっているという距離的なものをあらわしますけれども、これはもっと心理的なもの、内面的なもので、「汗の青年たち」とはっきりと隔たっているんだ、と対立的な関係で、自分の孤独を描き上げているのが、この第一首ですね。

いったいその火のような孤独とはどういう意味なのか、「跋文」の終わりのほうにこう書いています。

「今日、短歌はうたがひもなく『呪はれた詩』であり、まことに不幸な選ばれた者達の苦しんでたづさはるべき、ひそかな無償の營爲ではあるまいか。その營爲の限界を識りつつなほ、僕もまた最初の日から、自らの空しい内部について或いは味い自我を通じて、昂然と『敗北の詩』を創りとほして來た。

そして今、『水葬物語』とこの『装飾樂句』といふ二つの苦苦しいモニュマンを心の底に埋めて、僕のかすかな營みの再出發を試みようと決心してゐる」

「現代短歌の酷薄な『存在證明書』の空白の裏面に」、現代短歌の存在証明書を誰もきちんと書いてない。そのゆえに、「新しいただ一行の眞實を書き加へるために、僕は明日も孤り生きよう」。だから「その僕の暗い情熱の源泉はただ短歌への限りない憎惡、それのみである」と結んでいる。つまり、短歌に対する限りない憎悪、憎しみですね。それだけが、私の情熱の源泉なんだ、と言ってます。

「跋文」の言葉と最初の「火のごとき孤獨」の歌とは見事に対応していると見ていいでしょう。短歌の存在証明はどこにあるのか、それを書くのはおれしかいないんだ、そりゃあ、君たちのような青年は汗だけ流していればいいけれども、私はそうじゃないんだ、というような気持ちがどこかにあるんでしょうね。ですから、火のごとく孤独で人とは隔たっているって言ってるんです。自分が病気になってメーデーに参加できない、そういう嘆きを書いているのとはまったく違います。彼ら健康な青年たちには絶対私の内面はわからない。私は短歌の証明のために私のやるべき仕事をしなきゃいけないんだ。政治的な青年と、文学のリアリティのために、命を賭けようとする作者とをまず、対立的に描き出しています。『装飾樂句《カデンツァ》』はこういう塚本邦雄の火のような孤独から、歌が出発しているわけです。

# 愕然と干潟照りをり目つむりてまづしき惡をたくらみゐしが

『装飾樂句《カデンツァ》』

この辺で塚本の第二歌集の主題が鮮明になってくるんですけれども、満潮の水が引いたあと、はるかかなたまで遠浅が続いている。九州の有明海のような、要するに永遠《とわ》ですよ。真夏の太陽がぎらぎら輝いていると、恐ろしい感じです、干潟っていうのはね。北原白秋も母親の背中に負われて、その有明海の干潟を見たときはおっかなくて泣いたって書いています。愕然と、驚くような感じで、その干潟が照っていた、って言うんですね。

瞑想にふけって心の中にひそかに悪を企んでいた。「まづしき惡」と言ってるように、たいした悪じゃない、別に法律に引っかかるような悪事ということじゃないでしょうね。おそらく倫理的な問題にかかわるものですよね。善だとレッテルを貼られているものとは反対のもの。これは正しいんだ、と一般的に認められているものとは違う、そういう悪ですね。

その悪を企んでいたけれども、目をあけてみたら目の前には水が引いて愕然とするような干潟が照っていたんですね。つまり愕然たる干潟と、自分の貧しい悪との対比をここで試みているわけです。自分の心の中に描いている悪なんていうのは、その目の前に広がっている干潟の恐ろしいような輝きに比べれば全然たいしたものじゃない。やるならば、この愕然と照ってる干潟のようなでかい悪をしなければ駄目だと、目の前の干潟から教えられているんです。大きな悪への野望と言いますかねえ、そういうものがこの歌の中に生きていると見なきゃいかんですね。

通常の価値観をひっくり返して、悪を宣言しようとする。もちろん急に思いついたんじゃなくて、戦争中から、彼は、なかば禁断の書、ボードレールの『悪の華』を焼夷弾の降る中で一生懸命読んでいたんですから、基礎ができているのでしょう。

ボードレール的な悪の華。あれだって、フランスのブルジョア的なものの考え方に対する抵抗があります。おそらく、そういうものに培われた塚本邦雄の悪への第一歩をこの中にはっきりと読まなければダメですね。

次の歌も悪に関係するけれども、人間はいったい何のために生きているのか。良いことをやって、たくさんの人から褒められるために生きている、そんな馬鹿な生き方があるか、悪をなさんがための半生だと。国家のために自分はがんじがらめにされてきたけれども、やっと戦争が終わって、私はこれからの人生は悪をするために生きます、という宣言なんですよ。解説するのは簡単だけど、そう言うっていうのは大変な勇気がいることですよ、ほんとはね。

水に卵うむ蜉蝣《かげろふ》よわれにまだ悪なさむための半生がある　『装飾樂句《カデンツァ》』

これまた、二句切れですね。蜉蝣っていうのはまことにはかない命で、わずか数日間しか生きていません。生まれるとすぐに、次の世代を残すために水に卵を産んで死んでいかなきゃならない。そのはかなさに比べますとね、まあ、人生六十年なんていうのは、ほとんど永遠と言ってもいいくらい長いでしょうね。

じゃあ、その長い人生を自分はどうするのか、という問題です。お金を貯めて何かしましょう、そういう物質的な欲望を満たすというのもあるでしょうけれども、塚本邦雄はそんなことは一つも言ってません。蜉蝣のはかなさに比べれば長い長い半生、時間をかけて悪をなすことが、自分にとっての一つの決意であり、喜びだと言ってるんですね。

だから「まづしき惡を企みゐしが」とうたって、そしてさらに「惡なさむための」ですから、できればそうしたいって言うんじゃなくて、しなきゃならない。自分に命じてるんですよ、悪をなさんための私の半生なんだと。そのためにおまえは生きなきゃならないと自分に言い聞かせている。これは一種の倫理的な決断と言っていいですよね。

前衛短歌がテクニックだけでないというのは、こういう歌があるからなんですよ。技術だけきらびやかに見せるんだったら、こんなこと言わなくたっていいんです。悪をなすための半生があるんだと、一度だって口にしたら、取り返すことはできませんからね。本気になってやらなきゃならないでしょ、それは塚本さんのえらいところですよね。

不安なる今日の始まりミキサーの中ずたずたの人参廻る

『装飾樂句《カデンツァ》』

ミキサーは最近、流行らなくなったけれど、一時は健康のためにというので随分流行したんじゃないですか。その時代性を取り入れてるんですけれどねえ、で、ミキサーの中で何を粉々にしているのかというと、人参なんですね。

前の歌は「水に卵うむ蜉蝣よ」と、最初にイメージがありましたけれど、今度は逆に、最初に「不安なる今日の始まり」と意味を述べて、最後にイメージで整えてるんですね。そのミキサーの中の人参が回っている下の句に、不安な今日の始まりだという上の句が呼応しています。

人参が回っているということと、不安な今日の始まりっていうのは、いったいどういう関係があるのかというのが、この歌の解読の一つのポイントになりますよね。別にミキサーの中で人参が回っていたって不安になる必要はない。人参がミキサーの中で解体させられているのと不安が、どうして重なるのかっていうことですよね。

これは前衛的な基本の問題になりますけれども、ほかの果物だって、入れようと思えば入れられるけれども、やっぱりこれは、人参じゃないと駄目なんですね。なぜかと言えば、ここに人っていう字がある。人参の参を取ってしまうとね、ミキサーの中で人間が解体されてるような感じに見えませんか。

人参の色っていうのは人間の血の色を連想させますからね。苛酷な政治状況とか組織の中で、人間がめちゃめちゃに壊されていく、そういう連想をこのミキサーの人参が呼び起こします。そう思ったから、不安な今日が始まるんですよ、朝からね。本来は健康を祝福するために飲むジュースなのに、そう思いついたとたんに、何となくそれが不安な感じを呼び起こす。きわめて日常的な材料を使いながら、心の底にある時代の不安感をどうやってとらえるのか。事件をうたって、それをとらえることはもちろん可能ですけれども、そうじゃなくて、心の深いところに隠された不安なものがありますよね、そういうものを塚本さんは見事に取り出してるんですねえ。「ずたずた」という音声表現も、悲劇的な印象を呼び起こします。そういう音の引き出す感覚って大事ですね。こういうふうに一首の歌が、時代そのものの中に潜んでいる見えない不安のようなもの、危機感のようなものをとらえることができたというのは大変な方法の発見だと見ていいと思いますね。

われの戦後の伴侶の一つ陰険に内部にしづくする洋傘《かうもり》も　『装飾樂句《カデンツァ》』

自分の戦後の最も親しい連れあいの一つは何であるかというと、「陰険に内部にしづくする洋傘《かうもり》」。伴侶っていうのは普通は結婚した相手のことを言いますから、もちろん自分に妻もいるんだけれども、もう一人、「陰険に内部にしづくする洋傘《かうもり》」が私の伴侶だって言ってるんです。当然、蝙蝠傘は雨が降った日に差すもので、濡れた蝙蝠傘っていうのは気分がよくないものですよね。塚本邦雄は、人の目には見えない、内側で陰険なしずくをたらしている、永久に乾かない蝙蝠傘、それが私の大事な連れあいだ、と言ってるんですね。

先ほど『装飾樂句《カデンツァ》』の「跋文」で、私の歌に賭ける情熱の源泉というのは憎しみだ、短歌だけじゃなくて、悪をなさんがための半生があると言いましたけれども、偽りに満ちている善の世界に対して、何か厳しい、批評精神で対処していこうといったときに、その戦う武器の一つとして蝙蝠傘を彼はいつも持っている。

　確かに蝙蝠傘は先が鋭いですから相手を殺すくらいの力は持ってるよねえ。内部に陰険にしずくするっていうのは、やっぱり憎しみです。その憎しみのしずくを絶えることなく、この蝙蝠傘は内部にたらし続けている。ということはつまり、この蝙蝠傘は塚本邦雄の内面そのものの象徴なんですね。自分の心の中にそういう陰険な憎しみを失うことなくたらし続けて、それを自分の、そしてわざわざ「戰後の伴侶」と言ってますね。戦争の時代が終わって、一種解放されて明るい平和な世界だと、みんな戦後を謳歌しているかもしれない。しかし、そうじゃない、偽りの平和だと言うんです。戦前とは質の違った、もっとくだらない時代が戦後なんだという批評意識がどこかにあるんでしょうね。ですから、解放されたと喜んでいるような人には、戦後の本質なんてわからない。依然として天皇は存在するし、アメリカの支配下になってしまっているこの戦後日本に対して、いろいろなものも含めて、塚本邦雄の中に批判精神があると思うんです。その批判精神にかたちを与えると、その蝙蝠傘を武器にして持っているということになるでしょうね。

黒い蝙蝠傘から真黒いしずくが滴ってもおかしくないような、陰険で危険な批評精神を心の中に持ち続けている。「悪なさむための半生がある」っていうのを一首だけで終わらせないで、いろいろかたちを変えて詠んでいるところが大事なところです。何首も何首もしつこくつくらないとテーマっていうのは浮かんできませんね。塚本さんの場合も、私が特に選んだという点があるにしろ、何首かの中で主題性が明確になってきますよ。蝙蝠傘に目をつけたというのも、そこに意味がありますね。

青年の群れに少女らまじりゆき烈風のなかの撓める硝子　『装飾樂句《カデンツァ》』

おそらく、これ以上の隠喩ってないんじゃないですか。説明できないんですよ、あんまりすばらしくて。最初、五十年前に雑誌で読んでびっくりしちゃったんですけれども、この歌のいいところがどこなのかということを言葉で説明しようと思ってもできないですね。感じてもらうしかしょうがない。

青年の群れがいるでしょ。そこに少女たちがだーっと寄ってまじっていく。たったそれだけのことなんですよ。風が吹いたからといって硝子が、たわんでいるとは誰も思わない。それでも、強い風が吹いたら、硝子はかすかにたわむんですね。これは男同士、女同士だったら起きない。若い青年と少女たちが、まじり合おうと一つになるときに起きる、その緊張感を強い風にかすかにたわむ硝子だととらえたんです。こんなすばらしい比喩でとらえた人っていないですね。

塚本さんは、死に強くこだわって詠んでいるんですが、当然のように反対の生に対しても敏感です。これはきちんと生をとらえてる。そういう二つの性が、まじり合ったときに発する、対立と調和は瞬時にして生まれ出てくるものだと思います。

塚本さんは死に対して哲学的に深い認識を持っておりますけれども、明るいですね。生と死の両面について輝かしい作品が前の『水葬物語』にもありましたが、これは今までの不安や危機感とは違った美しい性のもたらす緊迫感が、見事にとらえられているいい歌ではないですか。

イエスは三十四にて果てにき乾葡萄嚙みつつ苦くおもふその年歯《とし》　『装飾樂句《カデンツァ》』

イエスは三十四歳で死んだ、乾葡萄を嚙みながら苦々しくそのイエスの年齢を私は思った、と言うんですね。イエスの歌はこれからたくさん出てきます。何でイエスをそういうふうに思うのか、塚本邦雄がキリスト教信者で特別信仰心が強いからそう思ってるんじゃないですよね。もし信仰心が強ければ、死んだ年齢よりも、イエスの持っている超越性のほうに関心がいくでしょう。しかし死んだのは三十四歳だっていうことに関心を持っているってことは、今、自分は三十四歳だっていうことですよ。自分と同じ年だと見ているということは、イエスをより人間のほうに近づけて自分と同じように見ようとしているってことですね。

松田一美さんが作った年譜の昭和二十九年（一九五四）は、中城ふみ子が死んだ年、「三月、胸部断層撮影、左肺尖、鎖骨下に空洞、右肺小病巣認められ、ヒドラジッド投薬、気胸療法始める」とあります。「五月祭の汗の青年　病むわれは火のごとき孤獨もちてへだたる」の歌の背景は、実際に彼自身の胸部疾患を前提にしているのがわかります。そして「七月、療養のため休職」をしたあと、「大東勝之助医師により、週二回ストレプトマイシン投与」する。その年が三十四歳。病気ということもあったから、自分の死を考えざるを得なかったと思いますね。昭和三十年、三十五歳のときに岡井隆と会って三十六歳の三月に『装飾樂句《カデンツァ》』が上梓されております。

もしあのとき塚本邦雄が死んでいたら現代短歌は今のような状態ではなかっただろう。幸いにして生き延びて『日本人靈歌』を出した。その『日本人靈歌』を誰が評価してくれたか。それは私ですけれども、それがなかったらまた変わっていただろうと。

自分は死ぬかもしれないという不安を契機にして、イエスを思った。苦く思うけれども、苦いだけじゃなくて甘美なものと一緒に嚙みしめながら、イエスの三十四歳の死を思っているんですね。

イエス亡きあとの人生を自分は生きなければならない、じゃあ、どういう人生が待ってるのか、どう生きなきゃならないのか。そのことを思っている、と言っていいでしょうね。イエスの知らなかったことを生きるっていうことは、一つの誇りでもありますけれど、芸術家としてこれから自分が火の孤独を抱えて生きていかなきゃならない、これもまた、孤独の歌ですね。

別に、イエスに限りませんけれども、自分の気になる人の死んだ歳くらいは覚えておくほうがいいですね。僕は二十六歳になったとき、石川啄木の年齢が気になってしょうがなかった。二十六歳で死んだんです。「おまえ、二十六歳で何やってんだ。啄木はもうこんなに仕事をしてるのに、お前は何もできないのか」と、啄木を読むときにざわざわしましたけどね。

暗渠の渦に花揉まれをり識らざればつねに冷えびえと鮮《あたら》しモスクワ

『装飾樂句《カデンツァ》』

暗渠は土の下に掘られた水路で、下水道などが全部暗渠です。地面の下にあって見えないから暗い。その下水の掘割が見えるのが明渠です。

映画「第三の男」の、追われていくイメージが浮かんできます。何を描き出しているのかというと、花が暗渠の渦の中でもみくちゃにされているって言うんですね。それが上の句のイメージです。

そのあとに、知らないがゆえに、つねに冷え冷えと新鮮であるモスクワよ、と言う。このモスクワはソビエト体制下の首都モスクワとってください。つまり、スターリンが支配していた時代のモスクワです。当時はまだ「鉄のカーテン」があって、モスクワで何が起きているのか、さっぱりわからない。多くの人が亡命したり、シベリアに流されるとか、収容所生活を強いられるとか、殺されるとか、いろいろなことがあったようですね。政治的な恐怖が渦巻いているモスクワなんですね。それをテーマにしようと言うわけです。

暗渠の渦の中で花がもみくちゃにされて、解体されていく。さっきのミキサーの中で人参が回っている歌の変形版ですね。それはちょうどソビエトという閉ざされた政治状況の中で人々が支配されて、やがてその渦の中に巻き込まれて、見えなくなってしまう、そういうソビエトの抱えている政治的な危機感というか、不安感をイメージとして詠んだわけです。ですから、自分のことを詠んでるんじゃない。時代が抱え込んでいる、不安感や危機感を、どうやって詠むことができるのかということに挑戦したわけですね。これはやっぱりすごい方法だと言わなくちゃいけないでしょうね。

人間というのはよく知りつくすと無関心になってしまう。知らないことのほうに興味がいくわけで、知らないがゆえにモスクワにみな関心を持つ。関心の中にはそういう恐ろしさがまじってます。冷え冷えとして新鮮な感じを呼び起こすものがモスクワだ、と言っています。何でそんなことを詠まなきゃいけないのかと言うと、一国内だけの問題だけじゃなくて、北朝鮮に何かがあれば、必ず日本に波及してくるし、チェルノブイリの原発事故の問題が起きれば、世界中に広がっていくわけですから、ロシアの危機はいずれ世界の緊張感となって走っていくわけです。それが日本にだって何らかのかたちでやってくる。

言葉だけで、そういう危機感を表現できるか、誰もできなかったことですね。実際にモスクワに行って見てきたものを報告するっていう歌はたくさんありますけれども、それはつまらない。そうではなくて、時代そのものの抱えている密度の高い不安感を、たった三十一音の中で見事に訴えてみせるという、そこに挑戦したっていうことはすごいですね。

## 炎天に垂るる鞦韆《しゅうせん》　眸《まみ》とぢて易易としたがひ來しものの果て　『装飾樂句《カデンツァ》』

「鞦韆《しゅうせん》」はぶらんこのことですね。昼間、公園の遊び場に誰も遊んでなくて、ぶらんこが下がっている。そのイメージを頭に置いてください。そのぶらんこから、どのように展開させているのか。これがあっと驚きますね。

どうして目を閉じたものが出てくるのか。ぶらんこっていうのは下がってますよね。目を閉じたら一直線になるでしょ。目を閉じて見るべきものを見ないで、国家の言いなりになってきた日本人のなれの果てが、この「鞦韆《しゅうせん》」だと言ってるんだ。たいしたもんでしょ。だから目をぱっちりあけて、どうなるか見てないと、恐ろしい結果になると言ってるんですよ。

八月の炎天。敗戦記念日がまもなくやってくる、そういうときに公園にいたって見方が違うんだ。こういうふうにものを見ないと駄目だっていうことさ。あっと驚く発想でしょ。「したがひ來しもの」ってのは、何のことはない。われわれみんなを指してるんですよ。

再びイエスが出てきます。

## 賣るべきイエスわれにあらねば狐色の毛布にふかく沒して眠る　『装飾樂句《カデンツァ》』

言うまでもなく、イエスを売ったのは、ユダですね。イエスは三十四歳で死んでしまいました。私はもう三十四歳のイエスの死んだ歳を過ぎてしまって、これからユダになって売ろうと思っても、売るイエスがいない。自分はユダになろうと思ってももうなれないんだ、反逆者、裏切り者にさえもなりにくいところに来てしまったっていう、その悲しみですね。たてついたり売ったりする、そういう相手がいるっていうのは幸せだっていうことですよ。頭を隠して、そして眠るんだ、「狐色の毛布」の中に悲しみがこもってるんじゃないでしょうか。

先ほどもイエスの歳を越えて自分は生きたという孤独をうたっていましたけれど、売るべきもののなくなった塚本邦雄の悲しみというのが、この「われ」の中に色濃く出ていると思います。生身の塚本を感じさせる歌は乏しいんですけれども、こういう歌にはある程度、塚本邦雄の肉声がこもっているように思いますね。

# 高度千メートルの空より來て卵食ひをり鋼色《はがねいろ》の飛行士

『装飾樂句《カデンツァ》』

一万メートルの高度になってしまったら見ることはできませんけれども、千メートルの空からだんだん下りてくる飛行機の小さな機体を見ていたんじゃないかと思います。

その空からやってきて飛行士が卵を食べてるって言うんですが、この鋼色がどこからきているかというと、飛行機のもっている金属的な輝きですね。おそらく飛行機をじっと見ていたから、その機体の鋼色の輝きが目の前の飛行士にも映って、機体のイメージが飛行士全体の印象に、かかわってきてるんだと思いますよね。

どこで、その場面を見たのかわかりませんけれども、この卵を持ってくることによって、今までは空中にいて大きな機体を操っていた、そのどこか魔術的な力を持っている飛行士の、生きている人間としての生々しさが非常に強く出てきますね。

いったい卵と言っても、オムレツや卵焼きなどのいろいろな料理の仕方がありますが、調理された卵という印象ではない。ゆで卵だと思うんだ。鋼色の飛行士が口にするのは、真っ黄色の卵じゃなくて、殻を剝いた白いゆで卵だと思います。何となく鉱物質の印象を与えて、それが飛行士っていうものの持っている神秘的な感覚を食べ物の中にも連動していった。

同じように船を動かしたり、電車を動かしたり、車を動かしたりいろいろな仕事の人がいますけれども、操縦している飛行士っていうのは地上の乗り物を操っている人間にはない何か魅力がありますよね。そういう魅力を、スナップ写真みたいに、ぱっととらえている。特に深い意味があるというような作品じゃないけれども、飛行士の発する生き生きとしたメタリックな感覚を、さらっと詠みながら、見事に生かしている一首だと思いますね。

「高度千メートル」が効いてます。高度千メートルのところが彼の住んでいる空間であって、むしろ地上というのは仮の空間のようですね。そこで、卵を食って、一時しのいでいるっていう感じなんですけれども、飛行士の持っている魅力は生きてるんじゃないでしょうかね。

次は私のよく引く傑作です。

蟻、ピアノの鍵《キー》をあゆめり　心翳りゆくひそかなる黒人靈歌　『装飾樂句《カデンツア》』

「ピアノの鍵《キー》」のところ、初版では「キイ」、全集で「キー」と伸ばしたんですけど、僕としては「キイ」のほうがいいような気がするなあ。そのほうがきりっとしますけれどね。

実際にこういう場面を見て詠んだとは思いません。黒人の持っている悲しみを、どのように表現したらいいのかと、つくり上げた一つのイメージだと思います。

ピアノの鍵盤は、冷たい感じを受けますでしょ。白い鍵盤の上を蟻が一匹歩いてるんですよ。もちろんこの蟻は黒い蟻じゃなきゃ駄目なんだ。そのとき、自分の心の中に、ひそかに黒人霊歌が湧いて通り過ぎていったんですね。言うまでもなく、黒人の悲しみをうたっている歌です、黒人霊歌はね。一匹の黒い蟻から黒人のイメージが浮かんできたんですね。その意味の作用を受けて、「ピアノの鍵《キー》をあゆめ」る蟻は、つまり黒人の比喩ということになります。

そうしますと、ピアノの白い鍵盤は、白人の社会に変わります。つまり、白人の社会に取り囲まれている黒人を、絵にしてあらわすには何がいいか、あの冷たい鍵盤の上を歩いている蟻だというんですよ。白人たちの差別にあえぎながら生きていかなければならない黒人の悲しみが、一枚の絵から浮かび上がってきます。これも、黒人が実際に痛めつけられている場面を写実的に詠むことができるけれどもね。差別っていうのは文明が進んでもなくならない。逆なんですね。文明が進めば進むほど差別は複雑になって、その実態は、より重苦しいものになっていきます。

差別は悪いなんてことはみんなわかっているんですよ。わかってるくせに、絶対なくならない。そういう差別の典型として黒人に焦点を当てたわけです。塚本邦雄は白人社会に牽制球を放ってるというよりも、文明の、本質的に持っている差別なしには文明はあり得ない、悲劇的な体質を訴えようという狙いで書いてるんですね。

「蟻、」と点を打って強調してますけれども、それもこの一匹の蟻の存在を視覚的に強めているんですね。そのときに心の中に一つの影を落として、黒人霊歌が通り過ぎていった。たった三十一音でそういう文明が生み出す差別の悲劇性を、見事にとらえている、すごい歌ですよね。

それに比べると次の歌は、ずっとわかりやすい。

混血の子らそだちゆく　唖蟬を熱きてのひらの中にふるはせ　『装飾樂句《カデンツア》』

中城ふみ子の歌集『乳房喪失』の中に、「天使園」という、黒人と日本の女性たちとの間にできた子供たちをテーマにした歌がありました。混血の子供たちが大きくなった場合に、彼らはいったいどうなっていくのか。

同じテーマを塚本邦雄はどういうふうにうたっているかというと、この一首ですね。混血の子供たちはだんだんと育っていった。その子供たちが何をしているかというと、唖蟬ですから鳴かない蟬を掌の中に包み込んで、一生懸命手でもって震わせている。

なぜ唖蟬をもってきたのか。混血の子供たちは泣くことができない、外部に向かって訴えることができないんです。差別は黒人ばかりじゃなくて、混血の子も同じですね。黒人との間の子供たちは結局、どこに行ったかというと、ブラジルとかいろんなところに移っていきましたよね。そういう混血の子供たちの悲しみをうたってるんです。唖蟬を黙ってただ掌の中に入れて震わせてるだけなんだ。これから自分たちが大きくなって、いろいろな差別を受けなければならない、その怖れのようなもの、おののきのようなものがその震わせるというところに出ています。

これも日本の敗戦によって生み出された悲劇なんです。そういうものを自分と関係ないから、うたわない、うたえないって言うんだったら、短歌の形式なんていうものは限られてきますね。ですから、現代短歌の存在証明のために、ただ一行加えたいと言ったのはそういうことなんです。こういうことをうたわないと存在証明にならないんですよ、現代の歌としては。要は、そういう日本人の悲劇は悲劇としてうたわないと駄目だということですね。こういうことはよく理解されていないものだから、無視されたままになっていますけれども、非常に大事な一首だと思いますね。

## 國ほろびつつある晩夏　アスファルトに埋没したる釘の頭《づ》ひかる　『裝飾樂句《カデンツァ》』

まもなく真夏がやってきますね、そうするとアスファルトが溶けるでしょ。その中から釘が頭を出してるのがよくあるじゃないですか。あれ、人間に見えませんか。アスファルトの中に埋没している釘はね、日本人の比喩です。だから、「國ほろびつつある晩夏」なんだ。日本の国は滅びつつある、その滅びつつあるものを具体的なイメージで示せと言ったら、その溶けているアスファルトの中にある一本の釘だ、日本人なんてそんなものなんだ、日本の国なんていうのもそうなんだ。ちょうど日本が高度経済成長に向かおうとしてるときに、塚本邦雄はもう憮然として、いや、日本は今、滅びに向かっている、と言ってるんですね。もちろん、その滅びに向かってるということを実証しようと思えば、例を挙げなければいけませんけれど、これは歌で、論文じゃありませんからね。しかし強烈に喚起する、そういうイメージをつくらなければいけません。

滅びに向かっているということを知らないで過ごそうと思ってる人は多いですね。塚本邦雄は一種の予言者として、そうじゃない、日本は滅びつつあるんだとずばりと指摘しています。非常に批評精神が鋭敏だったと思いますね。


羽蟻逐はれて夜の天窓にひしめけり生きゐれば果てに逅ふ　鏖《みなごろし》　『装飾樂句《カデンツァ》』

夏になりますと羽蟻がいっぱい窓ガラスや天窓、あるいは明かりに群がっている。その群がっているのを見ながら、何を連想したかと言うと、この羽蟻と同じで、一夜明ければみんな死んでしまう、そこに人間の運命を重ねて見てるんですね。生きていればわれわれも最後には、皆殺しにあう、その皆殺しの運命を、この羽蟻が目に見えるかたちで今、示しているんだと言うんですね。

確かに、アウシュビッツのような悲劇は戦争中の話だけじゃないですよね。まだこのときには起きていなかったけれども、カンボジアの民族紛争を見ても、一つの村の人間がほとんど皆殺しにあってるような状況がいっぱいあるんじゃないですか。一人二人の人間を虐殺するんじゃなくて、全員を抹殺しようということの恐ろしい暗い衝動はいったいどこから出てくるのか。しかし、依然として裁かれることなく、今でも行なわれているんじゃないですか。何というひどい時代になってきたのかということを、塚本邦雄はここでうたっているわけですね。

## 孤兒院へあたらしき孤兒、暗紅の風船をさむき夕空に曳き　『装飾樂句《カデンツァ》』

先ほどの、啞蟬を黙って震わせている混血児の歌の変形版ですね。これは孤児院です。両親が死んだ、あるいは両親が不和のために、孤児院に新しい孤児がやってきたんですね。これが泣かせますね。そのとき、この孤児が、おそらくデパートかなんかでもらった風船なんでしょう。寒い夕空にその暗い紅色の風船を、たった一人の友だちとして連れてやってくる。今だってこういう状況はいっぱいあるでしょ。今のほうがあるんじゃないですか。孤児院に来られるのはまだいいほうでしょう。家庭内で秩序が壊れてしまって、ひどいですねえ、親によって殺されたり、いじめられたりするのが当たり前の時代になってしまっている。

彼の運命もその風船と同じだ。風船はいつか消えていってしまうでしょう、この孤児院に来た孤児の運命もこの風船と大差ないと言ってるんだと思いますね。

## 樹蔭《じゅいん》に干し忘れゐたる神父の襯衣《シャツ》月させば神父よりも輝く　『装飾樂句《カデンツァ》』

塚本邦雄の中には、反権威主義と言いますか、権威を嘲笑する、偉そうにいばっている人間に対する批判の歌がいくつもありますけれども、これもその一つですね。

やっぱり歌ですからねえ、知的なイメージを通して表現しないと詩になりません。この歌では、干し忘れられた神父のシャツが、樹蔭につるされたままになっている。やがて夜になって月が射した。その白いシャツが、皓々たる月の光を受けて輝いたんですね。すごいじゃないですか。本当はシャツよりも神父のほうが輝いてなきゃならないのに、着ている下着のほうが、生身の神父よりもね、もっと輝いている。つまり、内容のない神父、実体のない神父ということを、暗にやじってるんですよ。こういうふうに宗教的な権威を否定しているわけですけれども、権威のある人間っていうのは全てりっぱな人間、すばらしい人間だとわれわれは思いがちだけれども、そうじゃない。これも悪意のための方法なんですけれど、うまいですよね。神父のシャツが神父より輝いてるなんてね。なかなかこういう発想っていうのは簡単には湧いてこないんじゃないかな。着眼がおもしろい。

その次。これは自民党に提出したい歌ですね。

黒き銃熱もつまでに執拗にみがけり　祖國つゆ愛せざる　『裝飾樂句《カデンツァ》』

この「つゆ」は、決して、少しも、という意味ですね。祖国なんていうものを私はまったく愛してはおりません、というのが下の句です。

祖国を愛さないということと、黒い銃を発熱してしまうくらい執拗に磨いてるということとは矛盾するんじゃないか。銃をもって祖国のために戦おうとこの人間は思ってるんじゃないか、それで祖国を愛さないというのは意味的に成り立たないんじゃないかと思うかもしれませんね。

そうじゃない。この暗黒の銃は、誰かを撃つため。テロリストとして誰かを倒したいという気持ちがこの中にこもっています。それでなかったら熱を持つまで執拗に磨くことはないですね。祖国を少しも愛してないと言いますから、当然そのテロリズムの対象は、やはり祖国を愛せ！ということを主張する人だと。だいたい誰かわかるでしょうね。

祖国を愛したために自分たちがとんでもない失敗をして多大な犠牲を払った。だから二度と私は祖国を愛しませんよというところには、塚本邦雄の戦争体験が強く根を張ってると思いますね。国を愛せ、国のために命を捨てろと言われ続けて育ってきた人間が、何言ってるんだ、祖国なんて断じて舌を抜かれても愛しませんよ、という決意ですね。そういう祖国を愛せ、という決まりきった言葉を口にする連中に向かって、銃口を向けたいという気持ちを持ってるんですね。前の歌は神父に対する批判でしたけれども、これは為政者、権力者に向かって、ひそかな反逆の志をイメージとしてつくり上げている、大変危険なことなんですよね。まさかこんな歌があるとは思ってもみなかったかもしれないけれども、すでに『装飾樂句《カデンツァ》』の中にあるんです。

昔に帰りつつある今読むと、こういう歌は新鮮な感じですね。もう塚本の時代は終わったのだと、みんなが言ってるけれども、どっこいそうじゃない。鮮度は全然失われてないですもの。だってみんなこういう歌をうたわないでしょ？　今、こういう歌ってまったくなくなっちゃってますよね。

艦隊のうまれゐむ海うす暗く顯ち來つつ血の泡なす鮭卵《すぢこ》　『装飾樂句《カデンツァ》』

あのすじこをテーマにして歌を詠みなさいと言われて、これに勝てる歌を詠めるだろうか。のっぺりとしたあのすじこは確かに軍艦のかたちをしてますよ。いつか突如として海の底から、無敵艦隊があらわれて来るような不安な感じを、あのすじこが呼び起こすって言うんですね。

塚本さんが好きかどうか別として、すじこっていうものが呼び起こす不吉なイメージと言いますかね、ぶつぶつとした薄いかたちの中に、血の泡を読み取っている。きわめて日常的なありふれた題材なんですけれども、そこから非日常的なものへと、いっぺんに移してしまう。すじこを見ながらですねえ、海の底から無敵艦隊が闇の中からいつのまにか浮上してきて、再び戦争の時代がやってきそうな感じですね。まさに今の時代を、予言しているような感じがするんじゃないですか。

今日はそこまでにしましょう。

# 第五回
# 二〇〇六年六月十四日
## 『装飾楽句《カデンツァ》』『日本人靈歌』

道化師と道化師の妻　鐵漿色《かねいろ》の向日葵の果《み》をへだてて眠る　　『装飾楽句《カデンツァ》』

「道化師と道化師の妻」。これは、一字あきになってますから、歌を声に出して読むときにも、ちょっと間をとってから読んだほうがいいでしょう。

サーカスの合間合間に出てきてお客さんを笑わせて雰囲気を盛り上げる、そういう役割をしているのが道化師ですけれども、ここで塚本邦雄がとらえているのは楽しそうに人々に笑いを振りまいて、会場を一生懸命盛り上げている道化師じゃない。滑稽さの裏に隠されている人間の悲哀感のようなものを呼び起こす、道化師という存在です。

「向日葵の果《み》をへだてて眠る」とありますから、どこで寝ているのかが問題になります。室内でも向日葵の花瓶があるととれますし、どこか野原のかたすみで寝ているととってもいいかと思います。お昼の公演が終わって夜の公演が来るその合間に寝ているととってもいい、その寝ている二人を詠んでるんですね。

向日葵と言うと、太陽に向かって咲く生命力のある花を連想するかも知れませんけれども、ここで目をつけているのは、もう花の時期を過ぎて、真ん中のところに黒い種がびっしりとついている向日葵です。その向日葵の果を隔てて眠っている。夫婦の間に向日葵の果があると言った場合に、何を連想するでしょうか。少なくとも仲良くベッドをともにして寝ているという場面じゃありませんから、その大きな向日葵の果が、二人の関係を暗示する役割を果たしますね。

わざわざそこに、「鐵漿《かね》色の」と書いています。「漿」は一般的には水分を含んでいるものをあらわしますけれども、そういう鉄漿色をした、向日葵の果がびしっとあるんですね。花どきが終わって向日葵が、黒く固く果を結んでいるそこに注目をしております。

そういうふうに言ってしまうとテーマを狭く限定するかもしれませんけれども、二人の間にある一種の不信感、どこか相手を拒否する不信感のようなものがこの冷たい向日葵の果から漂ってくるんじゃないでしょうか。人前ではいかにも楽しそうに夫婦仲良く道化の演技をして、お客さんの喝采を浴びてるんですよ。しかし、ひとたびステージを降りて部屋に帰ってきますと、決して仲むつまじい関係じゃなくて、お互いに隔てるものがあって、その不信の感情をかたちあるもので示すと、向日葵の鉄漿色の果になるんですね。道化師でなくたって全ての人間の中に、見えざるかたちでそういうひそかな不信感というものがあるのではないのか。それを道化師のかたちを借りて詠んだわけですね。

家族愛とか、近隣愛とか、人類愛というものがなくなって、お互い警戒しなきゃならない時代状況になりましたけれども、そういうものを暗示させる歌になってるんじゃないですか。

「道化師と道化師の妻」と、「道化師」という言葉を二度繰り返しているというのも、意味がないわけではないと思うんです。道化師以外の職業の人を出してきたって、いいんですよ。銀行員と銀行員の妻でもいいんですけれども、なぜ道化師に塚本邦雄は焦点を絞ったのか。

生きていく方向性をつかみにくい、確信を持って生きにくい、みんなが道化役者を演じてるような時代になっているのではないのか。時代を見る目も背後に置いて読んでみると、この道化というのは意味を持ってくるんじゃないでしょうかね。

ジョゼフィヌ・バケル唄へり掌《てのひら》の火傷に泡を吹くオキシフル　『装飾樂句《カデンツァ》』

「ジョゼフィヌ・バケル」――アメリカ読みではジョセフィン・ベーカー。シャンソン歌手です。一九三〇年代、ちょうど僕が生まれたころに活躍をした女性なんですがね。これをフランス読みの「ジョゼフィヌ・バケル」と詠んでいる。なぜ塚本邦雄はあえてジョゼフィヌ・バケルという詠み方をしたのか。これは下の句のイメージ、「掌《てのひら》の火傷に泡を吹くオキシフル」と密接に関係すると思います。

とりあえず上の句ではバケルがうたっているんですよ。一拍置いて、下の句は何を言ってるかというと、ジョゼフィヌ・バケルのうたうシャンソンの印象を絵にしたんです。掌に傷がついて消毒のためにオキシフルを塗ったら、ぶわーっと泡が立った。今のオキシフルは泡立たないんじゃないかと思うけれども、私の子供のころはぶくぶくっと勢いよく泡が立った。つまり、彼女の歌が、生命感にあふれていて、ちょうど傷にオキシフルをたらしたときに燃え立つような感じで湧き立ってくる、まさにそういう印象だというんです。簡単に言えば、一人の歌手の歌の印象を視覚に置き換えて詠んだということなんですね。

しかし、ここにもそれだけではわからない問題が出てきます。歌の生命力の印象を日常的なオキシフルでとらえたのはすばらしいことだけれども、そのオキシフルの爆発するようなエネルギーを名前の上でも出したいと塚本邦雄は狙ったんでしょう。そのためには、ジョセフィン・ベーカーというなめらかな読み方じゃなくて、「バケル」というふうに破裂するような効果を狙った。つまり、音から歌手の印象をつくろうと思った。

彼女は黒人系の歌手です。さまざまな迫害を受けて、歌手として生きていく悲しみのようなものが「掌の火傷」に暗示されていると思います。

黒人の手の甲は真っ黒だけど、掌は赤くなっています。そのもっとも弱い部分、そこに火傷をしてオキシフルを塗ったっていうところに、表面には見えない悲しみのようなものがあって、結局そういう悲しみがあるから、彼女の歌はあんなに明るくすばらしいんだと言いたいんですよ。何の迫害も受けないお嬢さん育ちだったら、あんな生命感のあふれる歌はうたえない。その傷の痛みに耐えながら、激しい感情がオキシフルのように歌の生命をつくっていくんだ、傷を持つことの尊さをバケルの中に認めたんですね。

絵や音楽、演劇の感想を歌にしたり、この歌もそういう中の一つではありますけれども、苦痛に耐えながら、輝かしい生命感にあふれる歌を自分のものにしていった、一人の芸術家の根本の生き方を感じさせるような歌になっているところが、単なる描写の歌とは違うところではないか、そこにこの歌のすごさがありますよね。

そういう意味でこれは非常に生命感の強い歌ですけれども、簡潔にして、しかも魅力的なイメージに支えられて、とても印象に残る歌だと思います。

その次の歌。これが歌集の題名を決定した歌ということになります。

血紅《けっこう》の魚卵に鹽のきらめける眞夜にして胸に消ゆる装飾樂句《カデンツァ》　『装飾樂句《カデンツァ》』

意味がすっととりにくいかもしれません。目の前にあるのは血紅の魚卵ですね。血紅の魚卵というと、われわれ北海道の人は誰しも、いくらを思い浮かべる。一個一個がとても美しい宝石のルビーのように輝いております。小さいけれども、一個一個完結していて、その中に一つ一つの生命が宿っている。やがて生命を胚胎させる内的な生命力とその美しさを、見事にあらわしておリます。それに塩を振っておりますね。その塩がまたいっそう魚卵の美しさを際立たせております。

その真夜中に、誰かが実際に音楽を演奏していたのではなくて、突然自分の胸の中に一つの音楽がさっと湧いて通り過ぎて消えていったということなんですね。しかもここでは曲名とか、作曲家名を出すんじゃなくて、「装飾樂句《カデンツァ》」を持ってきております。

交響曲や協奏曲の中で、たとえばピアノ協奏曲だとすれば、そのピアニストの最高の技量を示すために特に難しくかつ華麗につくられている部分がカデンツァ、装飾楽句ですね。そういうときにはほかの楽器は全部沈黙をしている。その間一人でさらっと弾きあげる。それがまた装飾楽句の魅力ですね。ですから、凡庸な演奏家ではとても弾けない。選ばれた演奏家にだけ弾けるような、そういう箇所です。チゴイネルワイゼンだとすれば、その部分を一人でヴァイオリンを弾いて圧倒的な感動を呼び起こします。この曲は何かわかりませんけれども、その装飾楽句が胸の中に消えた。消えたっていうことは、消滅したっていう意味でなくて、胸の中にその旋律がずっと漂ったということを意味しております。

そうすると、塩のきらめく美しい魚卵と、それから装飾楽句しかここにはないんですね。この二つのものがこの一首の中で取り合わされているわけです。たまたま塚本邦雄が酒の肴をつくろうと思って、台所に行って魚卵の上に塩を振ったと。そのときに、この一節が浮かんできた。それだけの話じゃないかと思うかもしれませんけれども、やはりそうではない。

選ばれている材料が何であるか。俳句では物の配合というものは非常に大事な働きをするんですが、これもそういう俳句的な一つの手法を短歌の世界の中でこなしているケースだと見ていいと思います。そうすると先ほども言いましたように、血紅の魚卵という、小さいけれども一つ一つ完璧な宇宙がそこに輝いておりますね。

それからすぐれた演奏家の最大の技量をもって弾くに価するすばらしい旋律が装飾楽句です。その二つが組み合わさったときに、何が浮かんでくるのか、歌というものはどういうものでなければいけないのかという塚本邦雄の短歌観が、ここにはっきりとあるように思われます。

つまり血紅の魚卵のような完璧性、美しさ。短歌形式は小さいけれども、小さいだけに、まず完璧な美しさを持っていなければいけない。しかもその美を完成させるためには、きわめて高度なテクニックが必要なんですよ。歌っていうものはその辺にあるものを、見たまま歌うたっておけばいい、初心者のためにはそう言うでしょうけれども、初心者でもない塚本邦雄にとって、あの名曲の装飾楽句に太刀打ちできるような、そういう歌がなくてはいけない。技巧の限りを尽くして、五句三十一音というものを、装飾楽句の一節のようにつくり上げなければならない。華麗さの極限において人を一瞬の間に引きつける、高度な技術を持っていなければいけないんだという気持ちが、おそらく装飾楽句の一節、フレーズが心の中に浮かんできた最大の理由でしょうね。

一見関係のないものを並べているんですけれども、それによって塚本邦雄が自分の考えている短歌観を歌にした。歌集の題名になってみれば、いっそう重みが増してきますよね。

中城ふみ子の歌集では彼女自身が編集したときに「修飾」というタイトルをつけましたよね。装飾というのは真実じゃない、飾りものだと低く見る戦後リアリズム一辺倒の時代でしたから、塚本邦雄も中城ふみ子も修飾や装飾という言葉を、あえて書かなければならないところに、時代に対する批判的な気持ち、反抗の気持ちがあったと思います。こういう美から出発しなければいけないんだと。事実、塚本邦雄の一首どれをとっても、彼が主張しているような輝ける血紅の魚卵のような美しさに満ちておりますけれども、そういう決意宣言を彼はここでしている。戦後短歌のあるべき姿を求めたときに生まれてきた、短歌で短歌論を書いた最初の作品ということでしょうね。

溺れたる兵士かすかに光りつつ夜の海峡をただよひゆけり　『装飾樂句《カデンツァ》』

こんなことは絶対あり得ないですよね。溺れた兵士がいつまでも海峡の中を漂ってるなんてあり得ない。しかも、かすかに光ってるって言うんですよ。死んだ人間が海の中を、蛍烏賊《ほたるいか》みたいに列をつくって、青い光を発してね、いや、赤いかも知れないけれども、漂っていたなんて、これは完全に幻想でつくったものです。

津軽海峡を見たら溺れた兵士が光りながら一面を漂ってるという絵ですよ、これはね。決して死者は死んではいないんだ。戦争で命を落とした兵隊たちが波に乗って、日本のさまざまな海峡を静かに光りながら漂っていっている。つまり、死んだ兵隊のことなんかみんな忘れているときに、忘れるな、忘れちゃ困る。死者のことを忘れるなっていう言葉以上に、こういう鮮明なイメージが、はるかに強烈なかたちで死者の存在をわれわれに主張している。

もちろん、日本の兵士と限定して読む必要はないんですよ。死んだ者を悼むことにおいては、国境も何もありません。戦争で命を失った者への、塚本邦雄の一種の鎮魂曲ですね、これは。鎮魂であると同時にわれわれが戦争のこと、戦争の死者たちのことを忘れてはならないという警告を発し続けている歌にもなりますね。

イエスに肖たる郵便夫來て鮮紅の鞄の口を暗くひらけり　『装飾樂句《カデンツァ》』

イエスに似ている郵便夫ですからね、イエスのように瘦せて背の高い郵便夫でしょう。その郵便夫から一見イエスを思い出した。そのイエスが玄関口で鞄を開いて、手紙類を差し出そうとしたっていう場面を詠んでるんです。昔、郵便配達の人方は、確かに表は真黒で中は真っ赤な大きな鞄を持っていて、塚本邦雄はすごいところに目をつけましたけれども、今はどうなんでしょう。誰か郵便配達の仕事した人いない？

聖書に登場するイエスは神の教えを人々に伝えなければいけないし、場合によっては奇跡を行なわなければいけない。神の幸福を人々に分かち与えるものでなければいけませんよね。その黒い鞄には当然、郵便物、たくさんの言葉が詰まっているはずです。しかし、その鞄の中から果たして、神の福音に匹敵するような、そういう言葉が出てくるだろうか。まずほとんどそれは考えることはできない。その悲しみを、これは衝いてるんだと思います。

想像するところ、喜びの声、人を幸せにするような言葉ではなくて、悲しみの言葉、苦しみの言葉がたくさん詰まっている手紙だけを、運んでくるんじゃないでしょうか。で、その鞄の赤い色彩が、さらに効果的に強調しております。

もはや現代は、そういう人を幸せにする言葉を運ぶことのできるイエスなんているはずがない。イエスに似た人間に幻想を抱いたにしても、誰ももはやそういう福音を、運んではくれない時代なんだ、ある種の絶望感、悲しみ、それがこの「鮮紅の鞄」にこもっているんじゃないでしょうか。

口の開いた鞄から思いがけない福音が飛び出してくるというようなことは、ほんとうに乏しくなりました。まあ、言葉が力を失った時代ですね。そういう時代の空しさのようなものが、この歌からも漂ってきますよね。

# 原爆展観に來てすぐにかへりゆく少女酷寒の黑き手袋

『装飾樂句《カデンツァ》』

原爆展ですから、広島の平和記念資料館がまず頭に浮かぶでしょうけれども、必ずしも広島に限定しなくてもかまいませんね。今、アメリカは原爆展を開くことを拒否しているけれども、原爆の悲惨さを伝えるために、各地で原爆展が開催されています。

ここでは、原爆展を観に来たんだけれども、ろくすっぽ観ないですぐに帰っていった一人の少女に光をあてております。多分誰が観ても愉快になったり楽しくなったりしませんし、できれば観たくない。皮の剝げて傷だらけになっている悲惨な少年少女が、たくさん写されておりますからね、それを観ることには大変な苦痛と勇気が必要です。

そのまま読むと、リアリズムの歌に近いつくり方をしているように思います。原爆展の場所ははっきりされておりませんけれども、一人の少女が観にきて、すぐに帰っていった。そのときに彼女は黒い手袋をはいていたというんですけれども、しかしそれを超えて何かこれは、われわれに訴えるものがたくさん出てくるんじゃないでしょうか。

その一つは言葉の使い方、「黑き手袋」ですね。「黑き」というのは、原爆そのものと切っても切ることのできないつながりがあります。井伏鱒二の小説の題名にもなりましたけれども、原爆投下のあと、いわゆる黒い雨が降りました。その雨にあたったたところが原爆症になる。

それを観ることがいやだと言ってすぐ帰っていった少女の「黒き手袋」。あえて塚本邦雄が「黒き手袋」をそこにはかせたというのは。再びこの少女のうえに原爆の悲惨が訪れるのではないかという不安ですね。それをこの黒い手袋が、何となく掻き立てる力を持っている。こういうところはやはり言葉の使い方の重要なところだと思いますね。

季節はちょうど酷寒で、寒い季節と黒が、再び原爆がやってくるかもしれないという不安な時代感と未来感を呼び起こしていると、言っていいと思いますね。

それに対して、未来をどのようにわれわれは考えていくのか。その未来へのイメージを詠んでいるのが次の歌です。

石に坐し明日の世界を弾きいだす冷酷なピアニストを戀ふも　『裝飾樂句《カデンツァ》』

塚本さんのピアノの歌というのは非常に魅力的ですが、これは溶けるピアノの歌とは逆に、溶けないぴしっとしたピアノが詠まれているんですね。しかも、このピアニストは石に坐って、とあります。ここが、ちょっと迷うところなんですが、本物の石に坐ってピアノを弾くというのはあり得ないことじゃないか。ということは、これは本物の石じゃなくて、石のような椅子、石のように見える椅子じゃないでしょうかね。

石のように見えるその重たい椅子に坐って彼は「明日の世界を弾きいだす」と言っています。曲目はわかりませんけれども、おそらく若いピアニストと思われます。彼が弾こうとしているのは、いかなる世界がやってくるのか、その明日の世界に対してわれわれは、どのように向かい合っていかなければいけないのか、そんなことを考えながら作曲された作品だと思います。

その冷酷なピアニストを私は恋しく思うと言っていますから、演奏会場で詠んでいるというよりは、そういうピアニストがいてほしいな、という希望を一つの絵にしていると見たほうが正確かもしれませんね。

おそらくそういうイメージでつくられた音楽というのは、過去の世界を否定して、新しい世界をつくろうとするもの。安っぽいセンチメンタリズムを壊して、もっと冷静に、無機質な表情を伝えて、しかもその無機質の中から輝く意思のようなものをどこか感じさせるような、そういう構造の作品じゃないかと思いますね。

このピアニストを歌人に置き替えてもいいんですよ、甘ちょろい抒情的な歌ばかり詠んでいる、そういうようなものは私はもういらないと言うんですね。明日はいかにあるのか、明日何が必要なのか、を頭に置いたときに、昔と同じような歌なんかつくっていられないはずだ、いかにも昔ふうの歌曲を再現するような、そんな歌なんか、今はもう必要ないんだ、もっと冷酷でなければいけない、理性とか知性でぴしっとつめていく、そういうピアニストが必要なんだ。恋しく思う、「戀ふも」の「も」は詠嘆ですから、私は恋しく思うことだよなあということですね。

というのはつまり、そういうピアニストがいないということですよ。みんな昔の歌をうたってるじゃないか、われわれの耳になじんだ同じような歌をね。軍艦マーチをあなた方はまたうたうんですか、と。もっと新しい世界をつくるためには過去の旋律を破壊して、もっと新しいものが生まれてこなければいけない。塚本さんはね、「君が代」が大嫌いな人ですからね、前にフランス国歌「ラ・マルセイエーズ」をテープにいれてきて、国歌というのはこうでなきゃ駄目なんだ、人を革命に導くようなものじゃなきゃ駄目だと言ってましたけれどね。

あのときから塚本さんは国歌反対運動をやったんです。果たしてあの曲が冷酷かどうかはわかりませんけれども、とにかく過去の情緒的な世界は破壊しなければ駄目なんだと。ですからこれも、一見ピアノのことを詠んでいるようですけれども、やはり第二芸術論が言う奴隷の韻律じゃ駄目だ、もっと未来に対するきちんとした設計図を書いて、それを音楽の世界でも、言葉の世界でも、きちんとかたちにしていくような、そういう時代がやってこないと駄目なんだと言っているんですね。鋭い知性と言いますか、そういうものが必要だと。

## 桃花心木《マホガニー》製の二つの寝臺のあひだに生《あ》るる夜の流刑地

『裝飾樂句《カデンツァ》』

「桃花心木《マホガニー》」は中南米から来ている木材なんですが、赤いというか褐色というか、とてもきれいな色で、ピアノも、マホガニー製が出てきて、印象がだいぶ変わってきました。そのマホガニー製の二つの寝台と言うんですから、立派な部屋に調度品がしつらえてある場面が浮かんできますね。しかし、二つのベッドの間に生まれているのは何であるかというと、「夜の流刑地」だと言ってるんですね。流刑地は言うまでもなく、思想犯であるとか、政治犯が流されるところです。流刑地からは、決して温かい幸せな雰囲気は浮かんできません。

ひとたび流刑地にとらえられたならば、いつ解放されるかわからない。場合によっては、命を落としてしまうかもしれない。先ほど「道化師と道化師の妻」が「鐵漿《かね》色の向日葵の果《み》をへだて眠る」とありましたけれども、それの変奏曲で、マホガニー製の二つの寝台は、夫婦もしくは友人が連想されるし、あるいは親子でもかまわない。しかし、こちらの家族関係には、孤独な流刑地のような殺伐たる関係が広がっている。

建物は立派になった、室内装飾は非常に華麗になった、全て物は豊かになった。豊かになったのに、反対に心が非常に貧しくなって一人一人孤立化してしまって、さびしい思いをしなければならない。日本が戦後の物のなかった時代からしだいに、物質的に恵まれてきたときに、大事なものを失いつつあるように思うけれども、それをいち早く塚本邦雄は、この『装飾樂句《カデンツァ》』の中でとらえているんですね。現代もまさしくそういう時代になっているんじゃないでしょうかね。

マホガニーに桃の花の心という字をあてております。この字をあてているだけに、この流刑地と結びついたときに、いっきょに、この「とうかしん」が掻き立てる甘い夢が、踏みつぶされてしまいます。桃の花のもたらす美しい心は、もうここにはないんだ、あるのは寝台の中にだけなんだという感じがのぼってくる。やはり心が粗末にされているというか、心がないがしろにされている時代への批判を、はっきりと読み取ることができます。

## 傷つきし牡蠣薄光るひそやかに武器積みて發《た》つ船の底にて

『装飾樂句《カデンツァ》』

戦争は終わりましたけれども、武器商人というのは戦争が終わったからといって、職がないわけじゃないんですよ。世界各地で新しい戦争、あるいは来るべき戦争のために、武器の購入が進んでおります。いったいどこの国の、どこから発っているのか示されておりませんが、日本のどこかの港から人知れず武器を積んで出発する船がいると言うんですね。

これは絶対あり得ないことだとは言いにくいですね。新しい戦争のために日本が目に見えないかたちで武器輸出国になりつつあるのかもしれない。朝鮮戦争が起きたときにも、今でもどこかの国に、日本製の武器が運ばれているんじゃないかという怖れはわれわれの中にある。ひと目につかないように、こっそりと武器を積んで出発しているんじゃないか。

塚本邦雄は想像の世界の中でその船を描き上げて、その船底に牡蠣が密集していて、薄く光っている。一つにはその船の経過してきた時間の長さをあらわしているでしょう。決して新品のピッカピカの船ではない。かつて使った古い船ですね。しかも牡蠣がついている船。もしそれが自衛隊の船であるとか、はっきりとした目的を持っている船であるならば、常時整備されていて、船の底はきれいに処理されているはずだと思います。

そうすると、立派な船でなく、にわかに漁船を改造したような船の印象を受けます。まだ日本の国は、正式な軍隊は持ってはいない。しかしひそかに、お金を儲けようと武器を運んでいく。そういう戦争屋の動きがあるんだと、塚本さんはこういう歌でわれわれの意識を呼び起こしていると見ていいですね。

## 死者なれば君等は若くいつの日も重装の汗したたる兵士　『装飾樂句《カデンツァ》』

先ほど「溺れたる兵士」の歌が出てきました。こちらの兵士は、海軍の兵士じゃなくて背中にいろいろな機材を背負った重装備の、滝のように汗を流している兵隊です。

陸軍の兵士でしょう。若くして戦場に行って、その重装備のまま亡くなった兵士ですね。ですから歳をとらない。生き残って帰ってきた人間は、かつてそういう苦しみはあったかもしれないけれども、いつかそれを忘れることができますよね。しかし重装備を背負って死んだ人間はずっとそのまま埋もれていなければならない。その死者の苦しみを、きちっととらえています。これも非常にリアリティの濃い歌です。やはり戦争を経験した塚本邦雄だなあと感じさせられます。

こういう兵士への鎮魂歌。特に傑出した歌というわけではありませんけれども、時代をきちんと感じさせるいい歌だと思いますね。

その次は死者とは関係のない今の青年を詠んでいるんですけれども、これもまた印象の深い歌です。


湖水あふるるごとき音して隣室の青年が春夜髪あらひゐる　『裝飾樂句《カデンツァ》』

男女を問わず、髪を洗うというのは、若い人方のマナーになってきておりますけれども、塚本さんもそのことにいち早く目をつけたんでしょうね。隣室の青年が春の夜に髪を洗ってるのを何ととらえたかというと、上の句はなかなかすごいですよ。まるで湖水を全部ひっくり返して、湖水の水がいっぺんにあふれるような音をさせて髪を洗っている。その青年の中にあるあふれんばかりの生命力。そういうものを、髪を洗ってるイメージの中でどうやったら表現できるだろうか。それを「湖水あふるるごとき音して」と言ってます。

傍若無人とも言えるけれども、青年だからこそ許される、そしてその青年の持っている活力のようなものが、この中にありますよね。それを見ながら塚本邦雄は自分と青年との年齢の違いというか、若さを感じたと思います。若々しい青年たちの内面にみなぎっている逞しい生命力を実に簡潔に見事にとらえていて、うまい歌だと思いますね。

塚本さんはどちらかと言えば暗喩の名手ですけれども、直喩に関してもなかなか素晴らしい才能を持っています。「湖水あふるるごとき音して」も言えそうで言えないうまい表現じゃないでしょうか。無駄のないところで、青年の躍動性がある生命感をとらえていますね。

戦争の傷跡であるとか、死の恐怖、時代の不安とか、いろいろ取り上げていますけれども、同時にまたこういう若者たちの持っている溢れる生命力、死の反対側にあるこういう明るい生命力を表現することにかけても、塚本邦雄はなかなかすぐれた歌を残しております。ジョゼフィヌ・バケルの歌とか、この青年の髪を洗ってる歌なんていうのは、ダイナミックな生命力を大変よくとらえた歌でしょうね。

ここで『装飾樂句《カデンツァ》』が終わり、次は『日本人靈歌』に入るんですけれども、今日は時間がないから最初の一首だけで終わりたいと思います。

この歌集は四季書房から出ています。今の歌集から見ると、少し小さく見えますけどね。タイトルが「靈歌」ですからね、黒い。

## 日本脱出したし　皇帝ペンギンも皇帝ペンギン飼育係りも　『日本人靈歌』

この歌集の冒頭「嬉遊曲」の最初に出てくる歌です。「日本《にほん》脱出したし」と読むのか、「日本《にっぽん》脱出したし」と読むのか。若い人の間では「日本《にっぽん》」だね。NHKで、塚本さんのテレビ番組をやったときも三上寛さんは『日本《にっぽん》人靈歌』と言っていましたけれどね。ま、「日本《にっぽん》」と読んでもいいし、「日本《にほん》」と読んでもいい。時代によって変わってきています。皆さん方はどういうふうに読みますか。

いきなり「日本《にっぽん》脱出したし」と言って、一字あけていまして、「皇帝ペンギンも皇帝ペンギン飼育係りも」と言っていますね。先ほどの「道化師と道化師の妻」と同じような構造なんですけれども、日本を脱出したい――これは意味ですね、イメージじゃなくて。それを脱出したいと思っている人は誰かと言うと「皇帝ペンギン」である。それからまた、「皇帝ペンギン」を動物園で飼っている飼育係りも日本を脱出したいと思っているんです。確かに皇帝ペンギンは日本原産じゃないですからね。自分の国に帰りたいと皇帝ペンギンは思うだろうし、飼育係りもどこか別の国から来て飼育しているんだから、その国に帰りたいと思っているんでしょうと。その二人とも日本を脱出したいと思っているというふうにとれば、それはそれで、意味が成り立つ。

しかしどうして皇帝ペンギンでなきゃならないのか。動物園の中には日本産の動物なんて少ないんだから、全ての動物が檻の中から脱出したがっているんじゃないのかととれます。だけど、そこで「皇帝ペンギン」を二回繰り返しているというところが注目されるわけですよ。

つまり皇帝ペンギンが皇帝ペンギンであると同時に、一つの隠喩的な働きをして何かを連想させる、そういう意味を持って、これを読み直すとすれば、皇帝ペンギンは、何を連想しますか。私はそれを権力としての天皇というふうにとったわけです。

天皇もかつての大日本帝国の神格化された天皇じゃなくて、象徴天皇になりましたけれども、しかし決して満足はしていないだろうと思う。満足の仕方はいろいろな方向性がありますけれども、天皇制の問題というのはやっかいですから、皇帝ペンギンもともかく脱出したがっているでしょうと。つまり天皇の夢と置き換えれば、天皇も天皇制から脱出したがっているんだ。そうすると「皇帝ペンギン飼育係り」というのは、主権在民ですからね、日本人はやはり主権者で、言ってみればこの「皇帝ペンギン飼育係り」っていうのは、日本人の暗喩にもなりますね。

そうすると、日本人もまた同じように日本から脱出したがっているというふうになるんじゃないでしょうかね。それが一番最初の「脱出したし」という言葉を非常に強く印象づけることになります。

「皇帝ペンギンも皇帝ペンギン飼育係りも」と出すことによって、天皇も日本国民もみんな脱出したがっている。もし日本の国に満足をして、ここはいい国だと思っていれば誰も脱出を願いません。日本人が日本の国に対して誇りを持つことができなくて、ここから逃げ出したいと思うような、そういう痛ましい国になっている。これを『日本人靈歌』の序曲として塚本邦雄は取り上げたことがわかりますね。

黒人の魂の悲しみをうたう歌が黒人霊歌でしょ。日本人にだって日本人の魂の悲しみの歌をうたう霊歌があるんだ。

黒人は自分の生まれたところから奴隷売買制度を通って、たくさんの国に買われていった。人買いが平然として行なわれていた時代の悲しみを背負っておりますけれどね。日本人の悲しみとはいったい何なのかと論ずるときに、天皇制の問題を避けて通ることはできないだろうと思います。いきなり「天皇は」というふうに言うと、露骨すぎて詩になりませんので、塚本邦雄は、そういう暗示的な手法を使って天皇制の問題を巻頭に持ってきた。

歌集のタイトルは『日本人靈歌』ですからね、巻頭にこの一首をぴたっと置いている、非常に意味があると思いますね。

以下それを基にして、いったいいかなる日本人というものが展開されていくのかというのがこの歌集の、大きな読みどころとなります。

『日本人靈歌』は、『装飾樂句《カデンツァ》』とはまた違う文明批評の鋭い歌がたくさんありますので、塚本邦雄らしい世界が明確になってくるところじゃないかなと思います。

# 第六回
# 二〇〇六年六月二十八日
## 『日本人靈歌』

死海附近に空地は無きや　白晝のくらき周旋屋に目つむりて　『日本人靈歌』

土地か家を買うために周旋屋を訪れていたのでしょう。しかも白昼でありながら暗い、つまりまわりに大きな建物がたくさん建っていて、日陰になっている、だいたい周旋屋というのはそんな感じが多かったですね。

おそらくそこで自分の新しい住宅か土地を見つけたんだと思います。しかし本当はどこに欲しいのかというと「死海附近」。ちょうどイスラエルとヨルダンに跨っている縦長の湖です。ヨルダン川の水が流れてはくるけれども出口がない。強い日差しのために、どんどん湖の水が干上がって、旧約聖書では塩の海と呼ばれるように、塩分の濃い海になっていますから、観光写真でみると、人間の体が簡単に浮いて新聞なんか読んでいる。その死海の近所に空地はないのか、と周旋屋でまなこをつむって、その付近の風景を頭の中にそっと描いている。

「日本脱出したし」と言っているけれども、いったい日本の外のどこに行きたいのか、アメリカに行きたいのか、アフリカに行きたいのか、中国に行きたいのか、その解答の一つがここにありますね。

これは塚本邦雄が聖書、なかんずく旧約聖書に深い関心がありましたから、自分の精神的なよりどころを求めるとすれば、死海だというのはあるでしょうね。それと同時に、死の海と書くこの文字の、形而上的な印象がほかの海では対抗できない。その死海が喚起する死のイメージです。そのイメージに塚本邦雄はなぜ強く惹かれるのか。どこか意識の深いところに、死というものが横たわっていて、それが死海を連想させる大きな理由になっているんでしょう。

最初の歌集の題名が『水葬物語』ですからね、海戦で死んでいった多くの戦死者たちを念頭に置いて命名されております。信頼している杉原一司も死んで、その歌集は杉原に献呈する作品になっていました。若いときから塚本邦雄にとって、戦争と友人の死を契機に、死が大事なモチーフになっています。死を見つめることなくして、生の成熟なんてあり得ないんだ、生から学ぶこと以上に死から学ばなくてはいけないことがたくさんある。死というものを穢らわしいもの、いやなものといって、向こう側に押し返してしまうのではなくて、逆に死を自分の心の中に抱き取ってきて、そこから新しい生についての考え方をつくり上げていこう、そういう気持ちがあるから、もし死海のそばに空地があれば、もとめたいのだ、という夢が描かれています。

現実的に死海に簡単に土地をもとめることはできないし、暑いところですからね、塚本さんは暑さに弱い人ですから、実際にあったとして住めるはずはないんですよ。ないんだけど精神のよりどころとして、死海はいつもどこかに重要なものとしておいておこうとしています。

実際、政治的な判断はここには入っていない、むしろ今言ったような聖書的な考えと、死そのものに対する塚本さんのこだわりですね、そういったものがこの中にはっきり出ているし、この歌の並べ方から、日本を脱出してどこにいきたいんだといったときに、それは死海だと、早くも打ち出しているところが大事な点でしょうね。

## 電流を絶たれ、はじめてみづからの聲なき唄うたふ電氣ギター　『日本人靈歌』

ギターは前にも出てきましたけれども、塚本邦雄が目をつけているのが、電流の力によってぎゃんぎゃんと倍増されている、ほとんど喧噪に近いような音じゃなくて、電流を絶たれた後のギターですね。電流を切られて、はじめてギターは自分自身の声なき唄をうたっている。先ほどの大音量でうたっている声とはまったく異質の、ほとんど耳に聞こえることのないかすかな唄ですね、それを電気ギターはうたっているんだ。ということになると、先ほどまでうたっていたあの大音量の音楽というのはいったいなんだったのか。

それは電気ギター自体がみずからうたいたいものではなかったのでしょう。音楽家には音楽家の表現したい世界がありますし、それにあわせて電気ギターは奉仕していたと思います。しかしそういうものから解放されたときに、この無機質の電気ギターも、うたうべき自分の声をもって静かにうたっている、それを塚本邦雄は確実に耳で聞いているというところがすごいですね。

その歌が、小唄、端唄の唄と書いてあります。なにかじっとこう、心にしみるようなかすかな唄でしょう。きわめて莫大な音量を出せる楽器がその反面、人に聞き取ることのできないかすかな悲しみの音楽をうたっている。楽器の持っている明暗を、実に巧みにとらえていますよね。

この、電流を絶たれるというところで、ばちっと句点を打っています。電流で始まって電気ギターで終わっていますけれども、この断ち切られる印象の強さがこういう表記の中に出てきます。解放されてみずからの声でうたっている、そうとればこの電気ギターは、人間の比喩にもなりますよね。われわれは急きたてられて、いろいろなところで大きな声でものを言ったりしているけれども、しかしそれは本当の自分の声なのかと聞かれると、そうじゃなくて、なにかにあわせて表現しているだけに過ぎないのではないのか。ギターのことをうたいながら、自分の心の底にある大事なものを主張できない人間の悲しみをそっと呼び起こすところがこの歌の大事な点だと思いますね。

かたみに遠き墓地と基地とが眞夜のわが部屋貫きて通じあひゐる

『日本人靈歌』

かたみには、お互いにという意味ですね。その下に墓地と基地が出てきます。基地のそばに墓地があったんじゃ、誰も安心してお墓参りに行かれません。間違った弾が吹っ飛んできて、墓地がひっくり返ってしまうかもしれませんから、墓地と基地とは離れているのは当然でしょう。

ところが、両者が離れていて縁がないかというと、そうじゃないというんですね。その墓地と基地との間には目に見えない電流が走っていて、つながっている。しかも、その線上に私の部屋がある。だから、基地にいく電流が私の部屋を貫いて達する。反対に基地から墓地に流れる電流が、わたしの部屋を貫いて流れていくというような、一見まったく無縁のものが密接な関係で結ばれている。つまり墓地は基地であり、基地はすなわち墓地だ、といっているんですね。

一国を守るための防衛上の役割を持っている基地には基地の、ものものしい武器や装備がならんでいますから、墓地の静寂な雰囲気とは違いますけれども、しかし、そういう装備の印象だとか、建物の与える印象をいっさい抜きにしてしまうと、墓地と基地との間は死というものでつながっているということも発見ですね。しかもその死のメッセージは私の部屋を貫いて通っている。つまり今の日本人はそういう墓地と基地とが密接につながっているある線上にみんな寝ているんだと言っているわけですよ。

戦後、アメリカに守られていて平穏だというけれども、安心していられるだろうか。表面上、平和に見えるけれども、しかし平和の仮面を一枚剝いでみると、その下には恐ろしい現実がひそんでいる。三十一音という非常に凝縮されたイメージで人に衝撃を与えるのは、なかなか難しいけれども、見事に完成度の高いかたちで書かれているんじゃないですか。

## 獨活《うど》のごとさびしき裸體きしみあふ少年感化院の沐浴　『日本人靈歌』

悪の魅力を善以上に素晴らしいものだということを積極的に主張したのは前衛短歌が登場してからです。春日井建の作品を読んでも、少年院に送られている子供たち、あるいは囚人が異様に美しいかたちで詠まれています。それは塚本邦雄がこういう歌を詠んだからだと言ってもいいと思いますが、少年感化院ですからね、なにか悪いことをして矯正のために集められているのでしょう。夏の暑さをしのぐために、水に体を浸して涼みをとるんでしょう。おそらく感化院の中に水浴びをするような設備があるんじゃないですか、そこに少年たちが、ひしめきあって水を浴びている。それを「きしみあふ」というんですから、こすれ合って、物体と物体とがぶつかって果てる音のような感じがします。

それから少年が、とても美しく、「獨活《うど》のごとさびしき裸體」だと言っている。独活は土の中の部分が食用になって、皮を剝いて食べますけれども、その真っ白な印象が、この少年たちの白い肉体とマッチしていますね。か弱い、しかし美しいものを、この独活のような少年の肉体が、感じさせますよね。ほったらかしにしておくと独活の大木というぐらい大きくなるんですけど、この少年は大木じゃなくて、やっと土の中から芽を出した真っ白できれいな食べごろの独活ですね。たしかに独活には「さびしき」という言葉が、感覚的にあっているんでしょう。

しかも、独活はひらがなでは書かない、必ず、独り活きるという字をあてる。なぜ塚本邦雄は独活にこだわるのか、そんなに好きなはずはないと思いますけれどもね、この、独活《どっかつ》と書くところがね、いいんですよ。一ヵ所に集められて体をきしみあわせながら沐浴していますけれども、一人一人の少年は、一人でさびしく孤独を抱えて生きていかなくてはならない、それがこの独活という字から浮びあがってきます。

どうしてこの字をあてるのか調べてはいるんですけれども、なかなか納得のいく解答が見つからない。どこかの地方でそれに近い発音をするのか、あるいは何か読み誤ったのか、もともとは独り動くというところからきたんじゃないかと、いろいろ説はあるけれども、とにかく辞書の上でも、この表記が定着しています。

美しい少年の肉体が登場してくるのも前衛短歌の特色なんですけれども、これもその典型の一つです。少年の性の清潔な悲しみのようなものがこの中によく生きているんじゃないですか。いったい何歳までを少年というのか、ある一時期にしかない少年の美しさがよく出ていますね。

## 春蟬の死への合唱　少年のやはらかき咽喉わが肩に觸れ　『日本人靈歌』

北海道で鳴く蟬はエゾハルゼミ（蝦夷春蟬）というんですがね、春蟬の亜種のようです。別に北海道だけにいるわけじゃない、中国にもモンゴルにもいるんだけれども、学名はエゾハルゼミなんですね。春の季語となっています。本当の春蟬は黒っぽい羽で、黄色い毛が生えているからちょっと種類が違うようです。

春蟬がいっせいに鳴いている、彼らは死へ向かって合唱しているんだととらえた、この感覚がすごいですね。

この少年はたぶん自分の子供だろうと思いますが、咽喉だけじゃなくて、少年の肉体のやわらかい印象をあらわしています。咽喉は発声器官ですから、やわらかい声で自分に呼びかけた、その少年の咽喉が自分の肩に触れているんですね。咽喉が肩に触れるとなると、小さな子供じゃなくて、父親と頭一つ違う程度の身長であることがわかりますね。切り取ってくる背景は蟬以外にもいろいろあったと思いますけれども、全部無視して春蟬の死への合唱だけを持ってきました。その春蟬の死への合唱と少年のやわらかき咽喉というのは、当然のようにこの中では結びついてくるものになってきます。

蟬のようなスピードで死ぬわけじゃないけれども、この「やはらかき咽喉」を持っている少年も死から逃れることができない。この少年のやわらかい咽喉が肩にふれたときに、この少年の愛しさと一緒に、その少年がいつか直面するであろうその死について、お父さんは思いめぐらさざるを得ない。それは同じようにその父の死をも呼び起こすでしょう。自分たち親子は、それぞれ孤独な別々の死を歩いていかなくてはならない、蟬の死の大合唱を背景において、やがて父と息子がそれぞれ向かい合うに違いない死の物語を、読む人に感じさせるという、ドラマをひめた歌のつくり方になっていますね。そんなに深い哲学があるわけじゃないけれども、われわれが意識の中から外しているところを静かに考える父と少年がここに出てきます。

母國なきは爽やかならむ　炎天に濡れしバナナの皮の黑き斑《ふ》　『日本人靈歌』

これは読んでそのとおり意味はよくわかりますね、母国がないのはどんなにか爽やかであろうか、母国があるがゆえに苦しまなければならない。まだ戦争が終わってそんなに時間がたっていない、アジアの国に対して日本人が行なった残虐な戦争中の行為、そして戦争責任の問題も心の底にありますから、母国に対して自信の持てない、そういう時代の中で詠んだ歌です。母国がなかったらどんなにか爽やかであろうかと言っておいて、爽やかでないイメージを具体的に一つのもので示して、説得力を持たせるものにしています。

そのイメージがなにかというと、炎天下の道路に落ちていたバナナの皮。そのバナナの皮に黒い斑点がついている。つまり母国という存在が、このバナナの斑点のように自分の身体にくっついているのではないか。それは簡単にとれないんだ。もちろん肉眼で見えないけれども、精神的には自分の肉体のどこかにしみ込んでいる。そういう母国にたいする不信感のようなものが根本にありますね。

## 街なかを巖《いは》はこばれてあとあゆむしづかなる初夏《はつなつ》の市民ら

『日本人靈歌』

『日本人靈歌』の「日本民謠集」と題する五十首の初めに置かれているのがこの歌です。場面だけを忠実に再現するとすれば、街の中を大きな岩が運ばれていった、どこか立派な邸宅に巨大な岩をでんと飾って、豪華な庭をつくるんだ、そのあとを「しづかなる初夏の市民」たちが静かに歩いているというイメージです。そこになんの意味があるんだろう、わかりにくい歌ですよ、一見ね。しかしこれは「巖《いは》」に鍵があると思いますね。

この「巖《いは》」が暗示するのは、あの日本国国歌君が代の「さざれ石の　いわおとなりて」の「いわお」にほかならない、つまり天皇制の喩、たとえということですが、その「いわお」の後をおとなしく歩くだけの市民らへの侮蔑は、今なお胸を突き刺さずにはおかないだろう、というのが私の読みです。

つまり、再び岩に象徴される天皇制が、堂々と夏の街を通っていった。昔のようにお召車が通って皆が最敬礼するという感じじゃなくなったけれども、天皇がお通りになった、ととっていいと思いますね。その後を、沈黙を守りながら市民たちが静かに歩いているだけだという構図はほとんど変わらない。何かことが起きてもよさそうなのに、天皇制の後についていく、市民たちの情けない姿勢に対する侮蔑がここにあると見たほうがいいんじゃないでしょうか。

## 戰死者ばかり革命の死者一人も無し　七月、艾色《もぐさいろ》の墓群　『日本人靈歌』

ここでは七月というのがとても重要な意味を持ってくると思うんですが、旧暦では八月ですけれども、七月はお盆で、死者のお参りにいきますよね。自分の目指す墓はもちろん、たくさんの墓が立っている。御影石《みかげいし》のような立派な石もあるでしょうし、いろんな石がありますけれども、あえて「艾色《もぐさいろ》の墓群」と言ったのはなんなのか。陸軍の兵隊たちが身に着けていた軍服のカーキ色というのは艾の色とおなじです。いかに戦争で死んだ人が多いかということを墓碑銘が明らかにしている。そういう意味で七月が、お盆の月であることの重要な意味を持っていると思うんです。

じゃあ八月にしたらどうなのかというとだめなんですね。なぜかというと、上の句には、戦死者ばかりで革命の死者は一人もいない、と「革命」という言葉が出てきました。革命と七月とが結びつけば、自動的に七月革命ができあがってくる。ここが大事なんですね。

フランス革命が人権宣言をして成立しますけれども、貴族や資本家の連中が、再び王政を復活させようとはかってきます。それが一般の労働者や庶民や学生たちを刺激します。そして、二月革命が起きて、そのあと実際に鉄砲をもって市民たちが王室の中になだれ込んでいった、それが一八三〇年の七月革命です。

七月革命は、市民たちが自分たちの自由を守るためにみずから銃をとって死んでいった市民革命ですが、そういう死者が、この国の墓の中には一人もいない。国のために殺された死者でうまってしまっている。塚本邦雄が、暗にフランスの市民革命でみずから銃をとって倒れていった、たくさんの市民の死者たちを念頭において対比していることがわかりますね。死ぬならば国家のためじゃなくて、自分たち市民の自由を守るために銃をとって戦う、それが本当の革命なんだ、というのが塚本邦雄の原点にあるんですね。

日本には市民が本気で死ぬ気になって戦うという革命の伝統がゼロなんです。それを象徴しているのがサッカーですよ。勝つ気がないんだ、命がけで銃をとって戦うという根性だったら、シュートぐらい決まる、きっとね。ヨーロッパが強いのはやっぱりそれですよ。すさまじい形相でね、日本にはああいう覇気がないものね。「日本脱出したし」と塚本邦雄は言ったけれども、外国と日本というのは歴然たる溝があるんだ。『日本人靈歌』を読んでいると、塚本さんの言ったとおりのことが、いろいろと思いあたってきます。

われら母國を愛＊＊＊し昧爽《あさ》より生きいきと蝿ひしめける蝿捕リボン

『日本人靈歌』

今はもう、見なくなりましたけれども、ご存知でしたか「蝿捕リボン」って。喫茶店などで、よく天井から下げてましたね、ぶんぶん飛んでる蝿が引っかかって、真っ黒になってしまう。しかし、昔はずいぶん蝿がいたんですね。

「母國を愛＊＊＊し」のアステリスクが、そのくっついている蝿を連想させるようにしている。日本という国が蝿捕リボンだとすれば、そこにくっついて逃げようと思っても逃げられない、脱出することもできなくて、すぐに愛すと言えない、そういうためらいを、「＊」をつけて視覚的に呼び起こすようなつくり方をしている。これは絶品ですよ。蝿がひしめいている蝿捕リボンを持ってきて、われわれ日本人も蝿捕リボンにつかまった蝿と同じようなもので、身じろぎもできずばたばたして生涯を終わるんじゃないのかという、内容の歌なんです。

解説してしまえばどうってことないけれども、こういうのはこれ一首だけで、なかなかよく考えた発想だな。

結句の蝿捕リボンに行くまでの間が、一番長いでしょ、「＊＊＊」を打ってるぶんだけ長いんですけれどもね、歌全体が蠅捕リボンを連想させるような感じになっている。目で見た印象を計算に入れて、新しい方法を取り入れてやっていると見たほうがいいと思いますね。

赤き菊の荷夜明けの市《いち》にほどかるる今、死に瀕しゐむハンガリア

『日本人靈歌』

市場で赤い菊の荷が届いてそれがほどかれるのを見ている。おそらく、その菊はむしろのようなものに包まれて運ばれてきたのでしょう。そのときにぱっと頭に浮かんだのが、死に瀕しているハンガリーの様子だと言っているんです。

なぜここに黄色い菊や白い菊ではなく赤い菊をもってきたかというと、赤い菊がハンガリーで流されている血を連想させる。

東欧の国の中で一番保守的な地主制度が残っていて、しかも工業化が遅れていたのがハンガリーだったんです。これではだめだというので、一九四八年以降に勤労者党の第一書記をしていたラッコシという指導者が、農業の集団化、それから自由工業化政策をどんどん進めた。ところが、政策そのもののやり方が当時の民衆に歓迎されなかったので、反発がたかまって市民の集団的暴力行為にまで発展していったんですよ。そのためハンガリー政府の要請によってソ連の軍隊が鎮圧のために介入してくるという事件があったんです。

そうして新しくナディが首相になりますが、大胆な政策を打ち出して、ワルシャワ条約を破棄すると言明したんです。ワルシャワ条約は、東欧の諸国が仲良くするためのソ連にとって都合のいい条約ですけれども、今度は逆にソ連軍が怒って大量の兵力をもってハンガリーに押し入ってきたという事態が、「死に瀕しるむハンガリア」の背景にあるんですね。

たしか一九五六年（昭和三十一）で、その事件を塚本邦雄は詠んだわけです。菊の花が市場でひらかれたときに、頭の中に瞬発的に浮かんだのは死に瀕しているハンガリアだと。

ハンガリーは日本の隣国じゃありませんから、日本に関係ないいんじゃないかと思うかもしれない。しかしそうじゃない、ハンガリーの危機は即、日本の危機につながってくるんですよ。一国の政治体制は一国の中だけで守り切れるものではない。それは核爆弾が一発どこかで落ちてしまえば世界中に波及すると塚本邦雄は詠んだわけですね。

第二次世界大戦以後の新しい時代の危機感をいち早くとらえたのがこの歌です。狭い意味の社会詠ではなくて、世界とのつながりがあるんだということを詠んでいる。それと同じような問題意識を今度は縄跳びをする少女でもって描き出しています。この歌のほうがはるかに動きがあって傑作ですね。

## 髪けむらせ縄跳ぶ少女　ハンガリア少女と遠く恐怖を頒《わか》ち　『日本人靈歌』

ぴょんぴょんぴょんぴょんと、跳び上がるたびに揺れている少女の髪を「髪けむらせ」と言ったんですね。なにか、けむりが漂うような不安感というか、そういうおぼつかないような感じが「髪けむらせ」にあるでしょう。

塚本邦雄は日本の少女だけじゃなくてその遠景にもう一人ハンガリーの少女を描き出します。ハンガリーの少女もきっとどこかで縄跳びをしてるだろう。その二人の少女は遠い距離を間に、同じく恐怖感を頒ち合っている。ハンガリーの少女だけがソ連軍に踏み込まれて、恐怖を感じているじゃないんだ。日本の少女もまた同じように、恐怖を抱いて縄跳びをしている、ととらえたんですね。

これは傑作ですよ。縄跳びをしている少女なんていうのはとても楽しそうな、童話的なものを呼び起こす材料なんですけれども、まわりは全部消してしまって、縄跳びをしている二人の少女だけを書く。大人だけではなく、戦争とかいろいろなものの怖れは幼い少年や少女の上にも否応なしにやってきます。おそらく少女も本能的にそれを感じているでしょう。縄跳びをする少女のイメージを重ね合わせることによって、ハンガリーと日本をつないでみせたという、これは大変なテクニックだと思います。

このハンガリーの問題は日本人にもずいぶんいろいろな衝撃を与えましたけどね、福島泰樹も傑作をつくっているんだ。「たましいの飢えばかを言えハンガリア飯はまだかと聞く狂詩曲」（『風に献ず』）、お腹がすいているハングリーにひっかけて、時代の餓えみたいなものを巧みに表現した歌です。塚本邦雄のこの恐怖を頒ち合う少女は正攻法で、福島泰樹はそこにおかしみを入れながらその恐怖を詠んだ、社会詠の新しい側面をひらいた歌がありましたね。

藺を刈りて遺髪のごとく炎天に竝べをり　國歌なき日本　『日本人靈歌』

藺草《いぐさ》を刈って束ねて、炎天下にならべて干すわけですけれども、それがまるで遺髪のようだと言っているんですね。上の句は、いかに今回の戦《いくさ》で日本がたくさんの死者を出したのか、藺草を見てもそういう死者の遺髪のように見えてしまう。そして、ぱっと飛んで「國歌なき日本」という短い言葉で結んでいます。国歌がないわけではない。国歌をいかに日本人がうたわなくなったのか、ということを背景にして考えなきゃいけませんね。国歌そのものをなくしたわけじゃないけれども、誰もうたわないから、ないのと同じだ。最近、愛国心教育ということで、国歌をうたえと強制していますけれども、国歌なき日本と、炎天下、遺髪のようにならんでいる藺草を結びつけますとね。国のために死んだ人間たちも、いったい何のために自分が死んだのか、その意味がわからなくなってしまっている。しっかりとした国歌がうたえるような、そういう国の死者として死んだのであれば少しは死の悲しみも紛れるでしょう。しかし国歌なき日本のために死んでみたところで、いったい自分の死は無駄死にになってしまうのではないか、そういう死者の悲しみというか怒りを詠んでいるのでしょう。

だからといって塚本邦雄が国歌をうたえと言っているわけじゃないですよ。国歌なき日本にしたのはいったい誰の責任なのかということを考えなければいけないのであって、うたえということには結びついていかない。国はあれども国歌はないという時代の死者の在り方、死者の悲しみを問題にしている歌だと読んでいいでしょう。

## 五月、黑き市民にまじり盗聴のため伸びしびらびらの耳達

『日本人靈歌』

盗聴という言葉が出てきました。ひそかに相手の動向を探るために盗聴器を使っている。個人的な目的で探る場合もありますけれども、だいたいは政治的な目的、企業秘密を盗んでくるというような、組織上の問題が絡んできます。そうするとこの盗聴は、不穏な分子をいち早く見つけようという探りを入れるための盗聴でしょうね。

しかも冒頭、五月と出てきました。五月に関しては、『装飾樂句《カデンツァ》』の最初の歌、「五月祭の汗の

青年　病むわれは火のごとき孤獨もちてへだたる」がありましたけれども、この五月と関係があるわけですね。つまりメーデーですよ。賃金要求のためいかにして戦うべきか、そういう労働者の意識が高まるお祭りがメーデーです。

今は平和なメーデーですけれども、戦後は荒れ狂ったものが非常に多かった。いわゆる煽り立てる指導者達はいったい誰か、どんなかたちでやっているのか、おそらく警察の連中は「黒き市民にまじり」、不穏な様子を聞き出そうとしている。「びらびら」というのは病的な気持ち悪い感じですけれども、何かちょっとしたことでも聞き出そうと、勝手に伸びて情報を捕まえようとする、特殊な耳を詠んでいる。

グロテスクというか、気持ちの悪い耳を描いていて、諷刺的な要素も非常に強いものです。市民の中に紛れ込んで警察がなにか情報をつかみとろうと躍起になっている。国がこういうかたちで市民たちの中に、日常的にひそかに探りを入れている、そういう時代の雰囲気をうまくとらえているんじゃないですか。

祖國　その慘澹として輝けることば、熱湯にしづむわがシャツ　『日本人靈歌』

これも祖国という言葉の与えるイメージを実に見事に表現しているんじゃないでしょうか。祖国のために日本人は戦いに敗れて惨澹《さんたん》とした思いでいる。しかし同時に、地獄の底から国をたちあがらせていかなければならない。そういう国民をかきたてるイメージを、祖国という言葉は持っているはずだ。その惨澹たる側面と、輝いている言葉。祖国とはいったい何なのか、と尋ねたときに、その両面性といいますか、二面性を塚本邦雄は感じたわけでしょうね。

そして、熱いお湯をいれて、そこにシャツを沈めたんですけれども、その熱湯に沈むシャツと祖国がどうして結びつくのか、祖国にはその惨澹たるものと輝けるものと両方の意味を加えていますけれども、どんなつながりというんですかね、感じますか。

まあその、悲惨さ、惨澹たるものを、熱湯が暗示しているんでしょうね。白いシャツが熱湯の底に輝いている。その輝くシャツの光が、祖国の輝きにつながっている。祖国というものが、熱湯の底の白いシャツだ、と見ているんですね。非常に生活の感覚に近いところで祖国というものをとらえている、説得力があると思いますね。

そして、突風の歌、塚本さんの有名な歌ですね。

## 突風に生卵割れ、かつてかく撃ちぬかれたる兵士の眼　『日本人靈歌』

突風に煽られて何かにぶつかってぱっと割れた。この生卵の割れたイメージと鉄砲で撃たれた兵士の眼球ですね。卵がどろっと割れて出てくる感触と、目玉が割れて流れ落ちる感触を重ねた。戦争そのものの無残な感じが、視覚というよりも、生卵を割ったときの、ぬるぬると手にへばりつくようなその感触を、兵士の目玉に重ね合わせたというのがね、すごいリアリティのあるとらえ方じゃないですか。しかも読み方がね、「生卵割れ、」でいったん切って、「かつてかく撃ちぬかれ」というんですね。「か」という語をきちっと強調して、リズムを締めていますよね。けれども、今後このようなことがないかというと、昔このように撃ち抜かれた兵士の眼、と同時に未来の眼でもあるということを自然と感じさせるんですね。昔こういうふうに悲劇的なことがあったけれども、過去にあったことはまた未来にそっくりそのままやってくる、繰り返しのリズムの持つ説得力によってそういう事実が再びやってくるぞと、われわれに伝えている。これがやはりすごいところですね。この歌は今の時代の歌として読んだって、少しも古くないですよ。

第七回
# 二〇〇六年七月十二日
『日本人靈歌』

目に見えぬ無數の脚が空中にもつれつつ旅客機が離陸せり　『日本人靈歌』

『日本人靈歌』は、日本を脱出したい、という夢を抱きながらも簡単には脱出できないというテーマから始まっていました。脱出という行為を日常的なかたちで示すとすれば、日本を離れて外国に行くことですね。まさにその一瞬をとらえている。しかし目に見えない無数の脚が、空中でもつれていると言うんですね。地上を離れた不安感と一緒に、果たして無事に着くのか、そういう不信感と同時に行く先についての不安もこの「もつれ」の中にはこもっているでしょう。
しかしどんなにたくさんのお客さんが乗ったにしても定員は決まっていますから、決して無数の脚ということはない。なぜ塚本邦雄は「無數の脚が」と言ったのか。もちろん機中の旅客の脚のことを指してはいますけれども、乗っている人間の脚のほかに別の脚を加えないと「無數」になりません。いったいそれは誰の脚なのかと言えば言うまでもなく死んだ人間の脚でしょう。飛行機に乗って、日本の外に脱出したいのは何も生きている人間だけではないんだ。日本に対する怒り、憎しみ、そういったものがあって、脱出したいと思っている人間はたくさんいると言うんですね。

たとえば戦争中に強制的に日本に連行されて命を落とした人間だってたくさんいるでしょう。日本から脱出したいと思う夢がかなえられなかった、そういう悲劇的な人間の脚が、乗っている人間の脚にからみついている。この時代には恵まれた人方でないと飛行機には乗れなかったと思いますけれども、その無数の脚が空中でもつれているというイメージは、単なる飛行機に乗ることの不安感というだけではないものを感じさせますね。

ポイントは、なぜ「無數の脚」になるのかという解釈ですね。その目に見えない無数の脚を、はっきりと塚本邦雄は目に見えるかたちでつかみ取っているということですね。これも、『日本人靈歌』の基本的なテーマに関連して読めば、今私が述べたような、強制的に日本に連行されてきて命を落とした人方の、日本に対する恨みの脚のようなものも含めて解釈しても許されるのではないか。こういう死者の脚が塚本の中に見えているから、こういう歌になったのではないのかという気がします。

これはいろいろな解釈の可能な歌ですからほかの読み取り方もあるとは思いますけれども、とりあえず私の解釈としてはそういうふうにとっておきましょう。表面的に見ると平凡な歌ですけれども、深読みしてみると背後に、『日本人靈歌』というタイトルに響き合う隠されたテーマがちゃんとこめられていると思います。

## 裂かれし獨活《うど》のごとくわれ立つ　寫眞展、キャパの〈倒れる兵士〉の眞下

『日本人靈歌』

「われ立つ」と「寫眞展」の間に一字あけておりますけれども、これは当然あけなくてはいけませんね。もしこれをあけないで読んだらどうなるか。つまり、裂かれた独活のように立っているわたしが写された写真展ということになってしまいますから。その写真展に行って、立っている自分は、裂かれた独活のようだと言いたいわけですから、この一字あきは必然性があります。いったいいかなる写真展がうたわれているのか。このロバート・キャパですが、ハンガリーのブダペストで生まれ、戦争写真家、報道写真家として英雄的と言っていい名声をはせた人です。ユダヤ人でしたので国を追われてドイツやフランスを放浪しましたけれども、一九三六年（昭十一）のスペイン動乱のときに人民戦線軍に参加して撮った写真が一躍彼を有名にしました。今もすぐれた戦争のドキュメンタリー、記録写真が要求されますけれども、キャパがその道を開いたんですね。「倒れる兵士」という写真、ご存じないですか。兵士が撃たれて、鉄砲を持ったまま

のけぞって倒れる一瞬を撮っている。

それから、第二次世界大戦のときには連合軍側の報道カメラマンとして、ノルマンディー上陸作戦を撮ったんですが、走りながら追いかけていくものですから、カメラがぶれてピンボケになるんですね。それが逆に非常に迫力を生み出すというのでその写真はまた彼を有名にしました。

塚本がここで詠んでいるのは「倒れる兵士」、その写真の眞下に立ったときの自分の内面を表現しているのが上の句です。確かに独活は縦に細く裂けますけれども、その倒れる兵士を見て心の中に衝撃を受けて心は幾つもに裂かれてしまった。「獨活《うど》」という言葉から出てくる孤独感と一緒に、写真が心の中に与えた衝撃力をこういう具体的な比喩で表現したのは非常にすばらしいですね。

一字あけて「寫眞展」、そして「キャパ」の前に「、」を打っています。ちょうど一首全体の中心部が「寫眞展」になっています。この「眞下」というのも効いているんですよ。自分の頭の上に倒れる兵士がぶつかってくるような感じが、その「眞下」であることによって出てきますよね。つまりその兵士の痛み、悲しみ、そういうものを直截に自分の肉体でもって受け止める場所というのは、やはりその作品の真下という位置にあると思いますね。そんな真下に近寄っていたら展示会場の人に注意されるかもしれませんけれども、実際のようでありながら虚構性が生きているのが、この「〈倒れる兵士〉の眞下」というところだと思います。

「兵士」の歌は、これまでに幾つも出てきました。塚本邦雄の戦争に対する憎しみ、批判は、一貫して最後まで変わりません、それが、こういう写真展にあってもキャパの作品への共感というかたちで見事に詠み取られておりますね。

はつなつのゆふべひたひを光らせて保険屋が遠き死を賣りにくる

『日本人靈歌』

これも印象の深い作品です。上手に説明するのは難しいんですが。初夏、うっとうしい梅雨が終わってさわやかな季節ですよね。その初夏の夕方、保険屋が勧誘に来たんですね。日常的にわれわれが経験することで、その保険屋をテーマにして詠んでいます。

保険屋という職業は、何をしているのかというと、「遠き死を賣りにくる」。つまり「死」というのは商売になる、しかも「遠き死」です。あなたが何歳で死ぬとこれだけの金額が入りますよ、あるいはがんで死んだ場合にはこうなりますよ、それから事故で死んだ場合にはこうなりますよと、何で死ぬのかもわかっていないのに死に方の事例を挙げて、金に換算して売りにくると言うんですね。死という、大変厳粛な、精神的なものを、簡単にお金に換算してしまう。

いったい保険業というのはいつ始まったのか。いっぽうで兵士の死のような問題があると同様に、平和な社会になって、みんなが長生きして無事に自分の人生を終えたいと思ったときに、平和だからこそ保険業が栄える。

とにかくそうやって保険屋がやってきたけれども、保険屋にこもっている不気味な印象、死を商売にする人間だけの持っている狡猾な面をどこで出すかというと、保険屋の「ひたひ」に注目している。淡い初夏の夕方の光を受けて、広い額をぴかぴかと輝かせながらやってくる。利にさとい冷たい面を持っているんでしょう。光っている額が何か金属の光を発しているようなクールな印象です。

これも日常詠なんですね。台所や家庭で起こる身の回りの小さな出来事だけが日常詠ではないんですね。一見難しいテーマをうたっているようですけれども、塚本邦雄も日常の中に侵入してくる異様な部分を実に鋭くつかんでいて、社会詠的なものとまた違う鋭利さが入っていますね。言われてみるとそうだと思うけど、コロンブスの卵なんですね、「遠き死を賣りにくる」とひとことで言えるかどうか。なかなかこれは言えない言葉だと思います。うまいですね。

冬の蓮沼よりひきあげて秤《はか》らるるイエスのむらさきの死の腕《かひな》　『日本人靈歌』

蓮は、きれいな花が初夏には咲きますけれども、それが終わって冬の沼から蓮の根をひきあげている。秤をそばに用意して軽いものと重いものと仕分けするんでしょう。

そこに何を重ねて見ているのかというのが下の句です。つまり今秤《はか》られている蓮の根は、十字架にかけられたあの聖なるイエスのむらさきの死の腕だと言っているんですね。イエスの腕は蓮の根と等しい価値しかない。イエスを神聖なものと言う人には絶対出てこない発想ですよ。

これはイエスに対する最高の皮肉じゃないですか。救済の対象、信仰の対象としてイエスを見ているのではなくて、泥の中からひきあげられた蓮と比較する。イエスは死んだ後に復活しますけれども、この泥の中からひきあげられた蓮根に、復活するようなイメージはとても浮かんできませんよね。こういうところにイエスを聖別化する宗教家とは違った目でイエスをとらえていく、彼の反信仰といいますか、神への呪い、逆に言えばイエスをいかにして人間イエスとして見ていくか、ということにつながる視線がありますね。

聖なるものを徹底的に否定していく、塚本の大事な姿勢の一つですけれども、ここにもそれがあります。

## 少女死するまで炎天の縄跳びのみづからの圓驅けぬけられぬ　『日本人靈歌』

縄跳びする少女というのは前にも出てきました。「髪けむらせ縄跳ぶ少女　ハンガリア少女と遠く恐怖を頒《わか》ち」（『日本人靈歌』）、縄跳び少女がこれからも何カ所か出てきます。今は女の子の遊びと男の子の遊びがあまり違わなくなってしまったけど、この時代ははっきり違っていたでしょうね。よく女の子たちが縄跳びをしていました。

この少女は炎天下で元気よく縄跳びをしているんですよ。楽しそうに縄跳びをしているなと、その少女の生き生きとした躍動感を詠むのが普通の人ではないでしょうか。

やはり塚本邦雄は普通の人じゃないんですね。死ぬまで彼女はその縄跳びのみずからの円を駆けぬけることはできないと断言しているんです。実際に縄跳びをしながら自分のつくっている円の中を駆けぬけるということは物理的に不可能ですから、それは正確なんですけれどもね。非常に宿命論的ですし、少女の一生をそんなふうに断言していいのか、とんでもないことだと思うかもしれないけれども、距離を置いて見れば確かに人間というのはそんなものかもしれない。

もし塚本邦雄が縄跳びをしても同じことでしょう。その円の中からどこまで遠くへ駆けぬけていけるかというのと同じテーマになると思いますよ。「驅けぬけられぬ」と断言しているのは大変傲慢なようだけれどもこれは詩ですからね、本当にそうなのかという疑問を呼び起こす、それが大事なんですね。

決してうまいつくり方ではないんですが、「炎天の縄跳びのみづからの圓」と「の」「の」「の」を重ねている。平仮名「の」という字のかたちが円で、丸いものを連想させるでしょう。繰り返すだけで縄跳びをくるくるやっているイメージを、「の」の音が呼び起こしますね。そういう、音の印象と視覚的な印象と両方を考えてやったのではないかと思います。そういう点では塚本さんの中に、運命論的なものの見方があることは間違いないですね。世界は今、終わりに近づいているんだという幻想を崩さなかったのと同じように、人間に対しても決して甘い見方はしなかった。短歌の世界では、どちらかというと今生きている姿を肯定していくほうが受け入れられやすいけれども、それをひっくり返して厳しい目で見るというのは塚本さんでないとできなかったんですね。

『日本人靈歌』には、権力者もしくは権力の代行者に対する諷刺といいますか、批判が要所要所に織り込まれるわけですが、その一つがこういうかたちであらわれています。

## 警官の蹴球金網越しに見てほほゑめる蒼白の犬の牙　　『日本人靈歌』

警官が、蹴球、サッカーをして遊んでいたんでしょうね、見ているのは誰なのか。金網越しに見てほほえんでいるのは犬なんですよ。しかし、警官もなかなかうまいなあと賞讃の目を向けて見ているのではないですね。

人間に犬の牙に似ている犬歯があるように、犬には、強い嚙みきる力を持っている牙がありますが、その「蒼白の犬の牙」を隠して、犬がにっこり笑いながら金網の向こうからサッカーを見ていると言っているんですね。「蒼白の」が効いています。

なぜ犬を持ってきているのか。警官は権力の犬ですよ、その権力の犬を本物の犬が笑っている。そして、なぜ野球やラグビーじゃなくて、サッカーをやらせなきゃならないのかですね。警官というのは人を足蹴にするのが商売ですよ。その足蹴にすることを鍛えるためにサッカーをやっているんだな。だけどそんな足なんか私の犬歯であっという間に嚙みつぶしてやる、と犬がほくそえんでいると言うんですからね。本当に犬が喜んで見ているとしか警官は解釈できないかもしれない、すごい歌だと思います。
もちろん犬が自発的に来るとは思えないから、誰かが連れてきているんですが、人の姿はまったく消している。案外連れて来ているのは塚本邦雄かもしれません。そうだとすれば塚本邦雄の代理人がこの犬だということになりますよね。
警官がメーデーを取り締まりに行くとか、労働争議の場で暴力を振るうとか、道路を規制するとか、学生とぶつかり合う場面は、誰でもリアリズムで詠めるんです。しかし警官がサッカーをして遊んでいるからといってそれが歌になるか。なりませんよ、普通の人だったら。遊んでいる場面をとらえて警官の持っている体質、権力の持っている体質をずばりと批判するというのは、これは実際の場面を見たというより虚構でつくったと思いますけれども、すごい創造力と言っていいのではないでしょうか。

黑人歌手朱色の咽喉の奥見えてアヴェ・マリア　溢れ出す Ave Maria

『日本人靈歌』

黒人の歌は前にも出てきましたけれども、日本で黒人をきちんと詠んだ人は歌人では、塚本邦雄をもって初めとします。実際にその「咽喉の奥」まで見えるはずはないけれども、作品の中では、ステージと自分の距離をもって詠むことはないんですよ。それはもう接眼レンズのような距離でいいんですね。

なぜ、咽喉だけじゃなくて朱い咽喉の奥が見えたと言わなければならないのか。ある悲しみがこもっているのは肉眼で見えない、その咽喉の奥の朱いところだという。それは単に肉体の生理的な条件を言っているのではなくて、悲しみの源がそこにあるということをきちんととらえていると言うべきでしょう。そしてそこからうたい出された音楽は何であるか。アヴェ・マリア、聖母マリアをたたえる歌がアヴェ・マリアなんです。ラテン語で、マリアに栄光あれという意味ですね。シューベルトをはじめ、グノーとかいろいろな人によって作曲され、うたわれています。

慈しみの深いマリアよ、あなたはイエスとともにいつもそばにいられるという、そのマリアの栄光をたたえるんですから、女性歌手がうたうと様になります。この黒人歌手は誰なのかわかりませんけれども、「アヴェ・マリア」といったん切って、一字あけてアヴェ・マリアを重ね、最後の原語の「Ave Maria」が効いています。マリアに対する祈りの言葉、それがこの朱色の咽喉の奥からまるで洪水のようにどっとあふれてくる。クレッシェンドで結んでいて、黒人歌手の持つ悲しみ、マリアに救いを求めなければならない切実な感じがここから出てきますよね。技術的にうまいかどうかということよりもこの歌には悲しみの根源としての強さがあります。白人の歌手で僕が好きなのはイギリスのサラ・ブライトマンですが、そういうのとも違う。

果たして日本人が、これに匹敵するようなアヴェ・マリアをうたえるかどうか、本当の悲しみをこういうかたちでうたいきれるかどうかという問いを、投げかけていると言っていいでしょうね。
また、さっきの警官のサッカーに類する歌が出ています。

## 防衛廳まへも通りて唐がらし賣りに來る眞紅《まくれなゐ》の眞實　『日本人靈歌』

防衛庁というのは、それ自体を歌にしたら具合悪いんじゃないかなと多くの人は思うのではないでしょうか。日本の持っている本質的な悲しみの原因はどこにあるのか、それを詠もうとするときに欠かすことのできない官庁があるとすれば防衛庁もその一つですね。

唐がらし売りがあちこち通ってくる、唐がらし売りと防衛庁を関係づけることはなかなか難しい。社会批評みたいなものを詠むときの一種のテクニックだなと思いますね。

最後の「眞紅《まくれなゐ》の眞實」、何だろうと思いますね。真っ赤なうそという言葉があります。よくできた、誰が聞いてもわかるようなうそ、その真っ赤なうそをひっくり返して、真っ赤な真実をつくったんですね。つまりこの「眞實」は本当の真実じゃない。でたらめの真実なんですよ。だから、唐がらし売りが来る、その赤い唐がらしのように防衛庁は真っ赤な真実を国民に売り込んでいると言っているわけです、これは。

防衛庁がいかに本当の真実を語らずしてでっち上げた真実を国民の前に語っているのか、防衛庁なんて信じられるもんかという歌をつくりなさいというテーマを、自分に与えてつくったのだと思えばいいんですよ。

だんだん防衛庁が重要視されてくる時代がやってきて、やがて日本も、唐がらしをばらまいたようになるかもしれない。ダイコンだとかニンジンをばらまいたってそんなにならないから、唐がらしを持ってきたのが効いていますよ。これが防衛庁批判、次の歌は一市民批判ですね。

ポリエチレン袋の蜆さげて佇《た》つ一市民、再《ま》た英雄待てる　『日本人靈歌』

実にうまいところに目をつけましたね。蜆《しじみ》を持ってきた。何に入れているかというとポリエチレン袋なんですね。バケツに大量にどーんと持っているのではないんですよ。小っちゃなポリエチレン袋に今晩一晩のみそ汁のための小っちゃな蜆を下げて立っているんですけども、その小粒の蜆は、蜆のような考え方しかできないその市民の頭の中をあらわしているんですよ、これは。かつて戦争を勝ち戦に導いていく英雄を市民が期待したように、また、このみみっちい蜆を下げている市民たちは心の中に英雄を期待している。

日本は、敗れたということから何も学ばない。東条英機に期待したように、英雄を期待しているだけではないのかということですね。だから市民意識そのものが変革されないことには日本の国の変革はあり得ないという考え方ですね。一方的に権力者を批判するのではなくて、同時に、唯々諾々としてその権力の言いなりになってきた市民も、塚本邦雄にとっては批判の対象となるべき相手なんです。

これは非常に大事な点だと思います。市民は権力者の犠牲だと市民を神聖化して、権力者だけを一方的に批判するうたい方をする人は、政治的な立場に立っている人方ですね。そういう人方のところでは、市民はみんな正しいんだ、悪いのはあいつらだという二分法で判断されがちですけれども、塚本邦雄はそうではない。一見、市民に近づいているように見えるかもしれませんが、権力を批判する目とまったく同じ視点で市民に対する厳しい批判を展開しているという点は見逃すことができませんね。

さきほどの犬が蒼白の牙で眺めていたように、権力者に対する諷刺がまた出てきます。

神官、警官ともに町湯の螢光にシャツ脱ぐと兩手ささげし俘囚　『日本人靈歌』

これもしかし、いいところに目をつけていますよ。今はもう消えてしまいましたけれども、これは町湯の健在なときですね。そのおふろやさんにやってきたのが神主さん、神に仕える神官と警官です。この二人が町湯にやってきたんですが、ふろに入ろうと蛍光灯の下でシャツを脱ぐときに手を上げた、その姿がちょうど万歳をさせられている俘囚、捕虜と同じだと詠んでいる。神官は神に仕える清廉な信仰の厚い人と思われているかもしれない。警官もまた、人民を守っている最良の味方であるように思っているかもしれません。一見強そうに見えるかもしれないけれども、ふろ場に入るときにシャツを脱ぐ、そのときに捕虜の格好をしているじゃないか。結局権力、より強い者にとらわれているだけの弱者、「兩手ささげし俘囚」と詠んでいるところに、まだ塚本邦雄の戦争体験は生きているのでしょうね。

日本人にもソ連であろうと南方であろうと俘虜となって帰ってきた人方はいますけれども、神官も警官もそれと同じで、彼らにどれほどの権威があるのか疑わしい。職業によって自分の立場が保証されている人方、職業によって聖なる者として位置づけられている人方、実はその中に偽りの部分がたくさんあるんだと言っているわけです。

それに比べると塚本さんの次のこの歌、本当にほかの歌人が詠まないような仕事をしている人間を、実にたくさん詠んでいる。これはまた注目すべきことなんですね。

花咲く竝木路をタールでうづめゆく生きて嘉《よ》し道路工夫の腋毛　『日本人靈歌』

彼らには背負うべき権力も金も財産も何もない。体一つが勝負です。だから素っ裸で道路工夫が、木の花が咲いている大都会の並木道を真っ黒いコールタールで埋めていく。その道路工夫のいかにも生き生きとして野性的な魅力、それがどこに表現されているか、「道路工夫の腋毛」だと言っているんですね。道路工夫の腋毛をこんなに野性的な魅力のあるものとして歌に詠んだ人というのも塚本さんをもって初めとします。権力の座にあぐらをかいて偉そうな顔をしている人間たちには「兩手ささげし俘囚」と言って徹底的に批判のまなざしを注ぎますけれども、こういう、みずからを保証する権威も何ものも持っていない人間、しかし自分の肉体をかけて生きていく人間をうたっている。これまで、あまり注目されてこなかったんですけれども、塚本さんの作品として見直すべき点だろうと思いますね。

## 處刑さるるごとき姿に髮あらふ少女、明らかにつづく戰後は　『日本人靈歌』

先ほどは縄跳びをする少女でしたけれどもここでは髪を洗っている少女です。大体の人は、髪を洗っている少女の美しさ、しなやかさ、幼さをうたう明るい歌になるのではないかと思うんです。これはいきなり処刑されるような姿だと言っている。前かがみになって髪を洗う少女の姿を処刑される姿と重ねるというこのひらめきのすごさですね。

昂然として顔を上げて処刑される人もまったくいないわけではない。二・二六事件の兵士は死に方も立派だったと言われていますけれども、しかし普通、写真などで見ると、みんな背中を丸めて悲しみの姿をしていています。その姿を少女の上に重ねているんですね。

そういうふうにとらえるということは、かたちの上ではもう戦後は終わったと言い切るけれども、しかしそうではなくて戦後はいまだに続いているんだ、その少女の姿が処刑者の姿と同じだ、そのかたちが続く限り戦後は終わらない、という見方を示したんですね。

これもやはり思想的なものが背景にないと、こうは断言できないのではないでしょうか。戦後はもう終わったと言われ始めたときに逆に、明白に「明らかにつづく戦後は」と言っている。こういうところに、塚本さんの断言する魅力があると思いますね。

幼い少女でさえも既にその戦後の悲しいかたちを無意識のうちに受け継いでしまっていると見る。歴史を見る目がないと、こういう目は育たない、単に目の前にあるものだけを見てつくるというところからは生まれてこないでしょうね。

## 平穏無事に五月過ぎつつ警官のフォークを遁げまはる貝柱

『日本人靈歌』

なぜ平穏無事に五月が過ぎたのか、言うまでもなく五月はメーデーがある月ですね。今のような穏やかなメーデーとは違い、戦後のメーデーは荒れ狂いました。労働者が繰り返し、政治機関、資本家にさまざまな要求を掲げましたから、既成の権力を守る警官たちが労働者とぶつかるという場面がしばしばありました。

ところがだんだん平和の時代がやってきて平穏無事に五月が過ぎていく。そして警官たちは何をしているのか。メーデーが終わった後、夕食をとるためにレストランにでも行ったんでしょう。貝柱料理を警官は何人かで食べているんだと思うんですが、フォークを貝柱に突き刺そうとしたときに、嫌だと言って貝柱が逃げるというんですね。これ、漫画の世界ですよね。食べようとフォークを突き刺そうと思ったら貝柱がちょっと逃げる、またやろうと思ったら逃げるというんですね。つまり貝柱にさえ嫌われているんですね、この警官は。

かたい政治的なスローガンをそのまま言葉にしたのではおもしろくない。やはりそういう場面をつくり出さなければだめですね。これなどは実にうまくつくっているのではないですか。ほっと安心してレストランに行って食事をとろうと思って、今度は労働者ではなくて貝柱に嫌われたというんですね。こういう感じに諷刺を成り立たせる。うまいですよ。

われまことに少女らに告ぐ朱夏いたり水苔のみづみづしき不姙　『日本人靈歌』

この出だしの言葉は聖書の古い文体を借りています。「われまことになんじらに告ぐ」と神のごとき口調です。なぜ塚本邦雄が少女に向かって、不妊というのは水苔のみずみずしい魅力を持っているのか、あらたまって告げなければいけないのか。

「われまことに少女らに告ぐ」という神の代理人のような言葉は、新しい聖書をつくるとすれば、そういう言葉で始めなければいけないと塚本邦雄は思っているんでしょう。これは宗教的な感動というよりももっと美学的な立場に立ってのことだと思いますね。少女には少女の美学、生き方があるとすれば、不妊であることなんだということですね。その不妊である少女の美しさというものに、少女自身が誇りを持ちなさいと言っているんでしょう。あなた方が誇りを持たないから、私は神のような言葉でそれを言うんだと。神の言葉にしたがうぐらいこの言葉は価値があるんだと塚本邦雄は言っているのです。

ここには塚本の、少女の不妊であることの聖なるイメージというものと、乱れてきている時代への批判が重なっているのでしょう。第一歌集『水葬物語』でけっこう少年少女が登場する。少女の中に何を見ようとしたのかということも、塚本邦雄を論ずるときの大事なポイントになるんですね。この一首だけでは論じきれませんけれども、そういう目で少し塚本の歌を読めば、新しい見方が幾つか出てくるのではないかと思うんです。

次は絵を見ての歌です。

## 孤りの刻一日の果てにありて視るボッシュの繪、人間を彈ける竪琴

『日本人靈歌』

孤独に家の中に閉じこもって仕事をしている人、たとえば塚本邦雄が作家、歌人としてずっと仕事をして、一日の最後を迎えた場面を想像してもいいと思いますけれども、そのときにボッシュの絵を取り出して見たんですね。どこに目が行っているかというと「人間を弾ける竪琴」。竪琴は人間が弾くものですね、しかしボッシュの絵では竪琴が人間を弾いている。人間が竪琴を弾けば美しい音が出てくるのは当たり前のことですね、でも竪琴の弦が人間を弾いたらどんな音が出てくるだろうか。

さてこのボッシュの絵というのは「快楽の園」という三部作です。その快楽というのは聖なる神がつくった秩序ある快楽とは全然違って、グロテスクで異様な快楽ですね。肉欲のすさまじさ、それから残酷な、人を痛めつける喜び、そういった地獄の快楽がそこに展開されている。この竪琴に弾かれる人間もボッシュだからこそできたと思うんですが、確かに人間の手によって竪琴は弾かれて美しい音を出すけれども、竪琴の弦のほうから言えば使われっ放しですね。たまには弾いている人間を弾いたらどんな音がするのかと。

竪琴が美しい音を立てているのは弾いている人間がすばらしいからだ、そう思うならばその人間を弾いてもすばらしい音が出るでしょう。果たしてすばらしい音が出るだろうか。苦しい音し

か出てこないかもしれない。そういうひっくり返した目で見ているんですよ。だから実際に苦痛こそが快楽だという地獄の場面を描いているんでしょう。

さまざまなボッシュの快楽の中で、どうして塚本邦雄が「人間を弾ける竪琴」のところに目が行ったのかということが解釈の上で問題があるということでしょうね。

一日の最後に、人間を弾ける竪琴、そしてまたその弾かれている人間の苦痛を見るということは、普通の人のやることではないような気がします。だけどあえてそのボッシュの人間を弾ける竪琴を見たのは、今、日本人が平和な時代になって苦痛から解放されて苦しみを忘れてしまった、そういう人に対して、もう一度苦痛というものをきちんと体の中に記憶しておかなければいけませんよと言いたいんだと思いますね、

この絵の解説に、「拷問の中でも最も恐ろしく陰惨なものを表しているが、キリスト教の地獄の一般的な光景とはかけ離れている」とあります。塚本さんも短歌というのは幻想を見る最高の形式だと言っていましたけど、ボッシュもまたそういう点では幻想家だと言っていいでしょう。

ボッシュの絵は、人によって多様な解釈があり、世界の理不尽な破壊、この世の地獄をあらわしているのかもしれない。そうとればこの絵は今世紀を先取りしているととってもいいでしょう。しかし塚本邦雄が特に注目したのはこの三枚組の絵の中でも右翼パネルの人間を弾ける竪琴だったというところは、見逃すことはできません。

なぜ、その人間を弾ける竪琴というものにこだわったのか。これもこのボッシュの絵の解釈と同時に、論証するためにはいろいろな手続きが必要だと思います。塚本邦雄には楽器を詠んでい

る歌はけっこうあるんですが、ではどういうふうに楽器を見ているのか。人体の器官に類似している楽器がたくさんありますね。楽器に復讐される人間、楽器に拷問される人間という発想が生まれてくるのは、そういう楽器の形態と人間との関連で、塚本邦雄がある種の見解を持っていたのではないかということも考えてみる必要があると思うんですね。

ロミオ洋品店春服の青年像下半身無し＊＊＊さらば青春　『日本人靈歌』

青年像ですから紳士服を売っているお店です。背広だけを身につけて飾っているマネキンで、まったくリアリズムで詠んでいながら事実以上のことを語っているのがこの「下半身無し」でしょうね。春服には、長い冬から解放された喜びと同時に、学生たちが卒業して社会に出ていく。そういう学生を対象にして新しい背広が上半身だけ並んでいる、そういう場面を連想すればいいでしょうね。そして「下半身無し」ということの空白感、空虚感、実体のないものを連想させるためにそこにアステリスクを三つ打っているんですが、これは「われら母國を愛＊＊＊し昧爽《あさ》より生きいきと蠅ひしめける蠅捕リボン」（『日本人靈歌』）にも使われておりました。あの「蠅取リボン」は蠅そのものを連想させる効果がありましたが、ここは視覚的に言えば足がないということの空白感、空虚感ですね。強いて言えば幽霊の足のようなものが見ようと思えば見られる、そう空白感を連想させるために記号が使われている。その「さらば青春」というのは、形而上学的に処理すれば幾らでも表現することはできるんですが。塚本さんは割とこういう日常的な、ここではファッション感覚ですけれども、悲哀感、あるいはそれを乗り越えていく決意のようなものを、「さらば青春」という言葉で実に有効に機能させています。

自分が年をとって青春を過ぎてしまったという悔しさだけではないと思います。それを引き立てるために、お店に「ロミオ洋品店」という名前をつけている。当然シェイクスピアの戯曲「ロミオとジュリエット」が浮かんできます。何度も映画になりましたし、今さら解説する必要もないでしょう。

モンタギュー家の一人息子ロミオが、仇のキャピュレット家の仮面舞踏会に忍び込んで、その娘のジュリエットを一目見て激しい恋に陥るんですね。しかしいざこざがあって男を一人殺してロミオは追放される。最終的には二人とも死んじゃうわけですが、たった五日間ぐらいの間に生から死へドラマチックに展開していくというのが、まさしく青春というものでしょうね。筋道がきちんと通って、会社の仕事をまんべんなく処理しているなどというのは、これは青春じゃなくて、もう老年に入っているということなんですよ。あしたどうなるかわからない、劇的なものが次から次へと起きてきて、その中を必死になって生きていく無鉄砲な生き方、これが青春でしょうね。

下半身を失っただけではなくて、そういう青年の劇的な生き方そのものが既になくなってしまった。しかし青春ではない別の人生を歩まなければいけない、というまた新しい覚悟が当然この中にあります。単なる青春への感傷だけではないと思います。

普通だったら「私はもうあの服は着られない、残念だわ」、それで終わりですが、ここに「ロミオ洋品店」を持ってきて、ああ、おれもそういう青春があったのかと。「さらばとは永久《とは》に男のことば」という言葉が別の歌（「固きカラーに擦れし咽喉輪のくれなゐのさらばとは永久《とは》に男のことば」『感幻樂』）にありますけれども、「さらば」と言って決着をつけるんですよね。

もうそれは過ぎたんだと思う孤独と、そこからまた生き直す、新しい出発ですね。だから別れは同時に出発なんだけれども、そういうことまで感じさせますよね。

「下半身無」き青年の中にロミオのような、夢を持ちながら無残にも戦争で死んで、下半身をみんな失ってしまったような多くの人間の姿をかける読み方も可能ですね。ロミオならぬ青年たちがたくさん死んでいった。いろいろに読める作品ですけれども、そういう意味でこれはなかなかおもしろい作品ではないでしょうか。これをロミオじゃなくて「ジュリエット洋品店」に直したらどうなるだろう。もし挑戦する人がいたら持ってきてください。

第八回

# 二〇〇六年七月二十六日

『日本人靈歌』

口ゆがむまでにがき愛みごもりしモナ・リザ、釵《やす》のごとき手組める

『日本人靈歌』

「モナ・リザ」は、広く知られている絵ですのですぐに頭に浮かんでくると思います。美術評論家がいろいろな解説をしていますので、この美女の不思議な魅力と一緒に、解釈にも幅があるということがわかると思います。

塚本邦雄が注目しているのはこのモナ・リザのどこかというと手なんですね。左手の上に右手が乗っている。この手について、とんでもない解釈をしているんです。

まず、ほほえみも、口がゆがむまでにがい愛を身ごもっている。

愛を身ごもったという抽象的な解釈もできますけれども、実際におなかの中に赤ん坊がいるという仮定でしょうね。そのモナ・リザが、おなかの上に手を組んで、しかもその手は釵のようになっている。その釵はどこに向かっているのかというとおなかの中の赤ん坊に向かっているといるとれませんか。釵のように手を組むということは、モナ・リザが自分の体内にいる新しい生命に対して呪いの手を釵のように差しのべているという感じになりますよね。

美術史家のとらえているようなモナ・リザの印象とはがらっと変わってしまう。単なる作品の解釈ではなくてその人でないと見えないようなとらえ方をするというのはなかなか難しい。塚本でないと表現できないものがあるんでしょう。

最も聖なるもの、最も美しいとされているものには実は、恐ろしいものがひそんでいるんだというのが塚本さんの大体のパターンですけれども、このモナ・リザも、その塚本邦雄自身の思想を入れて解読したんでしょう。レオナルドの絵を通して、塚本邦雄自身の人間観が明らかに感じられるものですね。

この歌は『日本人靈歌』の「ANNUNCIATION」と題する章にありまして、大天使ガブリエルがマリアに聖霊が宿ったことを知らせる受胎告知がこの「ANNUNCIATION」です。

その「ANNUNCIATION」の最初に置かれているのが、前回お話しした「われまことに少女らに告ぐ朱夏いたり水苔のみづみづしき不姙」です。なぜこの「不姙」を最初に持ってきたかというえば、受胎告知は、ヨーロッパ絵画では重要なテーマですが、塚本邦雄は反対に「みづみづしき不姙」を告知している。少女たちよ、この腐っている時代の中で子供を産む必要はない。もう終末に来ている、産んでまた悲劇を大きくするよりは産まなくていいんだと宣告することで、時代の抱えている悲劇的なものを出そうとしたんですね。

「ANNUNCIATION」の章は「みづみづしき不妊」の告知から始まって、この「モナ・リザ」の歌で閉じられている。懐妊したモナ・リザがおなかの中の子供に釵のような手を添えている、いずれはその手によって子供は殺されるだろう。不妊という主題は一貫して底辺にあるんですけれども、この「水苔のみづみづしき不妊」と釵のごとき手を組んでいるモナ・リザを並べますと、塚本さんの、主題性をきちんと明確にしようとするところがよく見えてきますね。

## 平和祭　去年《こぞ》もこの刻牛乳の腐敗舌もてたしかめしこと

『日本人靈歌』

広島の原爆ドームがあるあたりを平和記念公園と名づけて、例年八月六日に、二度とこの悲劇が起こらないようにと祈る祭典が行なわれます、これが平和祭です。

広島では原爆の投下された八月六日、長崎では九日と決まっているんですが、原爆を念頭に置いて考えないとこの「平和祭」の意味は出てこないですね。その「平和祭」を強調するために一字あけています。「去年《こぞ》もこの刻」と言っているのはまさに原爆が落ちた時間です。その原爆が落ちた時間に市民がいっせいに黙禱を捧げる、その時間に、どうであったかと言っているんですが、そこには平和祭そのものに対する塚本の批判が鮮明に出ています。

どのように出ているかといいますと、朝、牛乳を飲んだ、しかしその牛乳が腐っている。八月の暑い炎天の日ですからね、去年もこの牛乳の腐っているのを舌で確かめたことだったなと言っています。読みようによっては実際に、そういう思い出があったともとれますけれども、しかしそんな単純な生活詠というものではないでしょうね。生活詠のかたちを借りながら生活以上のものをうたっています。

その扉を開くのが「牛乳の腐敗」です。なぜ、新鮮なしぼりたての牛乳を飲んだと言わないで、わざわざ牛乳の腐敗をそこに持ってきたかということですね。「腐敗」という言葉は味覚に関するものですけれども、味覚以外の腐敗にもわれわれの観念を広げてくれるんですね。平和祭と腐敗を結びつけたときに何が出てくるか。平和を祈念するんですから、一丸となって平和祭を行なったっていいでしょう。ところが、主催団体が政治的な問題で原水協、原水禁と真っ二つに分断されてしまっている。その腐敗をおのずと呼び起こすような働きをするのではないですか。散文であれば腐っている内容を細かく述べることができますけれども、詩ですから、観念の連想でそれを感じさせるようにつくらなければいけない。これは、かなりわかりやすいかたちで見事にとらえているのではないでしょうか。

「去年《こぞ》」、「この」、「刻」の「こ」が、細かくリズムを刻んで、調べの上でも音楽性を保つように配慮しています。結句の「たしかめしこと」は、また来年もその先も続くんだろうという不安といいますか、怒りを感じさせますね。平和祭のあり方に対する塚本邦雄の批判的な見方がここにあると見ていいでしょう。

喪章なす四月の若布《わかめ》　はじめよりわれわれは日本島の流刑者　『日本人靈歌』

若布《わかめ》は日本の沿岸どこでも採れるので日本人が万葉集の時代から食べていた親しみのある海藻ですが、その若布が整然と並んでいる。何を連想させたかというと、たくさんの喪章に見えているんですね。平和祭の歌がありましたけれども、戦争で死んだ人方をそう簡単に忘れるべきではないというのが塚本の立場です。そういう死者たちをしのぶ喪章の列のように見えている。

若布は俳句でも春の季語ですから、春に一番いい若布がとれるのだと思いますが、その若布がいっせいに死へのイメージを呼び起こすものに変わってきています。死者の追悼の思いがいかに強いか、よくわかりますね。

しかも下の句は、最初からわれわれは日本島の流刑者なんだと結んでいます。自分たちはどこか別の島で生活していたはずだけれども、日本島に罪の晴れるまで縛りつけられている。流刑者という意識には、日本人は戦争でアジアの人々を苦しめた犯罪者である、われわれはそうやって日本島で流刑者としての生活を送っている、この運命をどうやって越えていかなければならないのかというのがあって、日本人を考えるときの大事な問題だと、言っているんだと思いますね。

へたな政治的メッセージよりも、こういう歌のほうがきわめて説得力があるのではないですか。経済的に少しずつうるおってきて戦争責任などというようなことを口にしなくなってきたときに、本質的な問題を忘れてはだめだと厳しく呼び起こす歌にしています。

## 檻に頰すりつけて火喰鳥見つつつひに空白の出日本記《しゆつにつぽんき》　『日本人靈歌』

檻ですから、野生ではなくて動物園に飼われている火喰鳥ですね。檻に頰をすり寄せるようにして見ているというのですから、食い入るように見たいと思うものが火喰鳥の中にあるんでしょう。火喰鳥は、ダチョウを小さくしたようなかたちで、首から頭のところに毛がなくて、赤だとかブルーというような色の皮膚がむき出しになっていて遠くから見ると火を食べているように見える。そこから火喰鳥という名前が来たようです。実際に火を食べているわけではないけれども、何かたくましさを感じさせますよね。

ですから檻の中にいても、おそらく火喰鳥の中にはまだ野生のたくましさ、人に向かって反撃するような強さ、そういうものを十分に持っていて、へたに近づいていくと火を吹きかけられるような迫力をどこか持っていると見たほうがいいですね。

われという言葉はありませんけれども、塚本邦雄の分身と思われる人が火喰鳥をじっと見つめているんでしょう。しかし、ついに空白のまま出日本記は終わらなければいけないんだと言うんですね。

この『日本人靈歌』のテーマは「日本脱出したし」でした。日本の外に脱出したいと思っているけれども、ついに出日本記を書くことはできなくて空白のままのページで終わってしまったというのですね。当然、旧約聖書の創世記の後の出埃及記《しゅつえじぷとき》を思い出すでしょう。出埃及記にちなんで出日本記という言葉を持ってきたわけです。

イスラエルの民がエジプト王の下で奴隷のように使われておりましたけれども、彼らの指導者モーセが神の召命を受けて民を率いてエジプトを脱出します。紅海をわたるときに海が二つに割れてその中を人々が通れるようにした、そういう奇跡が神によって行なわれ、シナイ山で神の十戒を授かる。その十戒はそれから先もイスラエルの民の法律を守っていく心の規範になります。

同じように、日本は戦争に負けて、惨澹たる結果になっていました。だからこの日本を離れてどこか未知の世界へ行きたいと思う。その行き先の一つを、火喰鳥が暗示しているんでしょう、火喰鳥の原産地、オーストラリアですね。そういうところに日本を脱出して行きたいものだ。日本人そのものの生き方を根本からつくり変える。そのためには火のような孤独と努力が必要でしょう。火喰鳥を見ながらじっとそんなことを思っているんですね。思っているけれども、しかしそれは実現できず、空白のままの出日本記に終わってしまっている。民族の新しい歴史が始まらないということを言っているんですね。

戦後をどういうふうに受け止めるか。政治家には政治家のものの考え方があるでしょう、塚本邦雄は詩人ですからね、文化的な面で、あるいは倫理的、哲学的な面で新しい日本人の創世記を書きたいものだと思っていたと思いますね。だけどなかなか簡単には書けない。古い体質がそのまま残って真に新しい歴史が始まるだろうか、いったい誰がそれを書くのか、つくるのか。モーセのような、神の召命を受けて神との間に新しい契約を結ぶ、それに耐えられるような立派な指導者が誰かいるかと思ったときに、いないんだという絶望感でしょうね。読みようによっては政治に対する失望も含まれていると解釈できます。

この歌では、「しゅつにつぽんき」とルビを振っております。塚本さんの『日本人靈歌』を「にほんじんれいか」と読むのか「につぽんじんれいか」と読むのか。彼自身はルビを振っていませんのでどちらでもいいんでしょう。その前の歌の日本島《にほんとう》は日本島《につぽんとう》とも読め、両方の選択が可能でしょうけれども、ここでは出埃及記にちなんで出日本記《しゅつにつぽんき》ときちっと合わせています。

大工がになひくる硝子板肉のごと軋みつ　男こそ愛の餌食　『日本人靈歌』

「空白の出日本記《しゅつにつぽんき》」は出埃及記と並べて読めば解答の手がかりがあるけれども、この歌は気分ではわかるけれども解釈するのは難しいですね。

小さな硝子板はきしむはずがありません。だけど大きな硝子板を大工が運ぶときに、硝子が揺れてきしみ、音を立てている。その硝子のきしみに目をつけて、しかもそれが肉のようにきしんでいるととったんですね。

　硝子と肉とではおよそ質的には反対のものですが、しかしその冷たい硝子の中に実は肉のようなしなやかなものがあるという発見ですね。硝子は、冷たくて無機質な透明な物体かと思いきや、その中にそのきしみを通して男の肉のようなしなやかさと強さがあることを発見しているんですよ。そして「男こそ愛の餌食」と結んでいる。

　これをどう読むかということですね。「餌食」ですから、何かに食わせるための餌ですよ。ある種の犠牲がこの中にこもっています。愛から喜びだけを受け止めているのではなくて、むしろ愛のために悲劇的な苦痛を味わってその犠牲を強いられる。神に捧げるように、愛に捧げるいけにえとして男は生きていかなければならない。それは男の悲劇であり、同時に男のすばらしさなんだと言いたいんですね。

　だが、今の若い人はだめですよ。人からもらうことばかり考えているようではだめなので、硝子のような危険なものを背負って、なおかつそれに耐えながら生きていく、それが男というものなんだと。だから「男こそ愛の餌食」という言葉は成り立つけれども、「女こそ愛の餌食」とはならない。歌でそんなことを詠めるということはちょっと前まで考えられなかった、そういう一種の哲学をきちんと詠み込むというのはすごいことです。

　塚本さんの歌にはいろいろな職業の人が出てきますが、意外に職工がいっぱい出てくる。ここでも大工が出てきますが、大工と言えば、お父さんが大工だったから息子のイエスもその血を引いている。イエスは神の犠牲だった、だから十字架にかけられ、運命を背負った。この大工の中にそういうキリスト的なものを入れて読めば、そこで一つ違った膨らみのある解釈が出てくるでしょう。

## 七月の泡だつ蓮田　ラスコーリニコフ戦争《いくさ》にゆかば何せし　『日本人靈歌』

言葉の組み方、濁音をうまく使っています。「泡だつはすだ」、「だ」「だ」と濁った音で止めて、七月の蓮田のはらんでいるカオス、混沌としたものが強調されていますね。そして「ラスコーリニコフ戦争《いくさ》にゆかば何せし」という問いかけですね。ラスコーリニコフは言うまでもなくドストエフスキーの小説『罪と罰』の主人公です。自分は貧しい、けれども才能はある。お金持ちのおばあさんが幾らお金を持っていたって何も人類の役に立たない、私のような有能な人間が使ってこそ価値がある。だから私は人を殺す権利があると、おばあさんを斧で殺して物語は始まるわけです。最初は殺すということに何の疑問も持っていなかったけれども、しかし殺した後にじわじわと罪がやってくるんですね。

そのラスコーリニコフは、平然としておばあさんを殺したんだから、戦争に行っても平然と人を殺すだろうか。嬉々として鉄砲を持って人を殺すとは想像しにくい。社会のひずみに対する憤りがラスコーリニコフにはありましたから、無差別にただ人を殺すというのとは違いますよね。おそらく何もしないでいただろう。

七月の泥沼のような蓮田は戦場の混沌とした場面を呼び起こしますけれども、ラスコーリニコフも結局は蓮田の中で苦しんで何もできないで溺れ死んでしまったかもしれない、戦争に行ったらそうなっていたかもしれないとね。おれは何のために戦争に来ているのか、そういう疑問を感じさせないのが戦争というものだと思います。

ここで塚本邦雄があえてラスコーリニコフはどうしただろうかと問うのは、戦争とはそういう懐疑する力を失わせ、機械的な人間にしてしまうものである、ラスコーリニコフは、罪は犯したけれども、その後懐疑し続けて、そして流刑地に行く、そういうところに人間的なものをわれわれは見るわけです。けれども、戦争では、一人のラスコーリニコフも許されない。これが戦争というものだという塚本の考え方が出ているんですね。

## 安息日すべり臺より家族らが欣然と累なり墜つる惨劇

『日本人靈歌』

これは比較的わかりやすい歌でしょうね。滑り台を母親と子供が二、三人、一緒になって、喜びの声を上げて滑り降りてくる、その平和でのどかな、家族愛に満ちているいい光景だなというのが普通の人の見方です。

でもそれを塚本邦雄はちょっと意地の悪い目で見て、むごたらしい劇だと言っているんですね。家族があんなふうにして折り重なって降りてくるのは、戦場で折り重なって死んでしまうのを連想させるから「惨劇」なんでしょう。有無を言わせず一瞬のうちに人が重なって死んでいく。たとえば原爆によってあっという間にお互いに重なって死んでしまったのと同じですね。おそらく戦争で一瞬のうちに人は死んでしまうというのを、どこか意識の片隅に置いているからこういう見方になるのですね。

撃たれしアラブ青年の掌《て》が黒き葉のごと開く今日は確かに他人《ひと》の身

『日本人靈歌』

日本の歌人でアラブ青年を詠んだのは、意外に塚本邦雄が早いのではないかと思います。一九四八年にイスラエルが独立して、その後四回にわたってアラブ諸国とイスラエルとの間に小競り合いが繰り広げられて、今もなお解決していませんよね。先ほどの出埃及記ではありませんが、自分たちは神に約束された土地があるんだと国家をつくりました。そこはもともとアラブ人たちが住んでいた土地でもあるから、結局アラブの人方の土地が奪われたということになりますからね。いち早く塚本邦雄はそれに目をつけたんでしょうね。

圧倒的にイスラエルのほうが強い軍事力を持っておりました。イスラエルの兵隊によって撃たれたアラブの青年が、倒れるときに掌を「黑き葉」のように開いた。黒い葉というところに悲しみがこもっております。その「黑き葉」のように開いていくのを見て何と言っているのかというと、きょうは確かに他人の身の上にこれは起きている。それをひっくり返せばあすはわが身だということですね。

つまり日本人だって同じようなことが起こりうるだろうと。日本と韓国、日本と中国、確かに北朝鮮から恐いロケットミサイルが飛んできそうですし、拉致問題一つとったってまだ未解決のところがいっぱいありますから、他人の身の上だと言って傍観していられない。

二十一世紀、地域戦争がたくさん起きて、解決しなければならない困難な問題を歌人も黙って見過ごしていてはいけない。そういうものに対してきちっとした目を届かせて考えるようにならなければいけない、それが「今日は確かに他人《ひと》の身」というところにあるでしょう。

文学者は勝っている人間のほうに立ってはだめなんですよ。この歌で言えば撃たれたアラブの青年の立場に立ってうたうべきなんです。やっつけられる人間のほうに立って詠むのが文学の立場だと、きちんとこの中にも表現されているでしょうね。

## 革命、それも遅し疊をかきむしりみどり兒があやつれる歩行器　『日本人靈歌』

誰が歩行器をこんなふうにうたっていますか。確かに小さなみどり児が操っている歩行器ですから、遅い。革命がなかなか成就しない遅さに畳を掻きむしっている。

この革命とはどういう革命なのか。前にアラブ青年の歌もありますから、『水葬物語』の革命歌作詞家の革命とは違って、至るところに起こっている革命の波、オサマ・ビンラディンによるテロも、一種の変形だととればここでは革命の中に含まれていると思います。

革命、何とも遅いことだ。みどり児が操っている歩行器も遅いけれども、それ以上に革命のほうが遅いと言っているんですよね。ここにみどり児の歩行器を持ってきたことによって革命の遅さ、なぜ思うように革命が進行しないのかといういら立ちですね。速やかに世の中が革命によって新しく生まれ変わってほしいと思うのにそうはいかない。この時点で革命という言葉にこだわり続けているところは、塚本邦雄の大事なところでしょう。心の中に革命を考え続けていなければ冒頭からいきなり「革命」ということは出てきません。

# 冬苺積みたる貨車は遠ざかり〈Oh! Barbara quelle connerie la guerre〉

『日本人靈歌』

塚本邦雄が注をつけています。「これは、プレヴェールの詩、『バルバラ』のクライマックスをなす詩句である」と。そして「『ああ、バルバラ、戦争とは何というばかげたことだろう』の意」とあります。確かこれはシャンソンだから、「Oh」のところに感嘆符がついているのかもしれません。

ジャック・プレヴェールの『パロール』という詩集の中の「バルバラ」と題する詩だということをまず念頭に置いて鑑賞しましょう。バルバラは人の名前ですね、戦争で、もう彼女は命を失ってしまっている、その死んだバルバラを心の中に呼び戻すんですね。「Rappelle-toi Barbara」、「私のところに帰ってきなさいよ、バルバラ」と語りかけるように詩がつくられています。バルバラは無数の死者たちの名前だと考えたほうがいいでしょう。

この一連、何カ所かその「バルバラ」という言葉が出てくる。正しくこのバルバラのテーマをつかむためには全部読み取らないとまずい。たとえば、

「すさまじき夏の涸河《かれかは》河口までたどり来つ　まぼろしのバルバラ」

夏、水が干上がって河の水が涸れています。その乾燥している河口までたどりついた、そして一字あけて、その河口に幻影として戦争で殺されたバルバラの姿が見えた。戦争の悲惨さを感じ

させますね。あるいは、

「口笛もてたれ呼びかへす緑蔭の青年よ　みな生けるバルバラ」

口笛でいったい誰をあなたは呼び返しているんですか、死んだバルバラと同じように生けるバルバラがいて、そのバルバラが口笛をもって緑蔭の青年に呼び返しております。

しかしこの生けるバルバラと死んだバルバラは緊密に結び合っていて、いつまた死者としてのバルバラになるかもしれない、そういう危機感が塚本邦雄の中にはありますね。これを受けて「冬苺積みたる貨車は遠ざかり」と言っているんです。そして戦争というのは何とばかなことかというジャック・プレヴェールの詩の言葉と結びついたときに、非常に深い意味を持ってくることになります。

何で貨車を持ってきたのか。苺というのはつぶれやすい。無抵抗の、弱い女や子供たちをたとえて言えば苺みたいなものですね、それを全部つぶしてしまったら血だらけの海を連想させるでしょうね。

アウシュビッツに人を運んだのは貨車でしょう。冬苺を積んでいる貨車は今、平和に通っているかもしれないけれども、いったん戦争が始まればこれはそういう悲劇の貨車になってしまう。プレヴェールの詩と見事に調和させて眼前の日本の遠ざかる貨車、苺を積んでいる貨車を描ききって、これはなかなかすごい作品になっているのではないでしょうか。

## ずぶ濡れのラガー奔るを見おろせり未來にむけるものみな走る　『日本人靈歌』

ラガーですからラグビーですよね、球を抱えて必死になって雨の中を走っています。その走っている選手を高いところから見下ろしている。そして、あいつはよくやってるとか、なぜあんな程度しかできないのかというようなスポーツ評論家の目で見ているわけではない。その姿に、青年というものの美しさ、緊張した生命の輝きみたいなものを見出したんでしょう。未来に向かっているものは皆走るんだ、止ってはだめなんだ、未来はすぐ見えなくなってしまう、そう思って必死の勢いで走っていかなければならないと言うのですね。

その、皆走るという中には、自分自身も当然含めているでしょうね。「走れ、邦雄」と自分自身に命令しているんだと思いますよ。おれも走るぞという気持ちがどこかあるんですね。だから一種の人生論として、ラグビーの選手を見たときに、あの逞しさ、未来に向かう精神というものの美しさをそこに感じ取ったんだと思います。そうして、走れと自分に強く命じたというところがいいですね。

## 凍てし水栓《コック》に煮湯そそげる青年の目の奥の――或《ある》はシンシン刑務所

『日本人靈歌』

凍りついた水道管のコックに熱いお湯を注いで氷を解かして水が出るようにする、その青年の目の奥には何があるのか、ひょっとしたら「シンシン刑務所」ではないのかと言っている。シンシン刑務所というのがどうして出てきたのかということなんですが、冬の寒いときにしんしんと雪が降ると言うじゃないですか。斎藤茂吉の歌に「しんしんと雪ふりし夜にその指《ゆび》のあな冷《つめ》たよと言ひて寄りしか」（『赤光』）と、ありますよね、水道管も凍るような「しんしん」から「シンシン刑務所」が浮かんできたんだろうと思うんですが、調べたら、アメリカにある刑務所の中でも、大物、たとえばマフィアに関係している人間とかそういう連中をぶち込むのがシンシン刑務所なんですね。

この青年は氷を解かして一日の生活を始めようとしている。一見善良でまじめな青年のイメージが浮かんでくるけれども、まじめだけではないのかもしれない。この青年の目の奥にはシンシン刑務所に送られるような恐いものがひそんでいる。いや、そういう恐いものを持っていてこそ青年なんだ。シンシン刑務所に入るぐらいのことは覚悟して生きろ。それでこそ男だと。

そのへんがやはり塚本邦雄らしいですね。前衛歌人というのは、人からはさんざん文句を言われ、孤独を味わってきたけれども、覚悟がなければ、こういう歌は生まれてこない。前の歌では雨の中で水煙を立てながら未来に向かって必死になって走っていくイメージがありました。ここでもシンシン刑務所をまぶたの奥に置いて生きようとする気概のある青年といいますか、常識的な世界で定年退職までまじめに生きればいいやと思っている人間とは違う、夢を持っている青年を描くところが塚本さんの偉いところだと思いますよね。

それは、塚本さんの中に反逆の青年が生きているから詠めるんだと思いますね。何も自分が青年でなくていいんですよ、どういう青年を描くかによって自分の中に生き方を持つことができる、大事な方法です。

孵卵器のごとき市電が雨中過ぎ　死せるバルバラ・生けるバルバラ

『日本人靈歌』

バルバラの結びの歌です。市電の車輛を孵卵器に見立てたところが塚本さんの発想のすごいところですね。孵卵器ですからニワトリの卵をかえす装置でしょう。

「バルバラ」というジャック・プレヴェールの詩は雨の中で、戻ってこいよとバルバラに呼びかける。それを覚えていて雨の中の風景として市電を持ってきたんですね。そしてその市電に乗っている人方を何と見ているのか。そこにあるのは戦争で死んだバルバラだ。肉眼では見られないけれども、その市電に乗っているのは死んだバルバラと、そして生きているバルバラなんですね。この生きているバルバラも、いつ死ぬバルバラに変わるかわからない。

孵卵器は生きている卵をひなにかえすことはできるけれども、死んだ人間を生き返らせることはできない。しかし死んだ人間が新しい命をもってこの市電の中に集まってきているような感じがしますね。死者はどこにもいないのではなくてちゃんと見えないところで生き続けている。これは原詩の「バルバラ」とも共通する思想だと思いますが、その「バルバラ」の詩の中にあるテーマを彼なりに消化して最後の結びにしたんですね。

「死せるバルバラ」を先に持ってきた。死んだ者と生きた者とが一つになってむつみ合う、そういう肌を接することのできる場所だと、市電を見ているんですよ。日常の場面をうまく使ってきちっとまとめていると思いますね。

第九回
# 二〇〇六年八月九日
## 『水銀傳説』

燻製卵はるけき火事の香にみちて母がわれ生みたること恕《ゆる》す　『水銀傳説』

きょうから、『水銀傳説』です。『水銀傳説』になりますと父と母が急に多くなってきます。実在の自分の父母ではなく、作品の中でつくっている。なぜ『水銀傳説』で母とか父をたくさんうたうようになったのか、それ自体がもう一つのテーマになっています。

まず、この歌。母によって生まれたということは、火事に遭うような悲劇的な出来事だったということが、まず、はっきりとテーマになっていることがわかると思います。燻製卵の中にはるかな火事の香りが満ちているように、私が母から生まれたということは、そんな古いことではないにしても、何か火事に直面するような悲劇的な、運命的なものを感じ取っている。そして、今やっと私は母が私を生んだことを恕すんだと言っております。

普通、何か精神的なトラウマが少年時代から残っていて、母親に対して憎悪の気持ちをずっと抱いていた、しかしある年齢に達してそれがなくなったと、多分解釈するだろうと思います。しかしこれは、決してそういう個人的な母親に対する憎悪が前提になっているととるべきではないと思います。人間は、いったいどこから来てどこへ行くのか。少なくとも母体を経由することなしに生まれることはない。すべての男は尊敬する母親から生まれているわけではない。これまた自分で図ることのできないことです。

あなた方も母親を困らせたことはないですか。「私はどうして母さんから生まれたの」と私も随分質問して、母親を困らせることもあったけれども、自分はどこから生まれて、どこに行くのかは、大人になってからじゃなくたって、小さな子供のうちから何となく考えるものです。

これは、運命として、悲劇をも自分の出発の歴史の中に受け止めていかなければいけない、という認識に達しているからこそ、「母がわれ生みたること恕す」という言葉が出てきていると思うんです。でもそれは全面的に母を受容するということとはまた違う。母から生まれたことを懐疑しながら、同時にそれを乗り越えていかなければなりません。

母に国をつければ母国になる。日本に生まれたいと言って生まれてきたわけではないですよね。日本人であることの宿命を背負いながら、しかしどのように生きていくのかということが今まさに問われているのと同じように、自分の母親から生まれたことも一種の宿命として受け止めながら、しかしそこから新しい自分の生き方をつくっていくしかないわけです。

どうしてそれが火事なのか。斎藤茂吉の歌を読んでごらんなさい。父親もそうですけれども、より母親というのは自分を生んでくれたら若き直接的な力として、礼讃の対象なんですね。これ以上すばらしいものはないという絶唱ばかりで、ほとんど懐疑がない。

塚本邦雄は、そういう抒情的なものに対する痛烈な批判を込めています。「恕す」というのはすべて忘れてしまうということでは決してない、恕すことによってむしろ新しい考え方が始まっていくと解釈すべきでしょうね。しかも「燻製卵」を持ってきた。これはうまいですよね。母親の中には卵子があります。「はるけき火事の香」というのは、母胎に達するまでを念頭に置いて詠んでいるんですね。そこが悲劇の始まりだという思いがどこかあるんでしょう。そういう悲劇を背負いながらこの世に生まれてきたんだよ、おれは、と世界に対する認識を始めようと思っているんですね。

「ほほゑみに肖てはるかなれ霜月の火事のなかなるピアノ一臺」(『感幻樂』)というダ・ヴィンチを詠んだ歌もありますけれども、火事というのは塚本さんにとって重要なモチーフなんですね。まず「火事」が出てきている。しかもそれは「燻製卵」と結びついて自分はいったいどこから生まれたのかと問いかける歌から始まっているというのは、この歌集全体のテーマを考えるときには見逃せない要素と見ておいたほうがいいでしょうね。

# たましひは死にむかひつつカント・フラメンコと赤き海膽《うに》を愛せり

『水銀傳說』

「死にむかひつつ」と言うと、還暦を過ぎたぐらいの人を連想するかもしれません。生について考えるということは同時に死について考えることであって、何も晩年に達して、絶望的になって死のことを思っているのではなく、生と死は切り離せないものだという認識が前提に立たなければならない。「たましひは死にむかひつつ」というのは「たましひ」の成熟を意味しているのであって、「たましひ」が衰えてだめになっているととってはだめですね。死の含んでいる生を考えることによって初めて生の意味が豊かになってくるんでしょう。

そして何を愛しているかというと、「カント・フラメンコ」です。塚本邦雄はシャンソンともう一つ、スペイン音楽に深い理解を持っているんですね。フラメンコというと、踊りが脚光を浴びがちですけれども、その神髄は歌にあると指摘しています。

そのカント・フラメンコには、インドから流れてきたとも、いろいろな説がありますけれども、ジプシー（ロマ）の放浪の民族の悲しみがこもっている。そういう意味で、モーツァルトの音楽じゃだめなんですよ。カント・フラメンコのような深い悲しみの底から歌い上げてくる、そういう音楽でないと心が揺さぶられないということでしょう。

それから、この「赤き海膽《うに》」の赤の中に、悲しみの結晶を塚本邦雄は感じていると思います。

海胆の感触、味覚、そういうものも含めて言っていると思います。

「たましひは死にむかひつつ」、そういう状態になって私は何を愛し始めたかというと、一つはカント・フラメンコであり、もう一つは海胆だと言っている。単純に読めばただの趣味のようにとられるかもしれませんけれども、この初句と第二句の言葉によってがらりと意味が違ってきます。そういう点では一首全体の意味を決める重要な役割をしていますね。


乳房その他に溺れてわれら存《あ》る夜をすなはち立ちてねむれり馬は　『水銀傳説』

塚本邦雄の歌に出てくる馬というのは実に魅力的で、馬の名歌がたくさんありますけれども、これもそういう中に入る一首ではないかと思います。下の句は意味としては大変わかりやすいですね。馬が立って眠っている。それに対して人間はどうであったかを詠んでいるのが上の句で、まさしくエロスの場面を歌にしています。うまいですよね、「その他」で全部言っちゃうんですね。もう少し詳しく書いてほしいと思うかもしれないけれども、それを言わないで暗示する。人間の性の営み、そのとき何を思っているかというと、塚本邦雄は馬のことを考えている、まさしくそのとき、馬はきちんと厳粛に立って眠っているのだということです。

なぜこういうときに馬を思い出すのか、うまく説明できませんけれども、この対比は非常に印象的ですね、眠ってはいるけれども、しかしどこか全身で世界を感受しているような、神経の澄んだイメージが伴ってきます。溺れるという感覚は、水の中で溺れるのと同じで、そこから何とかして脱出しようとする。ある限定された非常に狭い世界の中でしかものの見えない状態ですよね。そういう中で馬は、超越して静かに「立ち」、世界を感受している。

人間と馬とを対比させて馬のほうがはるかに神秘性というか、超越性を感じさせる存在になっています。立って眠っている馬を持ってくることによって、溺れている人間の悲しみといいますか、その限界も浮かび上がらせています。だから、ただそこに立って眠っていなければいけない、哀れな馬だなととってしまってはいけないだろうと思います。

しかも、「すなはち」などという言葉を使って、一首をきりっとさせている。漢文風のかたい表現になるけれども、すっくと立っている、そういう馬の姿勢まで感じさせる印象があります。この「すなはち」が生きていますね。

鮎のごとき少女婚して樅の苗植う　樅の材《き》は柩に宜《よ》し　『水銀傳說』

これは、一種の箴言といいますか、短い一行の詩の中に人生の哲理をつかんで詠み込んでいるような歌ですね。「鮎のごとき少女」、この比喩もうまいですよね。ぴちぴちとしている若鮎のような少女が結婚しました。そして結婚記念日に樅の苗を植えたというんですね。自分が結婚した年に植えることによってその木がどんどん成長して、自分たちも葉を茂らせていく、そういう予祝を兼ねているでしょう。

ところが塚本邦雄はそれをひっくり返して、恐ろしいことを言っています。「鮎のごとき少女」が結婚して、やがて死ぬだろう、そのときに樅の木は棺桶に最高のいい材質なんですよ、と。結婚の喜びと死を同時に一首の歌の中で詠んでいるんですね。

生について考えることは死について考えることだと先ほど言いましたけれども、それを極端に言えば、結婚式と同時に葬式を考えることになる。それぐらいの非情な目で生と死を見ようというのが塚本邦雄の中にあるからこそ、こういう歌が出てきたと見なければいけないでしょう。

王も王妃も生まざりしかばたそがれの浴場に白き老婆は游ぐ　『水銀傳說』

これは塚本さんでないと詠めない歌ですね。一番最初の歌集は『水葬物語』だったでしょう、ここでは『水銀傳說』で、「物語」も「傳說」も、言うなれば一種の伝説を新しくつくっている。伝説と言ってもいいし神話と言ってもいい、そういう意図がないと生まれてこない歌です。実際にどこかの王様と王妃のことを詠んでいる歌ではないと思います。王妃が子を生まなかった。これはわかりますね。しかし王も生まなかったというのは何なのか。つまり王妃以外の女性に関しても子を生まなかったということでしょうね。王も王妃もともに子を生まなかった、なぜなのか。努力した結果、生まれないというのではなくて、最初から生まないと決めたんですね。「王も王妃も生まざりしかば」というのはそういう意思が入っていると思います。

生んで未来を継ぐ、そういう時代がもし続くのならば王も王妃も生むでしょう。しかしもう王も王妃も必要とする時代ではなくなっているんだ。暗にそういう批判がここに横たわっていると思います。つまり王の権威、王妃の権威などというのは終わったんだという、一つの終末観がここにあると思います。

だからどうなったかというと、真っ白な髪の老婆が一人で悠々と浴場を泳いでいる。そこにはもう既に未来を背負うべき子供たちはいない。つまり王と王妃の世界はもう終わりを遂げたという一種の終末幻想がここにあるのではないでしょうか。

『日本人靈歌』の後の歌ですからね、塚本邦雄は、王制というものがもう終わるべきだと考えているのでしょう。終末の幻想を物語として書けばこういう歌になるのではないでしょうか。そういう点では、反権力の思想があって生まれてきたイメージだと見ていいでしょう。単なる終末幻想ではなくて、「王も王妃も」とはっきり限定していますから、とり方によって解釈が少し動きますけれども、何が終わるべきなのか、何を終わらせるべきなのかということを考えて詠んでいるのではないかと思います。ちょっと愕然とさせるようなすさまじいものを持っているのではないですか。

青年娶らむとして槍投げの槍の穂を頰に當つ　去年《こぞ》の雪いまいづこ

『水銀傳説』

おそらく、結婚に踏み切ろうと決意した青年が、鋭い槍の穂を頰に当てて、遠くに投げようとしているという姿でしょう。今までは槍投げの槍の穂のように生きることができた。しかし、これからはそのようには生きられないという思いが、結婚するこの青年にあるんでしょうね。去年とことしの間に、結婚することによって自分に大きな違いがある。娶《めと》るということが何をもたらすのか、男にとってどうなのかと歌に詠むのはなかなか面倒なんですがね。

塚本邦雄自身の、結婚して青年期から中年に向かおうとするときの内省化された姿勢を、ここに重ねて見ることは許されるでしょうね。槍投げの槍をはるかかなたに投げうって、そして、はかないものではあるけれども、去年の雪は美しく、新鮮で、純粋無垢だったと感じている。しかし純粋だけで生きられない自分を感じているから、去年の雪はどうなったのか、どこに行ったのかということですね。回想に値するだけ、青年のときには無垢なまま、自分を汚すことなくその気持ちで生きてきたということでしょう。

男が結婚するときの気持ちというのはそういうものなんだと言っているんですね。非常に大切なことを歌で語れることを実証しているところがすごいですね。しかも「槍投げの槍の穂」を持ってきたというのがいかにも塚本邦雄だな。

光る針魚《さより》頭《づ》より食ふ、父めとらざりせばさはやかにわれ莫《な》し　『水銀傳說』

さよりは、漢字を当てると針の魚と書くように非常に細い魚で、下あごがぐーっと伸びている。お刺身にもしますし、椀種《わんだね》にも使うんですが、しかしこれはフライにでもしたのか、頭からとにかく食べちゃっている。

頭から食っているとなぜ書かなければならなかったのか、下の句を読むと意味がわかってきます。先ほど、母から生まれたことを恕《ゆる》すとありましたが、父に対しても当然のように、もし結婚さえしなかったら私はこの世になくて済んだものをと言っています。その父への怒り、呪いが「光る針魚頭より食ふ」というところに込められているのではないですか。自分がこの世に生を受けねばならなかったことのおぞましさ、悔しさというものが、針を飲み込むような感じでばりばりばりっとさよりを食ってしまうというところにありますね。

自分は否応なしにこの世に拉致されて、そして苦痛にまみれて生きてこなければならなかった、これはすべて親父が結婚したがためなんだ。自分の生誕に関してそういう怒りなしには受け止められない。それが先ほどの「母がわれ生みたること恕《ゆる》す」と対をなして詠まれている。

何回も言うけれども個人的な親に対する恨みということではないんですよ。だけど、なぜ自分がこの時代にこのようにして生を受けねばならなかったのかということですよ。それが歌を詠む原動力になっている。今日あるのはすべて父のおかげ、母のおかげだ、そんなのを歌にしたって誰も読まない。

自分の生そのものをどういうふうに未来に向かってつくっていくのかという問題と密接にかかわっているということですね。それは、自分が今、父になったから思うことでもあるんだと。多分その思いは自分の息子にだってきっと起こるだろう、そういう思いがあるのではないですか。

愛をこばむその頭《づ》ジュピテルより重しおもししづかに雷雨はいたる

『水銀傳説』

難しい歌です。これは何回解釈し直しても、なかなか満足できる解釈はできないんですけれどもね。ジュピテル、英語風に読めばジュピター、ギリシャ語で言えばゼウス、ギリシャ神話を読むとおわかりのように、オリンポスの神々の最高神です。すべての神とすべての人間の父と位置づけられている。

ジュピターは、雷に象徴されるように、雨でも雲でも天界、自然界を自由自在に操る力を持っている神として位置づけられている。また、自在に変身できますから、レダという美しい人間の女性のところに行くときには白鳥に姿を変えていく。よく絵にも描かれますけれども、女性神であろうと人間の女であろうと、ジュピターは女性たちを皆自分の思うままにしてきた存在です。ところが塚本邦雄がここで詠もうとしているのは愛を受け入れるほうではなくて、愛を拒むことに一つの価値、意味を見出そうとしている。しかも愛を拒むその頭というのは最高神であるゼウス、ジュピテルよりももっと重い。ジュピターは雷を自由に操ったけれども、実は愛を拒む人間のほうがジュピターをはるかに超えるものを持っている。宇宙の神秘さはむしろ拒む者のほうにしたがってくるんだと言いたいのでしょう。

拒むということがいかに大切で、自分を最後に成り立たせるかということですよね。絶対神的な存在の者から言われたときに拒む力を持っていなくてはだめだ。たとえ愛においてさえもそれは一貫させなければだめだ、塚本が言いたいのはそういうことですね。

これも、日本人の体質そのものをどこか批判しているのでしょう。それは塚本邦雄が、権力に迎合しないで生きていこう、うたおうとしているからこそ可能なんだと思いますね。

たちまち夏　まなこさびしき乳牛の血搾るごとし母がしぼれば　『水銀傳説』

何と恐ろしいことを言うんでしょう。あっという間に夏がやってきた。おっ母さんがさびしく立っている牛のお乳を搾ったら、たらたらと赤い血が流れてきたようだと言うんですね。つまり母は生物を慈しんでいるのか、そうではない、母親ぐらい残酷なものはこの世の中にいない。命の血を搾り出しているのが母親だと。

先ほどの「燻製卵はるけき火事の香にみちて母がわれ生みたること恕《ゆる》す」を、この歌では、母とはそういうものなんだと恕すんですね。だから忘れることはないと言いましたけれども、そういうことです。こういう母性観、女性観、それは間違っている心境だと言うのは自由です。けれども、塚本邦雄の考え方はそうだということをわかった上での批判でないとだめですね。

まどろめばこの紺の夜に兵の屍《し》を吊りて練絹のパラシュート泛《う》く

『水銀傳說』

夜、床についてうとうととしていたんですね、その夢の中に何が見えたのか、美しい紺色の夜を背景にしながら見えたものは何かというとパラシュートが空中に浮かんでいると言うんです。しかしその「練絹のパラシュート」には誰が乗っているのかというと死者となった兵隊です。

前に、「溺れたる兵士かすかに光りつつ夜の海峡をただよひゆけり」（『装飾樂句《カデンツァ》』）という歌がありました。南方の戦地に、飛行機からパラシュートでたくさんの人々が降下して死にましたけれども、これは、そのパラシュートで浮かんでいる兵隊たち、あの海峡を漂っていた兵士の変形したものです。しかし同じ無残な兵隊の死を詠むにしても実に美しいイメージにつくりかえています。リアリズムの手法でいけば、この傷ついた兵隊から血の一滴も見えないようなかたちでうたわれていますから、きれいすぎるのではないかという批判も当然出てくると思います。しかし、死を美しくうたうということがなぜ大事なのかということですよね。

無残なものほど残酷なまま詠めばいいというのは、それはそれで説得力はあります。けれども、実際の戦場の場面とは無縁な美しさを持って、戦後、塚本邦雄が詠み続けることが、死者への鎮魂の儀式になるはずです。おそらくそういう意味合いが背後にあると見ていいと思います。

## 母國亡ぶる季節、晩夏の水族館《アカリウム》昏れて心靈のごとし水母《くらげ》は　『水銀傳說』

八月というのは敗戦の月です。「母國亡ぶる季節」というのはまさに、かつて日本が亡びた季節でもありますが、単に八月という季節のことだけを言っているのではない。戦争が終わって再生の季節に日本が向かっているのではなくてもっと悪い亡びの季節の中に入ってしまっているという認識があってこそ、「母國亡ぶる季節」という言葉が生きているんだと思います。

その「亡ぶる季節」に、水族館に行ってみた。そこに水母《くらげ》がいたけれどもその水母は「心靈のごとし」であると。人々が本当の霊というものを忘れてしまって、心霊に凝るような時代が来ましたけれども、そんな時代の風潮も頭の隅に置いて詠んでいると思います。その前の歌、「練絹のパラシュート」に浮かんでいる兵隊の死が暗示しているように、戦争で死んだ兵士たちの心霊が、水母となって水族館の中に漂っているんだと見ているのではないですか。ですから水族館に行って水母を見ても、そこに死んだ兵士の霊の悲しみを忘れることができないでいるというところが大事だと思いますね。

しかしそういう暗い歌ばかりではなくて次のような水球の青年を詠んでいる歌もあります。生と死というのは一つながりであれば、当然のように生命感のあふれる歌も必要でしょう。

水球《ウオーター・ポロ》の青年栗色に潜《くぐ》れり　娶らざりしda Vinci　『水銀傳説』

水球の選手たちが栗色にもぐっている、その中に青年の輝かしい肉体の美しさが暗示されております。そこにいきなり「娶らざりしda Vinci」と持ってきました。

先ほど、「青年娶らむとして槍投げの槍の穂を頬に當つ　去年《こぞ》の雪いまいづこ」とありましたね、結婚するには、ある決意がないとできない。そして自分の青春期との別れをどこかで意識せざるをえません。そういう負い目を持っているものですから、「娶ら」ないものに対して嫉妬、あこがれの気持ちをどこかで感じざるをえませんよ。いつまでも一人でいられる青年に嫉妬の感情を持つでしょうが、しかし彼はそこに突然「da Vinci」を持ってきたんですね。もちろんこれはレオナルド・ダ・ヴィンチですね。ああ、レオナルド・ダ・ヴィンチよ、と栗色のもぐっていった青年の美しい肉体の上にあのダ・ヴィンチのイメージを重ねているわけです。レオナルド・ダ・ヴィンチは、その水球の、栗色の青年のように塚本にとっては永遠の憧れの対象でしょう。そして娶らないことによって魅力的だった。

それはよくわかります。しかし、なぜダ・ヴィンチがここに出てくるのか。それは簡単なことなんですよ、水にもぐるときにダボーンと音がするでしょう、ダボーンがダ・ヴィンチに変わっているだけなんです。そこからダ・ヴィンチと発想する、たいしたものです。まさしくレオナルド・ダ・ヴィンチもびっくりするような発想ですよ、これは。すごいことだと思いませんか。

青年期たちまち昏れて蛇屋にはむせびつつ花梗《くわかう》なす夏の蛇　『水銀傳說』

これもまた、先ほどの「青年娶らむとして槍投げの槍の穗を頰に當つ　去年《こぞ》の雪いまいづこ」と相通じるものですが、たちまち青年期が過ぎてしまう、その悔しさを「夏の蛇」と表現している。なかなか着想できませんよ。

たくさんの蛇が群がっていて、じっとしているけれどもまったく動かないわけではない、それをまるで蛇の花のように見立てているんですね。実際に生《い》け花の展覧会に蛇を使ってそういうのを何本か立てたらすごいですね。しかも「むせびつつ」というところに、蛇がかすかに動いているのと同時に、青年期を終わった人間の悲しみがこもっているのではないですか。

今は、若さのままに動くということができなくなってしまった。それを、じっとしているグロテスクな蛇のように、醜いものが自分の生活の中にも、本質の中にも発見できているからこその蛇屋の一首ですね。これも印象の深い歌です。


夭折家族の母とこしへに生きのびて旦《あした》焼く巨き隻眼《ひとつめ》の卵《らん》　『水銀傳説』

これもやはり母の持つ不気味さを詠んでいる歌です。一つの物語をつくったんですね。夭折家族、子供たちがみんな若くして亡くなったにもかかわらず、お母さんだけは永遠に生き延びている。そして、朝、嬉々としてフライパンで巨大な一つの卵を焼いている。卵を二つ焼くのが一般的かもしれません。「隻眼《ひとつめ》の卵《らん》」というと、顔の真ん中にでかい目玉が一つある、不気味な怪人をイメージしますね。

みんなが夭折した理由もこのお母さんのせいじゃないのかと思わせるような不気味さがありますけれども、母の持つそういう恐さのようなものがこのテーマを支えているんでしょう。

その次の歌も似たようなテーマです。かたちを変えて繰り返ししつこく歌うというところにテーマというのは初めて浮かび上がってくるから、一首ぐらい詠んだってだめなんですよね、何首もこうやってしつこく詠まないと。

人参嚙みて子にふくますうら若き母よそのわざはひ充つる口　『水銀傳說』

人参を自分の口で小さくかみ砕いて、若い母親が子供にそれを含ませている。口移しに与えているのかどうかわかりませんけれども、人参というのは、人の血を連想させますね。その災いの始まりはどこから来ているかというと、まず母親から来ているという考え方が、この歌にもはっきりと出ているんでしょうね。

そういう一つの思想といいますか、考え方を、どういうふうにしたら、一つの絵にして表現してわかりやすくできるのかというのでできあがっているのであって、実際に見て詠んでいる歌ではないということですね。

## ほろ苦し父なる海に船睡り水夫、見習水夫を撲《う》てり　『水銀傳説』

これは海上の水夫の歌ですが、水夫が見習い水夫を殴っているんです。しかも殴っている時間は夜です。それは「船睡り」でわかります。

すべてのものが寝静まっているとき、甲板に熟練の水夫が見習い水夫を連れてきて「何だ、おまえの仕事ぶりは」と言ってびんたを食らわしているというんですね。しかしそれを暴力を振っているとは決して見ていない。いいことではないけれども、この「ほろ苦し」の中にはある賞讃が含まれています。

母なる海ではない、父なる海です。だめなものはだめだと言って殴りつけるような父であるべきだ。それが父の偉大さなんだ。世の中の父親がみんなだらしなくなっているときに塚本邦雄はあえて、水夫が見習い水夫を殴っているというイメージを通して、父たるものはかくあるべきだと歌にした作品であって、実際に見て詠んでいるのではないんですね。往復びんたの音がバーンと聞こえてきそうな歌ですね。「ほろ苦し」というのが、何とも言えない味わいがあります。

大いなる父の意思のようなものをその水夫の中に見出している。こういう発想も従来の日本的な発想とは違っているでしょうけれども、しかしこれを支えているのは、男はかくあるべきものだという一つの考え方だと見るべきでしょうね。

## 父たるは死の神たるにひとしきか　ひとし火の色の 套靴《オーヴァ・シューズ》 『水銀傳説』

父であるのは死の神と同じなのかという問いです。

赤い色のオーバーシューズを、あえて「火の色」と表現しました。なぜこんなオーバーシューズを、「父たるは死の神たるにひとしきか」のイメージに持ってきたのかというところが解読の一つのポイントになりますけれどもね。父は本当に子供をちゃんと育てて子供の人生を生かしているのかというと、どうもそうではないのではないか。死神と同じで子供をむしろ死のほうへと追いやっていく、そういう呪わしい存在が父というものではないのか。たとえて言うならばちょうど靴の上を覆っているオーバーシューズと同じだということですね。靴全体を覆うわけですから、靴は子供の比喩です。そして火の色ですから焼き殺してしまうような、そういう存在が父というものなのではないのか。

これも自分の父親に対する個人的な呪いというのではなくて、一般的に父親とはそういうものではないのかということと、先ほど言いましたように塚本邦雄も父親になっていますから、おれが果たして父親として本当に子供の命を生かしうる存在になっているだろうか、いや、そうではない、おれはやはり火の色のオーバーシューズのようなもので、子供をむしろ殺している死神なのではないのかとこう思ったというんですね。すごい自己認識だと言っていいでしょうね。しかも問いと答えの出し方がうまいですね、「ひとし」と「火の色」、ちゃんと音がうまくリズムをとっていますけれども、父親の存在をオーバーシューズというイメージで持ってくる展開も凡人にはとてもできませんよ。

## 天國てふ檻見ゆるかな鬚剃ると父らがけむる眸《まみ》あぐるとき　『水銀傳說』

確かにシャボンをつけて、鏡の中の自分を見ながらひげをそりますね。目を上げてひげをそっているときに父親に何が見えているのかと言うと、天国が見えているんだと言うんですよ。しかしその天国は、天国という名の檻。そういう名前の監獄の檻が見えている。これも「父たるは死の神たるにひとしきか」という自意識が投影していると見ていいでしょうね。父は、ゆくゆくどこに行くのかと言えば死の世界、天国という名前の檻だと。その天国という檻に行くまでの間が父たるものの時間なんですよ。その時間をどうするかというのが父に課せられている一つの生き方なんです。

ひげをそりながら、やがては行くべき天国という檻を見つめながら生きていかなければいけない。これが青春と、娶った男の苦しみ、悲しみというものにつながってくる。『水銀傳說』あたりから塚本邦雄の、父親としての感慨が、まじり合ってきているところがあるのではないですか。数はそう多くないですが、なかなか奥の深い歌があるんですね。

第十回

# 二〇〇六年八月二十三日

『水銀傳説』

悍馬毆《う》つ夕べの若者によするわが愛二重母音のごとし　『水銀傳説』

制御することのできない暴れ馬のことを悍馬《かんば》といいます。同じように暴れ女は悍婦。若者が手こずっているのですね。暴れ馬を何とかして自分の意のままにしたがわせようと殴りつけている若者を見ながら、そんな手荒なことをするな、もっと優しく愛撫して馬をしたがわせればいいのではないか、とは言っていない。なすままに引きずられていくのではなくて、自分の意志にしたがわせようと暴れ馬を殴りつけている、そういう若者に、私はひそかな愛を寄せている。その愛は、たとえて言うならば二重母音のようなものだと言っているのですね。

同じような歌がありますね。「ほろ苦し父なる海に船睡り水夫、見習水夫を撲《う》てり」（『水銀傳說』）と。何か失敗をしでかしたのでしょう。眠っていた見習い水夫を夜、甲板に引っ張り出して、熟練した水夫が殴りつけている。それを「ほろ苦し」と言っています。心の中に苦く思いながらも、むしろそのことを大変好ましいことだと思っている。これもそうですね。

あ、え、い、お、う、の母音と母音がつながっている。たとえば「かいと」という言葉がありますよね。「kaito」の「ai」。「こい」は「koi」ですね。こういうふうに母音が連なっているのが二重母音です。

暴れる馬とそれを制御する若者との間には、響き合うものがあって、ほとんど区別しがたい状態になっているのでしょう。若者にだけ愛を寄せているのではなくて、悍馬にもひそかに愛を寄せている。それを二重母音で暗示したのだと思いますね。

そういうふうにして見ると、この歌はなかなかよくできていて、「若者によするわが愛」の「愛」も「ai」ですから二重母音になる。愛というのは、怯懦《きょうだ》なものではなくて、強い、響き合うようなものを持っていなければいけないということを二重母音で暗示している。ここに二重母音を持ってくるというのは、普通の人にはなかなかひらめいてこないものだと思いますがね。

愛というのはいかにあるべきかという問題意識があって、曖昧な人間関係になりつつある時代に対する塚本邦雄なりの批判が、こういう歌を成立させていると見ていいでしょうね。

くちなしの實煮る妹よ鏖殺《あうさつ》ののちに來む世のはつなつのため　『水銀傳説』

いうことです。

「くちなしの實煮る妹よ」と、いったん二句で切れます、内容的にはね。「鏖殺《あうさつ》」は、皆殺しと

まず「くちなしの實」といっても、すぐに思い浮かべられない人が多いのではないかと思います。くちなしは、とても香りのいい白い花が咲き実をつけます。赤みがかった黄色い色をつくるときに、昔はくちなしの実がよく使われましたので、これも染料をとるために、くちなしの実を煮ているるととったほうがいいでしょうね。その姿を見ながら塚本邦雄は、皆殺しの後に来るであろう世界の初夏のために、妹はひそかにくちなしの実を煮ているのだと言っています。

もちろん、鏖殺の後に妹だけが生きられるはずはありません。広島が、そして長崎が原爆投下で一瞬のうちに崩壊してしまった。おそらく核の問題とこの皆殺しというのは、非常に強く結びついていると思いますね。

今また、核をどこの国も持とうとしている。しかも核を持っていい国と悪い国とを勝手につくっていますから、幾ら広島や長崎の市長が声を大にして、核をなくそうと絶叫したって、なくならない。そういう政治的な判断の中で、常に核の問題は進行していますから、まかり間違ったら地球は破滅してしまうかもしれないという恐怖は誰の中にもあると思う。おそらく塚本邦雄が、

「鏖殺」という言葉を使い始めたのは、聖書的な知識ではなくて、いつか地球がいっぺんに破滅してしまうのではないかという現代のわれわれの恐怖感からだろうと思います。同時にわれわれ自身の心の中にひそんでいる不安感のようなものが、「妹」に込められているのですね。鏖殺の後、人類がみんな滅亡してしまった後、どんな初夏が来るのか。くちなしの実をぐつぐつと煮詰めながら、妹は染料をとるということではなくて、そういう人類の終末の惨澹たる夏のイメージを思い浮かべているのだと見ている歌なのですね。

くちなしは日本の歌言葉の中では、「口なし」、つまりものを言うことができないことに重ねて使われていて、古今集にも既にその例が挙がっています。その和歌伝統の上に立って読めば、口では表現することのできない惨澹たるイメージが隠されていることがわかります。口では言いようのない悲しみ、怒りは、その実を煮ているというところから立ち上ってくるでしょうね。

一見平凡な日常詠のようなかたちをとりながら、人類の終末というわれわれみんなが意識の底に持っているものを引き上げてくる、そういう歌になっていますね。

雪ちかき野は劇場のごと昏れつ　まづ刺さむ肥りたる父と鷽《うそ》　『水銀傳說』

まだ雪は降っていないけれども、間もなく雪が降ろうとしている野原ですから、もう全てのものは枯れ果ててしまった索漠たる野原だと思ってください。夏の盛りであれば、いろいろな花が咲いたり木が茂ったりして、それなりに人目を引くものがたくさんあるけれども、何もない。まるで劇場のように日が暮れてきた。劇場といっても、荒涼たる劇場ですね。

さて、その劇場でいったい何を上演するのか、塚本邦雄が頭に浮かべているのは、まず父親と鷽を刺し殺す劇ですね。太っている父親というのは、単に体重を意味しているだけとは思いませんね。「肥りたる」という言葉自体が暗喩的な働きをしていますから、父たるものの内面を考えてみなければいけないでしょう。

ブリューゲルなどの諷刺画では、大体豊かな生活を満喫している権力者というのは太っていて、農民たちががりがりに痩せているように描かれているのではないですか。この「太りたる父」にも、息子の上に君臨して世界を支配する権力者、そして制度の上にあぐらをかいているだらしのない人間たちのイメージを重ねて読んでもかまわないのではないかと思いますね。そうでなければ、目方が重いというだけで殺そうなんていうことにはならない。

鷽というのは、雀よりちょっと大きくて頬から喉にかけて赤くなっている鳥ですが、なぜ鳥の鷽を持ってきたのか。鷽は「うそをつく」の「うそ」と音が非常に似ているではないですか。権力者というのは、大体うそをつくのがうまい。うそつきじゃないと偉くなれない。そういう父とうそつきの人間たちですね。

ですから、明らかにその劇場で演じられるのは、権力者に刃向かって、それをやっつける劇であるととっていいのではないでしょうか。塚本邦雄の反権力の意志は一貫して強いものですが、このあたりは、まだ火がつき始めた時期です。劇場の中に彼が一人で描く夢も、父と戦う息子という立場で劇を展開させようとしています。

普通の人であれば枯れた野原には、枯淡な味わいとか閑寂の趣を、さびとかわびとか日本的な美意識で味わいを求めるのでしょう。しかし塚本邦雄はそうではない。血なまぐさい劇を行なうのに格好の場所だと見ている。権力にこびを売っていこうとするような体質の人は、決してこういう歌は詠まないし、「嫌いだ」と思います。好きになるか嫌いになるかというのは、美意識、生き方の問題に結びついてきますね。

塚本邦雄がランボーとヴェルレーヌ、特にランボーに関心を寄せているのは、そういう反骨精神というか、反逆の精神と密接にかかわっていると思います。

次は歌集のタイトルになっている「水銀傳說」百首からです。第一部と第二部と五十首ずつに分かれていて、第一部は「Rimbaud に寄す」、第二部は「Verlaine に寄す」となっています。二人の悲劇的な関係をテーマにしていますが、男同士の中になぜこのような悲劇がやってくるのかというところに、塚本邦雄は強く引かれたのだと思います。

発表したのは、「短歌研究」の昭和三十四年（一九五九）の一月号と二月号です。歌集とは小題が違っていて、初出では第一部が「スミルナの寺の鏡」。第二部は「朱の炎天にて」として出ています。

このとき、「短歌研究」は非常に斬新な試みをしていて、あるテーマを持った作品をつくる主題制作が特集になっているのですよ。同時期に載っている生方たつゑの「火の系譜」も、なかなか魅力のある作品で、能面の「泥眼《でいがん》」をモチーフに、謡曲の「葵上」をテーマにしています。塚本邦雄は「水銀傳説」で、ランボーとヴェルレーヌの悲劇の物語を展開しようとしている。塚本邦雄は「作者のノート」として次のように書いています。

「ブリュッセル狙撃事件を一つのカタストロフとする二人の数奇の詩人の魂と肉体のすさまじい相剋と愛憎は、近代詩史の黄金伝説としてその燦爛たる詩業の背後に永遠の妖しい光りを秘めている。

人間の平安と幸福のための芸術、その芸術を創るべくさだめられたエリットたちが、つねに栄光の代償として負わねばならぬ罰と犠牲のマキシマムをここに見、ひいては人間の、詩人の、男の内部の深淵をのぞき見て人々ははげしい眩暈を覚えるだろう。

水銀、それは朱〈硫黄との化合物〉から生れ、鉄〈Fe〉とは決してまじわらず、常温で液体である唯一の、猛毒をふくむ金属である。これこそ二人の伝説に冠するには、黄金より更に痛切な名ではあるまいか」

『水銀傳説』としたのは、鉄と決してまじわらない、つまり、ランボーとヴェルレーヌは決してまじわらない関係だったのだというのですね。

「第一部は、ヴェルレーヌのランボオによせる歌章とした。ポオの詩論の中の「最も美しい影像の、ただ形を崩してのみ写すという、かのスミルナの寺の鏡」その鏡の裏の世界こそヴェルレーヌが死にいたるまでついにランボオを理解し得なかつたという惨澹たる悲劇の世界であつた」

だから、それをポオの詩論になぞらえて、私はここに副題として「スミルナの寺の鏡」と名づけたのだと言うのですね。

ですから、ヴェルレーヌのこともランボーのことも知らなければ、何のことやら、まったくわからないでしょう。それで、「ランボーとヴェルレーヌの関連年譜」と題して、この事件についての解説を先にすることにしましょう。

ポール・ヴェルレーヌは一八四四年、パリの北東メスに生まれております。それから十年後、一八五四年にシャルルヴィル市にランボーが生まれておりますね。ヴェルレーヌはなかなか詩が達者で、一八六六年には『土星びとの歌』、六八年に『女友達』を発表。これがエロチックな内容で発禁になっています。一八六九年、『艶なる宴』と立て続けに詩集を出しております。

一八七〇年、十六歳のランボーが初期詩編を書き始めたころに、ヴェルレーヌはマチルドと結婚をしております。八月に、ヴェルレーヌがランボーから最初の手紙を受け取ります。ランボーにすればヴェルレーヌが先輩で名の通っている詩人ですからラブレターを送ったのですよ。そして、何回か手紙のやりとりをしているうちにヴェルレーヌもランボーに引かれてパリに呼んだのですね。

厳しいお母さんに育てられたランボーは、何回か家出をしていました。そして『母音』とか『酔いどれ船』、定型四行詩で百行になっているのですけれども、こういう有名な作品を一人書いていたのですね。ヴェルレーヌは『酔いどれ船』を読んでびっくりしてしまった。すごい才能のある人がいるんだと。そして、ヴェルレーヌの招きに応じてランボーは九月、三回目の出奔をしてパリに向かうことになります。

二人の出会いはまさに一八七一年の秋、パリで一緒になるということですね。そして翌年の一八七二年、十八歳になったランボーが、『渇きの喜劇』、『最も高い塔の歌』などを書き終え、二人一緒にパリを脱出する。

マチルドと結婚したのが一八七〇年でしょう。翌年にはもうヴェルレーヌはランボーを呼び寄せて同性愛の生活に入ってしまっているのですから、マチルドにしてみればとんでもないことですよね。結局、何だかんだあって、パリを脱出してロンドンまで行ったわけです。

そして一八七三年七月、まずブリュッセルの酒場でランボーが、ヴェルレーヌに左の手首を撃たれて負傷します。そしてお母さんのいるロシュに帰って、憤怒と反逆に満ちた有名な『地獄の季節』を書いて脱稿しました。ただし印刷費の不払いのために刊行されず、死後、一九〇一年になって未刊の初版本が発見された。それまで書庫に眠ったままだったのですね。

ヴェルレーヌのほうはランボーと激論をして拳銃二発を発射したものですから直ちに捕まって、ツチカロムの刑務所にぶち込まれます。禁固二年。十月にはモンス監獄へ移されます。服役中にマチルドとの離婚判決が受け入れられ、ヴェルレーヌは妻とランボーを一緒に失うことになる。それをきっかけに、ヴェルレーヌは、次第に宗教的な世界、カトリックへと改心していくことになります。

ランボーは一八七四年、事件の翌年、再びロンドンに行きます。このときも一人ではなく少年を連れていく。最終作となる『イリュミナシオン』の完成に没頭します。そして、一八七四年の後半、どうしてなのか完全に彼は文学を放棄してしまうのですね。

その後、一八八〇年にエジプト、キプロスを経て、アデンで商社の事務員を務めます。そして一八八三年にアフリカの奥地へ探検に行く。アフリカにはフランスの植民地もたくさんありましたけれども、一八八〇年代ではまだまだよくわかっていなかった。その報告がパリの地理学協会の雑誌に掲載されています。そして一八九一年に右足に激痛が走って、マルセーユの病院で切断してしまったわけです。その後、ロシュに帰りますけれども、病状が悪化し再びマルセーユの病院に入院をする。そして妹のイザベルの看護を受けて、十一月十日、三十七歳で亡くなったのですよ。

詩人としてランボーがすぐれた作品を書いたのは、一八七四年です。その後、ぱっと文学を捨ててしまった。そういう鮮やかな転向が果たして人間にできるのかと思うけれども、これだけの才能があったということは、死んでからわかったのですね。未刊だった『地獄の季節』が書庫から見つかって、すごい詩人だと評価されました。

その『地獄の季節』の一節を塚本邦雄は『水葬物語』の巻頭に「・・・・・私はありとある祭を、勝利を、劇を創つた。新しい花を、新しい星を、新しい肉を、新しい言葉を發明しようと努めた・・・・・・・・・・・・・・・・　ランボー」と引いています。二十世紀文学に決定的な影響を与える、近代文明をひっくり返す詩にあふれている、すごい作品なのですね。

いっぽう、ヴェルレーヌはブリュッセル事件の翌年に『言葉のない恋歌』を出します。マチルドとの結婚、そしてランボーから受けた影響等があらわれている詩ですね。事件後、宗教的な世界に引かれていったヴェルレーヌは、一八七七年にノートルダムの中学校の先生になります。そして生徒のリュシアン・レチノアという美少年を愛することになります。そのために、せっかくの宗教的改心が、また簡単に破壊されてしまう。しかし一八八一年には、『叡智』という詩集を出しまして、これが宗教的な内容を盛り込んだすぐれた詩集になっています。

一八八三年にレチノアが急死します。女房に離婚され、ランボーには絶縁状をたたきつけられ、その後、愛した美少年も死んでしまい、絶望のどん底に落ち込んだヴェルレーヌは八四年、非常に変わった詩人論『呪われた詩人たち』を出します。ヴェルレーヌ自身が、呪われた詩人といっていいほど落ちぶれ、一八八六年には極度の貧窮と病気のために慈善病院で生活をします。梅毒性の病気で両足に潰瘍が発生し、ほとんど廃人に近い状態で、お母さんが死んだというのに葬式に行くこともできない。有名な詩人でもありましたから文部大臣から救済金などが下りましたけれども、病勢は悪化するだけです。

最後の詩が、「失望」、一八九五年に「懺悔録」という作品を書いています。落ちぶれたヴェルレーヌの面倒をみてくれた娼婦のユージェニーと画家のコルチニーに見守られて、一八九六年一月四日に亡くなります。

ランボーとヴェルレーヌの事件を、わかりやすく整理するとこういうことになるのですね。なぜ二人が意気投合して一緒にブリュッセルまで行きながら、拳銃を撃つ羽目になってしまったのか。ヴェルレーヌのほうが新進気鋭の詩人として名が通っておりました。それに比べればまったくの無名だったのがランボーですね。そのランボーの才能にほれ込んで自分のところに連れてきたところが、明らかに自分よりも才能があることがわかったわけですよ。そういう男同士の持っている理解と尊敬と、しかし同時にその二人の中に絶対にまじわることのできない深い溝のようなものが、お互いに近づくにしたがってはっきりしてくる。

似たことがゴッホとゴーギャンにもあったでしょうね。貧しい絵描きたちが理想の生活をできるようにと集まって一緒に仕事をしたけれども、考え方に違いがあってゴッホは耳切りの事件を起こします。

構成は、前半は「ランボーに寄す」と題しております。ランボーに寄せるということは、ヴェルレーヌの側からランボーに思いを寄せるともとれるし、塚本邦雄がランボーに気持ちを寄せてランボーの立場に立って詠んだというふうにもとれるでしょう。後半が「ヴェルレーヌに寄す」。ヴェルレーヌは、全ての者に立ち去られた後、レチノアと生活をするようになった。レチノアという名前は出てこないけれども、そういう声をも浮かび上がらせるようにしたいと思ってつくったと、塚本さんは書いていています。そういう複雑なものを百首の中で取り上げようというのが「水銀傳說」の狙いだったわけですね。

単独にランボー、ヴェルレーヌを論じる研究者もたくさんいるけれども、二人の男の悲劇の深いところに踏み込んで歌に詠もうとしたのは、塚本邦雄が初めてですし、おそらくこれからも出てこないだろうと思いますね。

前半五首、「輝くランボー」から「六月、マルセーユ」までは、「ランボーに寄す」からの歌です。

## 輝くランボーきたり、はじめて晩餐の若鶏のみだりがはしき肋骨《あばら》

『水銀傳說』

一八七一年、パリにランボーがやってきて、初めて二人が会った。「輝くランボーきたり」というところに、ランボーを初めて見たときのヴェルレーヌの興奮といいますか、喜びが、その短い言葉にはっきりとこもっているのではないでしょうか。

そこで晩餐をともにすることになったのでしょう。実際にメニューが、残っているわけではないけれども、輝くランボーのはつらつとした印象を、「若鶏」というメニューでにおわせたかったのでしょうね。

しかも、丸ごと若鶏を焼いたものでしょう。確かに鶏をナイフとフォークで食べるのは大変なことですね。何かきれいにいかない、そういうみだらな感じと、食べていくうちに、だんだん鶏のあばらがはっきりしていく。この「みだりがはしき肋骨《あばら》」は、同時にヴェルレーヌのランボーに寄せる性的な喜びといいますか、性的なものの暗示が見られます。鶏のあばらから、若々しいランボーのあばらの魅力を連想させようという試みがあるからこそ、鶏がここで出てきたのですね。そういう輝くランボーの魅力のとりこになっているヴェルレーヌが浮かんでくるでしょう。

# 放浪のわれらの胃の腑冱えつつぞ視る巴里に集《よ》る詩の蚜蟲《ありまき》ら　『水銀傳說』

二人はパリを脱出して、一八七二年から七三年にかけて、ベルギー、イギリスと旅を続けていきました。それを踏まえて「放浪」と言っているわけでしょうね。

「われらの胃の腑が冱える」ということは、どういうことなのか。胃は一番神経が敏感なところですから、放浪の旅をしながら二人の間に次第に違和感のようなものが生まれてもきたでしょうし、それからまた理性的なものが目覚めてきてもいることを「胃の腑が冱える」という言葉で言っているのだと思いますね。食べたもの、飲んだものの快楽では鎮められない冴えた感覚というのが、彼らの中にあったことを暗示しますね。

放浪しているのですから、今はパリにいない。しかしランボーの目には、パリにいる人間たちがよく見える。そのパリに集まっている詩人たちは、くそ食らえだ。パリには、木にびっしりと群がっているありまきやあぶらむしみたいな連中が、ごそっと固まっているだけじゃないか。あんなものに負けてなるか。それはランボーにとってもそうだったけれども、ヴェルレーヌにとっても、過去の権威になずんでいるだけのパリにいる詩人たちなど恐れる必要はない。その反逆の気持ちが、「詩の蚜蟲《ありまき》ら」という言葉の中にあるでしょう。

もちろん塚本邦雄自身、日本のありまきを非難しないではいられない気持ちがあるのでしょうね。パリのありまきと同時に日本の詩のありまきたちをひそかに批判している気持ちがなかったら、こういう歌は出てこないでしょうね。

にくしみもてこのにくしみをささへむと馬蹄型磁石なし寝るわれら
『水銀傳説』

ここに「馬蹄型磁石」を持ってきたのはうまいですね。ランボーとヴェルレーヌが抱き合って寝ているかたちが馬蹄形磁石のかたちだということですね。

しかも今の憎しみ、これはピストルを撃つ大分前ですね。信頼だけではなくて、相手に対する憎しみですね。特にヴェルレーヌのランボーに対する思いは、単なる愛情や信頼だけではなく、十歳も年上のくせに、自分よりもはるかにこの男の子に才能があるということが、愛情だけではなかなか鎮めることができない。自分だって誇りがありますからね。おれが呼んでやらなければパリになんか来られなかったくせにと、だんだん憎しみ合うことになる。

今の憎しみを鎮めるためには、さらに新しい憎しみをもって鎮める。そういう思いで二人が馬蹄型磁石のかたちをなして寝ている。引き合っているけれども、全幅の信頼、全幅の愛情をもって二人が抱き合っているのではない。同時に反発し、抵抗し、何か異質なものを持ちながら二人はいるのだということが、この馬蹄型磁石のかたちによく出ています。うまいですよね。

鶏頭のごときその手を撃ちし刹那わがたましひの夏は死せり　　『水銀傳説』

正岡子規に「鶏頭の十四五本もありぬべし」という句があります。なぜ「鶏頭のごときその手」と言ったのか。別にランボーが鶏頭を持っていたわけではないのでしょう。ねたましい美しい若いランボーのすぐれた手というのが、鶏頭という言葉の中にあるでしょうね。

その手を撃った一瞬。私の魂はその夏に死んだのだというのですね。その前に激論を交わして、当然酒も飲んで相当泥酔していたと思いますね。最初から殺そうと思ってやったかどうか、わかりません。激情にかられてピストルを発射してしまったのでしょう。その一瞬に魂の夏は死んだ。これが悲劇の絶頂ですね。ランボーは一八七四年以降、文学と縁を絶ちます。

六月、マルセーユの荷揚人足のランボーが眞紅の荷のごとし　　『水銀傳説』

文学から転向して、アジアから中東にかけていろいろなところを点々としました。マルセーユで荷揚げ人足にまじってランボーが肩に担いでいるのが、真紅の荷物のようだというのですね。その驚くべき鮮やかな転向ぶりが、彼の背負っている荷物をも平凡な荷物ではなくて、真っ赤な強烈な色彩となって目に映ってくるのでしょう。

ランボーに寄せる歌で、あえてこれを選んだ理由がそこにあるのですけれども、同時に塚本邦雄自身のランボーに寄せる思いが、真紅の荷の中にはこもっているかもしれませんね。ランボーはいったい詩を背負わないで、今度は何を背負おうとしたのか。荷物を背負っているランボーの姿は、かえって鮮烈な印象をわれわれに与える。いつまでも詩を捨てないで、うじうじとやっているわれわれのほうが、どこかでおくれをとっているのではないかと思われるぐらい、この一首はランボーの聖なる印象を呼び起こしますよね。

荷揚げ人足をやっているランボーがつまらない人生を選んでしまったと思えば、「眞紅の荷」という言葉は決して生まれてこない。あのランボーが、肉体を通して今度は何をしようとしているのか。男が背負うべきものをいつどこでどのようにして守っていくのか、あるいは変えていくのかという問題が、この歌の背後にあると思いますね。ランボーの作品だけではなくて、このような生き方が、男には強烈な印象を与えます。

塚本邦雄にとっても、確かにこれは一つの問いだったと思います。われわれはランボーにある憧れを抱きながら、しかしランボーのような生き方はできないという、そういう問いが出てくるのではないですか。

次の歌は、ランボーからヴェルレーヌに、あるいは塚本がヴェルレーヌに寄せている歌ということですが、最初に「輝くランボーきたり」と始まりましたのでそれに歩調を合わせて、この歌をとったのですが。

こよひ巴里に蒼き霜ふり睡らざる惡童ランボーの惡の眼澄めり　『水銀傳說』

これはヴェルレーヌに寄せているけれども、ヴェルレーヌの立場に立ってランボーのすばらしさを詠んでいるのだと思いますね。青い霜なんていうのがあるはずはありません。霜は白いに決まっているけれども、パリに降っているのは真っ青な霜だ。それぐらいランボーがあらわれることによって、世界の表情ががらっと変わってしまう。本当にすぐれた存在というのは、そういうものですよね。風景さえも変えてしまう。だからパリには青い霜が降った。きれいですよ。そして、いつまでも、らんらんと目を輝かせている、憎たらしい悪童のランボー。その澄んでいる目の美しさ。悪童の悪とランボーの悪をうまく呼応させています。大切なのは善ではない、やはり悪なのだというのですね。

塚本邦雄の初期の歌の中では、「悪」は非常に重要なテーマです。戦争中、これが正しいとしたことが全部ひっくり返ったのが戦後でしょう。悪の正当性を自覚して、悪がいかに大切であるかということを、歌人として真っ先に掲げたのが塚本邦雄です。

ですからランボーに限らず、善の側からではなくて悪の側から世界と人間とを見ていこうというのが塚本の立場です。その異端の立場であることにおいてランボーと塚本邦雄の精神は、国と年齢とを超えて一致しているわけですね。悪の中にこそ最も美しい、最も透明な魂の光はあるのだと言っている。むしろ善を偉そうに主張している人間の目のほうが腐っている。この全ての世界に疑問を持って反旗を翻していこうとする、ランボーの目の美しさが、いかに大切かを言っているのですね。

ランボーと会ったときの喜びをヴェルレーヌにかわって詠んでいる感じです。「こよひ巴里に蒼き霜ふり」。こういう発想は、すばらしいと思います。

マチルド夫人麪麭焼きしかばかまどには麪麭死してここに熱風《アモック》いたる

『水銀傳說』

ヴェルレーヌは、一八七〇年にマチルドと結婚、その翌年にランボーを呼び寄せている。ランボーにヴェルレーヌはすっかりほれ込んでしまいましたので、当然奥さんとの間に激しい感情的な嵐がやってくることになります。それを暗示しているのが、この歌ですね。

マチルド夫人がパンを焼いた。生のパンは、まだ呼吸して生きているけれども、かまどに入れて焼いたときに死んだ。人間の体が棺桶に入ったまま火葬場に持っていかれて焼かれるのと、重ねるようなイメージで詠んでいますね。

単に熱いパンが焼き上がったということではないでしょうね。マチルド夫人とヴェルレーヌとの間に、やけどをするような熱風が吹いてきた。そういう家庭の秩序をひっくり返すような危険な存在でもあったランボーが、ここでは詠まれている。女性であるマチルド夫人にもランボーの出現というのは、喜びと同時に痛みを運んできたと言っているのだと見たらいいと思いますね。

## 夏さり光りと哄笑満てる獸園にうち臥せる蛇はたヴェルレーヌ　『水銀傳說』

夏が去って、やがて秋がやってきます。その爽やかな光と哄笑ですね。おもしろい動物を見てみんなが笑っているというだけではなくて、二人の関係を笑いものにする、何かそういう悪意に満ちた笑いのようにとられるのではないでしょうか。

その光と哄笑が満ちている動物園に蛇がおります。これは地べたにベタッととぐろを巻いている蛇でしょうね。そのだらっとした蛇に見物の人々が、「何だ、だらしのない蛇だ」といって笑い声を上げているのかもしれません。あるいは、ほかの動物を見て笑いを発しているのかもしれません。「うち臥せる蛇」は、ランボーに一歩も二歩もおくれて屈服してしまわざるを得ない、才能の上でも、長い老いたる蛇のようなヴェルレーヌのイメージを念頭に置いて詠んでいるのではないかと思いますね。

同時に、ランボーの中に既にヴェルレーヌを小ばかにするといいますか、そういう意識が芽生えていることをそれとなく感じさせます。輝くランボーに比べて、どこか気力をなくしてきている。恐れというのではなくて軽蔑に変わっていくような印象を与えますね。

## 五月新緑みなぎる闇に犯しあふわれらの四肢の逆しまの枝　『水銀傳説』

「犯しあふわれら」というのは、言うまでもなく男同士のセックスを言っておりますけれども、しかしこの「犯す」には、肉体だけではなくて、魂、精神の問題も同時に重ねて読むべきだと思いますね。相手の肉体だけではなくて、心をも犯し合っている。そういう緊張感というか危険性を重ねて読み取らなければいけないでしょう。新緑のみなぎる木の枝になぞらえてもいるけれども、そこにあるのは、「逆しまの枝」だと言っている。この「逆しま」には、方向の問題ではなくて、反逆の意志がこもっていると見なければいけませんね。

肉体的に犯し合いながら、しかし彼らの中には快楽だけではなくて、どちらがより反逆精神が旺盛なのかと確かめながら、なおかつそれを犯してまでも自分の反逆精神のほうが、もっと燃えているのだという意識を呼び起こすような表現と見ていいでしょうね。そこに反逆精神をお互いに交わしながら犯し合っているというイメージで読みたいと思います。

そして、悲劇がやってくる。ヴェルレーヌの立場に寄せて読んでいるのが次の歌ですね。


われの輝くいづこを狙ひ荒淫の彼の手のわななける拳銃　『水銀傳説』

「われの輝くいづこ」と言っているのは、ランボーです。いったいおれの中に輝くどこを狙って、あいつは拳銃で撃ったのか。たまたま当たったのは自分の左手だった。けれども、心臓にでも弾を撃ち込みたいと思ったんじゃないのか。輝くランボーの前では、ヴェルレーヌのほうが詩人としてはおくれをとって、わななかざるを得ないのですね。

生きるか殺すかというところまでいってしまうのが、詩人たるものの宿命なのだと塚本邦雄は言いたいのでしょうね。いったいおれの輝くどこを狙ってヴェルレーヌは拳銃を撃ったのか。とんでもないところをあいつは撃ったものだと、逆にランボーの誇りのようなものを浮き立たせています。

## 詩と絶縁して地の果てにむかふわれ眼窠《がんくわ》、蜂窩《ほうくわ》のごとくかわき　『水銀傳説』

ランボーは詩をきっぱりと捨てて、労働者となって地の果てに向かいました。しかし、私の眼窩、目の奥が、蜂窩、蜂の巣のように乾いている。

眼窩は二つしか穴がありませんけれども、蜂の巣にはたくさんの穴があいておりますね。深くて、不気味な感じがします。地の果てをにらみつけるようにして自分はこれからまったく文学とは違う世界を歩いていこうという。落ちぶれていくというのではない、文学とは別なものを求めて、蜂窩のように乾いている目を世界に向けていこうとする。文学にも満たされなかったランボーの乾きですね。

あんな男と一緒に、とんでもないことをしでかした。その償いのために自分は文学を捨てるなんていうのではないのでしょうね。二十歳になるやいなや、私の文学は全てやり尽くした。だからこそ肉体を使うことによって、未知の世界に飛び込んでいって、自分の人生を満たそう。だから、目の奥がカッと乾いて地の果てに向かっていくという意識を、ここで塚本邦雄は詠もうとしているのだと思うのですね。同時に、誰もが到達できないようなはるかなところに、ひそかに向かって歩を進めていこうとする、塚本自身の意識があるからこそ詠めたのだと思いますね。

「ランボーに寄す」、「ヴェルレーヌに寄す」と分けていますが、二人の関係が緊迫しているので、ときどき、それぞれの歌にランボーが顔を出したり、ヴェルレーヌが顔を出したりします。

とにかくそういう劇的な結末を遂げた二人の西欧の詩人は、近代の詩の歴史の上に抜き差しならない作品を残したし、そしてまたこの悲劇があってこその、詩の輝き、詩人の燦然たる人生なのではないか。おそらくそういうことを塚本邦雄は言おうとしたのでしょうね。地獄を経験しないような詩人たちが作品をつくったって、どうにもならない。反逆こそが、詩の原点でなければだめなのだ。世界を敵に回してやりましょうという気持ちがあるから、こういう難しいテーマに挑戦したのだと思いますね。

疲れますね。「ああ、ランボーの詩もいいな」、「ヴェルレーヌの詩もいいな」と、それだけを読んでいると全然伝わってきません。そういう男同士の悲劇的なあり方を、なぜ塚本邦雄はテーマに選ばなければならなかったのだろう。やはり永遠のテーマなのではないですか。こんな興奮するテーマを歌の中に詠めるというのは、覚悟がなかったらできないと思いますね。

第十一回

# 二〇〇六年九月十三日

『水銀傳説』『緑色研究』

乳房、かつて檜のごとく直ぐに立ち愛こばみたる一人《いちにん》を待つ　『水銀傳説』

「乳房」でまず点が打ってあります。この「かつて」を個人的な時間単位の昔のこと、ととっては、この歌の真意は遠くなると思います。

檜は、地上に直立している木ですけれども、その檜のように乳房が真っ直ぐに立っている。塚本邦雄がかつて、そういう少女に出会ったという思い出として読むことも不可能ではありませんけれども、こういう極端に詩的なイメージは、これまでにつくられてきた美しい彫刻に触発されて生まれたと見たほうが自然ではないかと思います。

その美しい乳房を持っている彫刻といえば、言うまでもなくヴィーナスです。ミロのヴィーナスを初め、たくさんのヴィーナスの彫刻がつくられましたけれども、いずれも乳房は欠けていない。逆にミロのヴィーナスは両腕が欠けている分、乳房のイメージが強烈に印象づけられます。その彫刻を念頭に置けば、紀元前の話ですからね。「かつて」というのは個人の時間単位の中の「昔」ではなく、人類が美というものをつくり始めた、その長い時間単位の中で読み取ったほうがいいでしょう。

これは単に乳房の美しさだけを詠んでいるのかというと、そうではない。ヴィーナスのような美しい処女の乳房、しかし、その乳房は何のために美しいのかということが、下の句を読んでみるとはっきりします。

並みいる男たちを片っ端から拒否して、愛を拒んでいる一人を待っているのだ、というのです。誇り高い女性には、自分の愛を受け入れてくれない一人の男がいるのです。しかし、いつかその男も自分のところに必ずやってくるに違いない。「直ぐに立ち」というのは、女性の立っているイメージでもあるし、乳房の印象にもつながるし、待っている女性の内面にもかかわってくるのではないでしょうか。

この歌集では父や母に対して厳しい目で見ている歌が多くあらわれますけれども、母になる前の処女のかたちと心の美しさを伝える塚本邦雄の讃美の姿勢が、こういう歌を生み出していると見たほうがいいと思います。

簡単に男になびいてしまってすぐに汚れてしまう乳房ではなく、処女というのはかくあるべきだという、塚本さんの考える神秘さ、りりしさをここにイメージしていると思います。今、こういう乳房がなくなっているのではないかということが、ここに詠まれているのでしょうね。やがてこの処女が結婚します。

## 金木犀　母こそとはの娼婦なるその脚まひるたらひに浸し　『水銀傳説』

前の歌では「乳房」で点を打って強調していますが、ここでは一字あきになっています。つまり、金木犀が母の背景に微妙なかたちでかかわっている。ただ「金木犀のような母」というのではなく、詩全体にかかわる役割をしていると見たほうがいいですね。

暑い夏の盛りにたらいに水を張って脚を浸して涼んでいる。日本の浮世絵などにもありますけれども、そういうものを念頭に置いて読めばいいでしょう。普通に読めば、母親が夏の暑さを避けるためにたらいに水を張って脚を浸して涼んでいる、庭には金木犀が咲いている。ここで一点、違っているのは、「母親こそとはの娼婦なる」。母はすなわち娼婦であるという発言です。これがこの一首を読むときの重要なかなめになるでしょう。

娼婦であることを軽蔑していたら、多分、そこに「金木犀」を持ってくることはないと思います。金木犀の香り高い美しいイメージは、娼婦なる母親全体にかかわっている。娼婦になることによって金木犀とかかわる、それが永遠の娼婦である母の悲しさであると同時に美しさであると。逃げ出すことができない宿命を抱えることによって、ありきたりの美とは違うあやしい、異様な輝きにも膨らんでいく。しかも真昼にたらいで脚を浸しておりますけれども、その脚の美しさも連想させるようになっているのでしょうね。

この「母こそ」の「こそ」は厳密に係り結びの文法的な法則で言えば、已然形で結ばなければいけない。「ぞ」、「なむ」、「や」、「か」が来たときには連体形で結ばなければいけないという約束がありますね。この「娼婦なる」の「なる」は何形でしょうか。連体形ですね。では已然形に直すと何になりますか。

文法的に正しく言えば、「母こそとはの娼婦なれ」でなければならない。「なれ」ではなく、「なる」にしたので、文法的に言えば間違いですけれども、これは間違っている、と言って解決がつくかというと、そこは微妙な問題です。

「娼婦なれ」と言ってしまうと、母親は永遠の娼婦だと断定してしまうことになります。しかし、「娼婦なる」と連体形をとりますと「娼婦であるその脚」と滑らかに下に続いていく。文法的に正しいことは絶対条件ですけれども、内容やイメージに応じて変えていくことはあり得る。意図してやるという場合もあり得ることですね。

和歌には、こういうエロチックな母親の歌は一首もありません。近代においてもほとんどありません。本当は母親はエロチックな存在のはずですが、みんな聖なる母親として、性的なものを超越した母親として論じてしまう。

お母さんはすばらしい存在だ、私を生んでくれたお母さん、お母さんがいなかったら私はこの世にはあらわれなかったのだという語りで、抒情詩の中心的な命題になって続いており、ありきたりの良心的な母性観に縛られています。

たとえば公園には、いろいろな女性たちの彫像があって、若い女性なら、「乳房、かつて檜のごとく直ぐに立ち」というようなものはたくさんあります。お母さんの像は子供を抱いて守っているという像ばかりで、聖母マリアが原型です。

塚本邦雄は従来のありきたりの母性像をひっくり返したのです。母親ほど世の中で感動的な存在はない、もし犯すなら母親だ、とまでは言っていませんが、そう言いたいような気持ちで詠んでいる、「母こそとはの娼婦なる」と。確かに衝撃的な発想です。

前衛短歌は政治的な問題だけをうたっているのではない。常識的なものの考え方をひっくり返しています。そういうところも大事なことではないですか。

雉子焙《や》かれつつ昇天のはねひらく　神無き母に二まいのてのひら

『水銀傳説』

ちょうど中間部に一字あきが来ております。前の二首はともに第一句のところで一拍置いていましたが、中間部に置いた場合には、上の句と下の句が意味の上で対照的に違ったものを取り込む効果があります。

上の句を見ると、雉を丸ごと焼いています。毛は全てむしられていますから、まったく飛べる状態にはありません。しかし、火に焼かれながら雉の羽が少し動いたのでしょう。それが昇天するために雉が羽ばたいているように見えたのではないでしょうか。

雉はそのようにして、焼かれながらしばし天に昇っていく羽を開いています。では人間はどうなのかとうたっているのが下の句です。この空白は人間は昇天できないという内容が来るだろうと、予想させますけれども、そのとおりですね。無神論の母親は、神よりもこの現実の世界のほうを信じる。

その「神無き母」には、雉の昇天の羽と対照的に二枚のてのひらが残っているだけだ、と言っています。この母が雉を焼いているのではないかと思われますね。その焼いている母親と焼かれている鳥を一首の中で上下に、対照的に構成したのではないか、当然、下の句を強調するために上の句があるわけですから、重心は「神無き母に二まいのてのひら」にある。何が読めるか、読み手に課せられています。

てのひらを一枚、二枚と数えるかどうか。われわれは紙を数えるときに一枚、二枚と言います。一つ二つではなく、紙を数える単位と同じように読んでいますから、軽さがあります。

どう読んでも、神への祈りを捧げる、あるいは死者への祈りを捧げる、合掌するてのひらという感じはしないのではないですか。二枚のてのひらはばらばら、別々という感じで、だから「二まいのてのひら」です。

ここに石川啄木の「はたらけどはたらけど／猶わが生活《くらし》楽にならざり／ぢつと手を見る」（『一握の砂』）というてのひらを思い出した……でもかまいませんね。

昇天の羽を開いて見えないかたちで天井に昇っていく雉とは違い、神なき母親の中にある、永遠に地上にあって、そして何か定まりがたい不安感と孤独とばらばらな家族関係とか人間関係の中で生きていかなければならない悲しみのようなものが、「二まいのてのひら」に出ていますね。神様に背く、反信仰の世界をやがてはっきりと打ち出してきます。この「神無き母に二まいのてのひら」から「反」という感じはまだ感じられない。むしろ無宗教のイメージに近いですけれども、そういう存在のはかなさ、弱さのようなものが出てくるでしょう。ここから一歩進んで「反」に行くのだという姿勢が出てくる、そういう過程を感じさせる歌です。

水のうへに渇く水上勞働者　妻は水妖をみごもりしかば　『水銀傳說』

これも真ん中で切れています。前の歌では上の句と下の句が対立的でしたが、これは上の句の理由を下の句で説明するかたちになっています。しかし、単なる説明だけではなく、そこに説明を超えるもっと広いものを感じさせるためにどうしても一字あきが必要だった、そういう働きをしているのでしょうね。

活気のある時代にはたくさんいた船から倉庫に運ぶ仕事をする水上労働者を、まず持ってきています。運搬用の船に乗りながら、水上労働者は「渇く」と言っています。なぜか。妻は水妖を身ごもった、それを聞いて驚いて喉が渇いて水が飲みたくなったのだというのですが、ひりひりする感情、心の中に黙ってとどめておくことのできない、焼けつくような思いが「渇く」ですから、喉の渇きだけではなく心の渇き、感情の渇きを暗示しているのでしょう。

妻が妊娠したことは、常識的には喜ばしいことに違いないはずです。しかし、そうではない。「みごもりしかば」は理由をあらわします。妻が水妖を身ごもったので、それで水の上にいる水上労働者は、心がしくしくと痛んで渇いているという歌です。

この水妖というのはいったい何なのか、言うまでもなく水の精です。フランス語でオンディーヌ、ドイツ語でウンディーネです。フーケーの『水妖記《ウンディーネ》』という作品がありますが、私が持っているのは柴田治三郎訳の岩波文庫版です。このオンディーヌがぱっと頭に浮かんでこないと、妻が水妖を身ごもったという渇きの内容がよくわからないのではないかと思います。

世界は水や土、空気などいろいろなものでできているわけですけれども、この小説では、水の世界に水の妖精がちゃんといるわけです。

水界の妖精たちは水の中で清らかな生活を楽しんでいるのですが、人間と同じように魂を持ちたいと思うのです。魂を持つためのたった一つの道は、人間を愛して、人間に愛されて、そのとき初めて魂というものを持つことができる。それで水妖が人間の騎士を愛することになるのです。愛することで確かに魂をもらったけれども、魂の世界というのはいかに苦痛と悩ましい問題をたくさん抱えているのかということにオンディーヌは気がついた。

どんな立派な宮廷生活が予定されていても、心の中はだんだん悲しみで満ちてくる。やがて騎士は、もっとわかりやすい人間の別の女を愛するようになるわけです。

水界の王は、もしその男があなたを捨てたとき、その男は死ぬのだ、これがわれわれの掟だと言うのです。愛した騎士はほかの女に心が移っていってしまいましたから、死んでしまうことになり、オンディーヌはみずから、水の世界に戻っていってしまいます。

『水妖記《ウンディーネ》』はドイツロマン派の作品ですから、非常に幻想的でロマンチックな作品になっています。これが評判になりましたので、その後もいろいろなものに翻案されましたが、フランスのジロドゥが三幕の戯曲「オンディーヌ」に仕立てています。これもなかなか評判を呼びました。登場人物の名前など多少変えてはいますけれども、ほとんどこれを完璧に下敷きにしています。

水妖を身ごもったらどうなるか、人間の赤ん坊であれば自分の子供として末永くそばに置いていくでしょう。しかし、水妖を身ごもったので、オンディーヌのように男を愛して男から魂をもらいたいと思うけれども、その魂の複雑さに気づいて身を引いて、水界に戻っていかざるを得ない、しかし愛した男は必ず死を迎える。

なぜ妻が水妖を身ごもったのかは、ここでは説明はされません。かえって説明をしないほうがいいでしょうね。人生にはそういう不可思議なことはあるし、子供を産むということには神秘性がありますから、マリアが結婚をしなくても子供を産んだり、水界の人間の子を産むことも、物語としてあり得るわけですね。

そういう奇怪な運命がこの水上労働者の上に待っている、その不安が、「水のうへに渇く」でしょう。水妖でなくても今、生きている人間のほうがよほど奇怪ですから、恐ろしいことがどんどん起きている。そういう時代の危機感を逆説的に感じさせるところが、この歌のおもしろいところではないでしょうか。

## 地獄にも五月　わが家にうちひびき父が含嗽《うがひ》の瞑《めつむ》るタルチュフ

『水銀傳說』

モリエールに「タルチュフ」という喜劇がありますけれども、簡単に言えば偽宗教者です。ところが人間というのは本物と偽物の区別がつかず、本物よりも偽物に取り込まれてしまう。このタルチュフもそうです。

タルチュフにすっかりいかれてしまった父親が、自分の娘には婚約者がいるにもかかわらず、強引にタルチュフと結婚させようとする。娘の機転で見破られてしまいますが、そういう偽物の宗教者が世の中には闊歩している。

「地獄にも五月」、つまり今、われわれが生きている世界が地獄だと言っている。五月と言えば新緑の候で全てのものが生き生きと動き出しますね。地獄にもまた地獄の活発な動きがありますが、親父は何をしている、タルチュフは何をしているかというと、大きな声でがらがらとうがいをしているのです。父はうがいをするときに空を向いて、少し目をつむりますけれども、そのうがいの声の響きは何となく不気味なものを感じさせるのではないでしょうか。いわゆる偽宗教者がこの世の中にはびこり、いずれ何か不安な世界をつくり出しますよという、一種の予言であるととればいいのではないですか。

## 抒情詩もて母鎮めむにあたらしき鋸の歯のかたみに反《そむ》く　『水銀傳説』

抒情詩で母を鎮めようとしたのですが、鎮められたかどうか、それをのこぎりのイメージによって最後は結んでおります。

新しいのこぎりの歯、買ったばかりのぴかぴかののこぎりを使ったことはありますか。のこぎりの歯というのは、お互いに背き合っているでしょう?　ここに何を詠もうとしているのかということです。鎮魂という一つの歯がある。母を鎮めようと思う。しかし、もう一つの背き合う歯は鎮魂とは反対の歯です。鎮魂などしてはいられない、逆に言えば憎しみの歯です。つまり、愛と憎しみの歯がここでぶつかり合っていると、とったほうが自然ですね。新しいのこぎりの歯ですから危険です。つまり、鎮魂歌というのは慰めだけではない。危険なもの、緊張感をはらんでこそ意味があるということになりませんか。

確かに母の心を慰めようと思って言葉を使い始めると、「お母さんありがとうございました、苦しかったでしょう」ということだけではなく、母に対する批判、憎しみが湧いてきます。神様ではないですから、湧いてきて当然です。

そういう抒情詩は、ある意味では抒情詩のあるべきことを言っているし、母に対する鎮魂はただ一方的な慰め、美化した言葉だけでは……つまり、批評を欠いては抒情詩は成り立たない。抒情詩はどこかに批評をはらんでいないとだめだと、批評家の私はそのように書きますけれども、そういうことが大切だということをこれは教えてくれますね。

歌とは何か、言ってみれば論文みたいなもので歌で歌を批評する。歌は何かということを表現できる機能を現代短歌は持ったのだという考えがありますけれども、これもその一つだと思います。

これで『水銀傳說』は終わりまして、『綠色研究』に入ります。

雉食へばましてしのばゆ再《ま》た娶りあかあかと冬も半裸のピカソ　『綠色研究』

「しのばゆ」の「ゆ」は古代に使われた方法で、自発の意味を持つ言葉で、自然に思い出される、しのばれるということです。

雉を食べなくても自然に思い出されることだけれども、雉を食べたときにましてそのことが一段と強く思い出されるというのですね。雉は野性的で、しかも美しい精悍な鳥です。声もまた精気に満ちた声を上げますから、芭蕉の俳句の中でもそのようにとらえられます。その雉を食べたというので、一段と思いが強く見えます。

前の「雉子焙《や》かれつつ昇天のはねひらく　神無き母に二まいのてのひら」の歌にも雉が出てきました。カラスや鳩ではなく、雉だからこそ昇天のイメージが浮かんでくる、その雉を食べればいっそうしのばれるというのですね。この「あかあかと」がきいています。この辺は斎藤茂吉の『赤光』あたりを大勢の方が意識して使い込んでいますね。

「再《ま》た娶り」、気になりますね。いったいピカソは何回娶《めと》っているのか、これを実証せねばならぬくらい、こういう句は難しい。

一九〇四年、ピカソが二十三歳のとき、最初の恋人フェルナンド・オリビエと同棲をしました。一九一八年、三十四歳のときにロシアのバレリーナ、オルガ・コクローヴァと結婚し、一九三四年に別れます。一九四六年、六十五歳でフランソワーズ・ジローと同棲、これとも別れて、一九五四年、七十三歳のときにジャクリーヌ・ロックと共同生活をします。

この歌はその中の誰を言っているのかと言えば、正確に調べなくても見当はつきますが、世界中の人を驚かせたのが、フランソワーズ・ジローと同棲したこのときです。彼女は二十一歳の画学生。片や七十歳にならんとしているときに同棲を始め、再び青春が盛り上がり、世界の注目を浴びました。

ピカソは友だちの多い人でした。そしてすばらしい人たちばかりでした。この四人の妻たちの中で二人の女性がピカソとの生活を書き残しています。

今日、持ってきたのはフランソワーズ・ジローの『ピカソとの生活』（瀬木慎一訳）で、小さな活字で三百六十ページぐらいびっしり書かれています。この人は絵かきですから、家庭の中の問題だけではない、自分や友だちに語ったこと、けんかしたことを正確にとらえて書き残していますす。ピカソは批評家ではないので、自分では芸術論を書き残していません。なので貴重な資料になっています。

この中に「冬も半裸のピカソ」と思われるような格好がピカソは大好きだったとあって、お祭りの日に町の中を歩いている写真が表紙になっています。ピカソの近況がこのような写真と一緒に報じられ、塚本さんはそれをパッととらえて歌にしたのですね。

ピカソは、時代とともに表現方法がものすごく変貌しました。いろいろ新しいものを取り入れるのも早いけれども、それを乗り越えていくのも早い。たった一つのことを職人のように最後まで大事にしていく人ではなかった。

それは女性関係も同じで、新古典主義の時代になればそうだし、フォービズムの時代に入れば、自分の芸術的なものの考え方が違ってくる。女性との生活環境にも入ってくるでしょうね。

おそらく塚本さんが感心しているのは、「あかあかと冬も半裸のピカソ」の中にある芸術家の恐るべきバイタリティーではないですか。自分の中にそういうものがあるのか、この年になってできるか、という思いがあるでしょう。それがこの「ピカソ」を詠ませているのです。

ピカソのものの考え方とか、ピカソの「ゲルニカ」を見たときはこうであったとか、そういう歌はたくさんありますけれども、ピカソ、その人の持っている芸術家としての原質的なすごさを取り出すことは、作品の印象を述べるということからは出てきませんね。

「雉食へばまして」、あのピカソの精悍な顔つきは、雉となんとなくマッチします。そういうところで彼が、もう七十近い肉体の限界に負けないぐらいやろうとしているところをうたおうとした。

塚本邦雄も晩年になると、自分は「老いざらむ、老いざらむ」、死なない、死なない、という歌が出てくるのだけど、やはりその辺はピカソに触発されているというか、衝撃を受けた部分があるのではないかと思います。そういう意味でこれは大変印象に残る歌です。

# 第十二回
# 二〇〇六年九月二十七日
## 『緑色研究』

馬は睡りて亡命希ふことなきか夏さりわがたましひ滂沱たり　『緑色研究』

「亡命」という言葉が出てきました。「日本脱出したし　皇帝ペンギンも皇帝ペンギン飼育係りも」という歌が既に『日本人靈歌』の「嬉遊曲」の最初にありました。日本を脱出してほかの国に行きたいというのは、海外に遊びに行くということではありません。日本の国を捨ててどこか別の国に行きたいということでしょう。それをひとことで言えば「亡命」ということになります。塚本邦雄の歌にこの「亡命」が隠れた主題として流れていることがわかりますが、特に『緑色研究』に亡命をテーマとする作品がかなりあるように思います。

「亡命」という言葉を使ってはいないけれども、どこか「亡命」を心に置いて読まないと意味がとりにくい、あるいはそう読むことによって作品の内容がはっきりしてくる歌もたくさんありますが、この歌でははっきりと「亡命」と言っています。人間が夢の中で自分の国を捨ててどこかほかの国に移り住むように、馬もまた睡眠中に亡命を願うことはないのだろうか、と言うのです。

夏が過ぎて、私の魂は滂沱とした涙でくもっている。亡命をしたいと願っていたけれども亡命ができない。法律を犯して逃げることが恐ろしいということではなく、もはや亡命すべき理想的な国家そのものがどこにもない。たとえば自由を極端に奪われている国から自由が保障されている国に行くことは、一つの夢を実現させることになりますけれども、日本のような国からどうして亡命したいのか。おそらくそういう認識がなかったら、「滂沱たり」という言葉はないでしょうね。

塚本邦雄の歌では馬は非常に重要な存在で、ある意味では人間以上に英知に満ちている。これは亡命の不可能性を知っている馬でしょう。だからこそ、もはやどこにも行きようがない、どこにも逃れようがない。夏が過ぎて、私の魂は滂沱として涙にくれているのだ、というのです。

これは塚本邦雄が、亡命の不可能性のために涙を流している第三の人間を主人公として作品の中につくり上げて、その人間の声として詠んでいるととっても、いっこうにかまいません。ここにある亡命への夢は何でしょう。多分、今でもこういうふうに思っている人がいると思います。私などもその一人です。小泉政権以来、弱者をどんどん切り捨てた格差社会になって変な国になってしまった。一票を投じて解決がつく問題ではなくなってしまいましたから、もう日本という国は嫌になった、では、どこに行くのかといっても、しかるべき理想的な国家が見えるわけではない。そういう絶望的な世界認識が生まれても仕方がないような状況に、今は落ちているのではないかという気がします。

おそらくこれまで、はっきりと「亡命」という言葉で語った歌人はいないのではないかと思います。歌としては調べも美しいし、一見、批評的なものが鮮明に浮かび上がってこないように見えるかもしれませんけれども、よく読めば、日本に対する批評意識をはっきりと読み取ることができる歌ではないかと思います。

アヴェ・マリア、人妻まりあ　八月の電柱人のにほひに灼けて　『綠色研究』

これも一度読んだら決して忘れることのできないような強烈な歌です。

言うまでもなくマリアをたたえるのが「アヴェ・マリア」ですけれども、そこで点を打っていったん切り、いきなり転調させたのは何かというと、「人妻まりあ」です。

イエスはいったい誰の子なのか。神の種を宿して生まれてきたのだと聖書の中では神格化されていますけれども、塚本邦雄ははっきりと、そんなばかな話があるかと、あえて聖書的な解釈をひっくり返して、聖母マリアは「人妻まりあ」なのだと限定したのです。

塚本邦雄の反宗教的な考え方は、既に『水銀傳説』の中に出てきていましたけれども、『緑色研究』になるとそれがいっそう鮮明になり、「人妻まりあ」という断言の中にその塚本の意図をはっきりと読み取ることができるでしょうね。

上の句は「アヴェ・マリア、人妻まりあ」とマリアをただ繰り返して、聖なるマリアから一転して最も俗っぽいマリアにあっという間にひっくり返して見せた。すごい芸当です。これは塚本さんのテクニックであると同時に、経験の持つ一つの魅力でしょうね。上の句で、人妻まりあのことを説明するような言葉がきたのでは詩にならない。下の句は上の句とはまったく関係ないのです。ただ、その内容に呼応するイメージで結んでいます。

そのイメージとは何か。「八月の電柱」を持ってきました。この電柱は、コンクリートの太い電信柱ではなく、足を引っ掛けて上っていくような、昔の木でできている電柱を念頭に置いてください。腐らないようにコールタールを塗っています。八月の暑い盛りにそのコールタールが強い日差しを受けて強烈なにおいを発している、むんむんとした強烈なにおいに人妻のにおいを重ねているのです。

照りつける熱い日差しのために灼かれているのですが、においそのものも焼けただれるようだという。「人妻まりあ」の持っている俗っぽい魅力と反対に、しかしその強烈なにおいが暗示する何か不吉なものが、醸し出されるのではないでしょうか。

考えて見れば、確かに聖母マリアによって救われる人もいるでしょう。しかし、「人妻まりあ」によって救われると同時に地獄に落ちた人間はたくさんいるわけです。たとえば北原白秋を思い出してください。隣家の松下俊子という女性との姦通罪に問われました。

その松下俊子は白秋にとってはまさしく「人妻まりあ」だったのです。しかし、それによって『桐の花』から白秋は変わりましたから、歌の世界で限定しても、やはり「人妻まりあ」は間違いなく存在しますね。それは若山牧水が学生時代に『海の声』の中で詠んでいる人妻の存在を重ねて読み取ることもできます。

この一首はそういう意味では意外に深いところを突いているのではないかと思います。たった三十一音で聖書的な世界をひっくり返して違った世界を堂々と主張することは、なかなかできないことです。見事にそれが果たされていますから、『緑色研究』は塚本さんの中でも最高の境地だと思います。

次の歌も「亡命」をモチーフにする歌で、初めから「亡命」という言葉が出てきます。

亡命といへばわれらのたましひに石油滿ちくるごときはつなつ　『緑色研究』

「亡命」という言葉を口にしたとき、どうなるのかということを詠んでいます。これは意味としてはわかりやすい歌です。

「はつなつ」ですから新緑が生い茂り、万物が生き生きと輝く初夏です。けれども、「亡命」ということを口にしたとたんに、初夏のさわやかな季節が、魂の中にも胃袋の中にも石油が満ちあふれてくるような重苦しい陰鬱な気持ちになってしまう。それは死に直結するような苦しい感じではないかと思いますけれども、ここで塚本邦雄は亡命という問題にいかに関心を抱いていたのかということがよくわかるのではないでしょうか。

暴動臨のごとくあたらし剛毛のツェッツェ蠅棲む國の處女《をとめ》に　『緑色研究』

これは明らかにアフリカです。一九五〇年の末から一九六〇年にかけて、たくさんの国が独立しました。これはアフリカがヨーロッパ支配から独立していくという政治的な時代状況を受けて詠んでいる歌です。

この「暴動」は革命前夜の暴動です。石一つ投げず、静かに行なわれる革命もあるのかもしれません。民衆の暴動がきっかけになって革命へと発展していくでしょう。暴動はアフリカ各地で勃発しましたが、それをどうやって歌の中に詠み込んでいったらいいのか。それは社会的な問題を作品化するときに、みんな悩むところです。

この歌はどこの国が暴動を起こしていかなる政権を倒そうとしたのか、何も言っていません。

そういうことは新聞に任せておけばいいのです。それよりも、暴動が起きるという、民衆の中にある混然としたエネルギーをこそ言葉で表現すべきだ、それができないと詩にはならないのだという気持ちが塚本邦雄の中にあっての歌だと見たほうがいいですね。

そうしたときに何をもってきたかというと、「ツェッツェ蠅」をもってきたのです。見たことはありませんが、「剛毛」という言葉を使うことによってハエの持つ不気味さを強調しています。

今までは宗主国の植民地支配の中で、仕方がないさ、と諦めて過ごしていたのでしょうね。ところが日増しにあちこちで暴動が起きて、ツェツェバエの棲んでいる国の乙女たちに、「鹽のようにあたらし」と言っています。

人間の意識をカチッと覚醒させるのが塩の役割です。今まで仕方がないと諦めていた、ツェツェバエの棲んでいる国の乙女たちにも、この暴動は激しい覚醒力をもって起こってきた、と表現するほうが、アフリカの民衆の底から湧いてくる力を呼び起こす詩的なイメージになるでしょう。

しかし、どうしてツェツェバエをもってきたかというのは、未開の国と言うためだけではないでしょうね。もしそうであれば、ツェツェバエでなくてもいいのです。このハエに刺されるとどうなるのか、一種の睡眠病で、死に直結するような病気をもたらすのです。つまり、今までツェツェバエに刺されて睡眠病にかかったみたいに眠り込んでいたアフリカの民衆が突如として目覚め、自立するために動き始めたのです。ツェツェバエがもたらす病気を念頭に置いて解釈すると、アフリカの目覚め、民衆の大きな力を鮮明に呼び起こす作品になっているのではないでしょうか。

次の歌も、おそらく今言ったようなアフリカに湧き起こった、自立へのエネルギーのようなものです。しかし、何の場合でもそうですけれども、それが全部成功するわけではないのです。それを抑え込もうという政治的な圧力が必ずかかりますし、さまざまな悲劇をもたらしながら物事は進んでいくものです。黒人の悲しみ、悲劇を念頭に置いてつくった歌だと思います。

黒人オルフェ　こころの夏に百人の競走《レース》の自轉車の臀熱《あつ》し　『綠色研究』

ここで詠まれているのは下の句にある自転車競技です。「百人の」とありますから、一人二人がグルグル走ってタイムを競うというのではなく、たくさんの人間が走って勝敗を決するレースでしょう。したがって、百人とも黒人であるということはあり得ないわけで、周りには白人がたくさんいるのでしょう。その中で黒人の自転車乗りが必死になって走っているというイメージだと思います。

競技用の自転車は普通の自転車とは違いお尻のほうが高くなって頭をグッと低くしている。黒人の尻は筋肉が締まって美しいですから、そこに塚本邦雄は目をつけたのですね。「黒人オルフェ」という言葉を持ってきています。『綠色研究』の中ではそれぞれの章の終わりに短いコメントがついていて、「果實埋葬」という章題には次のように書かれています。

「M・カミュの映畫『黑いオルフェ』を觀たのは三十五年夏のことだつた。若者を演ずるブレノ・メロが眞逆樣に斷崖を墜ちて、この現代の神話は終つたが、當時アフリカ、アラブの新興群小獨立國では、かかる黑いオルフェ、黑いユリシーズが魂に眞晝の果實を胎したまま、革命のため血にまみれて果てていつた」

映画では、追い詰められた主人公が断崖から真っ逆さまに落ちて死を選ぶことになります。その先に待っているのは絶望的な死かもしれない。しかし、必死に走り続ける黒人のレーサーに、塚本邦雄は「黒いオルフェ」という言葉を捧げたわけです。そこにすばらしい魅力的な歌になっている理由があると思います。

「いかに莊嚴であらうとも赦すべからざるこの悲劇への、哀悼をアダジオもて、憤怒をアレグロもて歌つた、これは夭折の肉とたましひへの頌歌である」(同前)。まさしく怒りを、アレグロでうたったといいます。この歌の中にあるのは、そういう怒りのアレグロでしょうね。革命のために命を落としていく悲劇的な黒人たちを「黒いオルフェ」と呼んで哀悼の気持ちを捧げているのです。

こういう言葉では語りたくないけれども、わかりやすく言えば塚本邦雄の権力に対する怒りのようなものがこの歌の中にはあります。今、実際にレースを見ているのかどうかというのは、この「こころの夏に」というところで解釈が分かれてくるように思います。目を閉じればいつも夏に見た黒人レーサーの自転車競技の尻が映るのです。しかも、それは消そうにも消しようがないイメージとして塚本邦雄の涙の中に焼きついているのでしょうね。

## 硝子屑硝子に還る火の中に一しづくストラヴィンスキーの血　『綠色研究』

印象的な歌ですが、説明するとなると、これも苦しめられる歌です。何十年もこの歌を口ずさんできましたが、いまだに納得のできるうまい解釈はできない。しかし、魅力ある歌であることは間違いなく、一級品中の一級品だと思います。

ガラスをつくるときは相当な高い熱で溶かしますが、たまたまガラスくずがガラスに還っていく火の中に、一滴のストラヴィンスキーの血を見たということです。ストラヴィンスキーはロシアの作曲家で、有名なバレエ曲「火の鳥」の作曲者であるということで、ガラスに変わる火の中にストラヴィンスキーの「火の鳥」を重ねたと見ることは、知的な操作としては難なくできる。しかし、題名に関連があるのだろうという浅い説明では納得できない何か深いものがこの中に隠されている気がしますね。

そうするとストラヴィンスキーという人をある程度知らないとだめですね。ロシア革命のために国外に亡命、第二次大戦後、最終的に彼が身を寄せたのはアメリカでした。亡命の悲しみ、亡命の苦しみを持っている作曲家であることも同時に考えておかなくてはいけない。

その火の強烈な色彩の中にストラヴィンスキーの原始主義的な色彩の強い音楽を見出すことは、自然な連想だと思いますけれども、しかし、一滴の血をそこにうたっている。よく血の涙を流すと言いますね。今、私がたどりついた解釈は、一滴の血の涙です。

つまり、ガラスに還る、まさしくストラヴィンスキーが死の間際に、祖国に対する一滴の血の涙のような愛情を持ったのではないか。亡命者の悲しみですね。亡命者といえども祖国に対する愛はなくならないのではないか。おそらく塚本邦雄はストラヴィンスキーの一滴の血の涙の中に、それを見ているのでないかという気がします。

そうとると、音楽的に色彩が強烈だからストラヴィンスキーを持ってきたという表面的な美しさだけではなく、亡命者の心の中に深く入り込んで詠んだ歌だということが見えてくるような気がします。文章にすれば何十行にもなると思いますが、それをたった三十一音の中に凝縮して表現することは並大抵のことではないと思います。すばらしい歌ですね。

## 醫師は安樂死を語れども逆光の自轉車屋の宙吊りの自轉車　『緑色研究』

先ほどは黒人の「自轉車の臀熱《あつ》し」でしたけれども、今度は自転車屋が出てきました。ここでは安楽死問題がテーマになっています。お医者さんは安楽死という死に方があるのだと語りますが、その後に来る句は意味が逆になります。安楽死がそれほど簡単にやってくるはずはない。

塚本邦雄はよく自転車屋を見ていますね。確かに自転車屋に行きますと、自転車は地面に置いてあるのではなく、天井から逆さまにつるされています。その宙づりの自転車に目をとめて、いったい何を連想させようとしているのかということです。

しかも、逆光の中で宙づりになっている。いかに安楽死があると医者が語っても、安楽な死などは絶対にやってこない。あれを見なさい、われわれの死はこの自転車屋の宙づりの自転車と同じなのだ。生と死の中間につり下げられたまま、どっちつかずの状態で苦しみながら息を引き取っていくしか仕方がないのではないか。

科学的な安楽死はあるかもしれないけれども、死の苦しみは逃れられないのだというのがこの歌のテーマでしょうね。神ならぬ人間が何の苦痛もなしに死ねるはずがないし、これからやってくる死の苦痛を、こういう歌を詠むことによって事前に心の中に準備しておいたほうが、まだしもましだと。

これは権威のあるお医者さんの発言だと思いますけれども、死は医者が決めるのではない、死とはそれぞれの生き方に応じて自分はいかなる死を選ぶのかということをみずからつくり出さないとだめなのだ。塚本邦雄がつくり出したのは、畳の上で穏やかに死にましょうというイメージとはまったく逆です。誰しもできることならこういうふうには死にたくはないですけれどもね、塚本邦雄はあえてそういうものを描いてみせる、これはすごいですね。

## 五月來る硝子のかなた森閑と嬰兒みなころされたるみどり　『緑色研究』

緑豊かな季節が刻々と近づいてきています。窓ガラスの向こう一面に木が群がっていて、緑がすさまじい勢いでぐんぐんと世界を占領していく様子が想像されます。

その緑の中に何を見ているかというと、嬰児《えいじ》が皆殺しに遭っている。嬰児は「みどりご」とも言いますね。世界の子供たちが殺された悲劇を、塚本邦雄はガラスの向こうに森閑と迫ってくる緑の中に見ているわけです。

古くは聖書の、イエスが生まれると恐ろしいというので、ヘロデ王が部下に命じて子供たちを殺したという話にちなんではいるのですが、別に聖書を持ち出さなくても第二次世界大戦のアウシュビッツを初めとして人類の虐殺があらわになってきた。広島、長崎の原爆投下、イラク戦争もそうでした。

その悲劇の犠牲になるのは力のない子供たちです。未来が約束されなければならない子供たちがどんどん犠牲になり、嬰児であっても避けられない。いかに世界は無慈悲で残酷であるのか。戦争は容赦なく子供たちを殺しています。クラスター爆弾を発明し、それをつかんだ子供たちはみんな死んでいる。子供を皆殺しにすることは誇張でも何でもなく、実際に行なわれているのです。

緑が生い茂っているとき、昔なら活力が満ち満ちて世界に新しい命が満ちあふれている、と詠めたでしょう。しかし、今は逆です。子供たちが殺されたときの悲鳴のような色にしか見えない。現代に対する一種の鎮魂の歌であると見ていいのではないでしょうか。

## 出埃及記とや　群青の海さして乳母車うしろむきに走る　『緑色研究』

出埃及記は言うまでもなく旧約聖書の中に出てくる話です。エジプトで虐げられていたユダヤの民がモーゼに率いられて、いかにして約束の地を目指して歩みを進めていくのかという歴史が出埃及記です。

それを冒頭に持ってきて、これが出埃及記というのであろうかと疑問のかたちで言っています。つまり、エジプトを去ることによって民族の新しい歴史がひらかれたのだと喜びの目で眺めようとしているのであれば、疑問のかたちにはならないでしょうね。

エジプトを出て紅海を渡るときに海がひらけて、海の底を渡っていくという大ドラマが書かれています。それとは逆に、ふとした瞬間に母の手を離れて、真っ青な海を指して乳母車が間違いなく死に向かって走っていく。つまり赤ん坊が生誕間もなく死に向かって走っていく、これが出埃及記というのでありましょうか、というのです。

映画「戦艦ポチョムキン」に階段を乳母車が後ろ向きに落ちていく場面がありますが、塚本邦雄はその映像をここでうまく取り入れているのではないかと思います。乳母車は一番理想的な、母の愛に守られている車のはずですが、それが逆に恐るべき不幸ととらえる。「戦艦ポチョムキン」の場合は、革命的な運動に動かされてのことですけれども、今の子供たちも乳母車の中にいるから安全だ、絶対に大丈夫だという保証は何もありません。

乳母車の子供には即群青の海を指して突っ込んでいくような危険というものが待っている。これが人類の新しい出埃及記になるのではないか。もし自分が新しく旧約聖書を書くとすれば、生まれ落ちるや否や即死ぬ危険が聖書の第一ページに書かれなければならない。わが民族は永遠に繁栄し、豊かな地を約束されて、すばらしい未来があるのだという歴史ではなく、常に死の世界と隣接し、まかり間違ったら必ず死ぬ、その中でいかにして生きるかということしかない、それは新しい人類の歴史であるという認識ですね。

前の歌に「五月來る硝子のかなた森閑と嬰兒みなころされたるみどり」とあるように、今弱い嬰児、子供たちほど、一番危険の中に置かれています。そういう認識がないとこういう歌は生まれてこない。人間の愚かさをきちんと見つめることなくして歴史は始まらないという気持ちがあってこういう歌ができているようですね。

## 姦淫は母もつことにはじまりて酢の底となる皿の繪の鳥　『綠色研究』

なぜここで酢を満たした皿の底にある絵の鳥をもってきたのか。塚本邦雄の歌の中では酢も大事な素材で、はりつけになったイエスの口に含ませたのが酢でした。聖書的な読みを媒介させると酢には苦痛、苦しみというものが入り込んでくることがあります。

この皿の絵の鳥、それはもはや飛び立つことは不可能な鳥です。自由に羽ばたいて軽々と飛んでいく鳥ではなく、苦しみにまみれながら生きていかなければならない鳥というイメージがどうしても湧いてきます。これはそのまま、その母の子である子供の運命、子供の存在を喚起することになります。

塚本邦雄の歌の中では神格化された母親、聖なる母親というイメージはまったく打ち消されていますが、これも同じような作品ですね。「汝姦淫するなかれ」という聖書の教えを裏切って生きなければならないという体験を誰から学ぶかというと、それは必ず母親から学ぶのだと言うのです。母の罪深さ、しかし罪深いことによって人間であるという証明です。これもやはり常識的な理解や宗教的なものの見方を超えています。しかし、非常に説得力がある感じがしませんか。そういう力を持っている歌です。

## 海苔焦げて痙攣《ひきつ》るみどり　マヤコフスキーを死に逐ひつめたるものは？
### 『綠色研究』

　こういう何でもないことを塚本さんはうまく使うのですね。確かに海苔《のり》を乾かそうとすると、ちりちりと焦げてきますけれども、それを「痙攣《ひきつ》る」ととっている。となると、人間の苦痛を連想させる。凡人は海苔を焼いても何も感じませんが、ちりちりと焦げてきたときに、だれがその海苔からマヤコフスキーを思い浮かべますか。

　さて、このマヤコフスキーとはいったい何者なのか。こういうことを調べる喜びがまた出てくるのです。ソ連の詩人であり、かつ劇作家で、民衆演劇を確立した人です。資本主義や官僚主義を暴露したりばかにすることで喝采を浴びましたが、それがソビエト社会主義の権力者たちにとってはおもしろくないということになり、圧力がかかる。

　それと同時に不幸な恋愛が重なり、マヤコフスキーは自殺しますが、もしそういう単純な恋愛沙汰で自殺しただけであれば、「逐ひつめたるものは？」と問わないでしょうね。政治のことは何も口にしないで、「逐ひつめたるものは？」とそれを暗示的に呼び起こすというのはなかなか頭のいい方法ではないですか。マヤコフスキーは、少なくとも歴史に残るような演劇をつくった人ですから、劇作家であることはみんな知っています。いろいろな解釈が出てくると思いますけれども、彼を追い詰めていったものは何なのか。

権力をひっくり返して権力を握った連中が、とたんに権力の犬になってしまった、そういうものを塚本さんはここで呼び起こしたいのではないかと思います。そういう意味ではマヤコフスキーの自殺は単なる逃避的な自殺とは違って、政治のにおいを抜きにしては考えられないところがあります。

それをどうやって表現するのか、「死に逐ひつめたるものは?」と「?」でそれを呼び起こす。これはマヤコフスキーを少し調べてみるとなるほどと納得できます。塚本さんの歌の場合はただすらすらと読んで感動できるというものではないですね。

ちりちりと焦げる海苔とマヤコフスキーは一見何の関係もなさそうですが、これをくっつけてみるとすごいかかわりを持って、説得力のある世界をつくり出すことができる。それを可能にするのが定型というものの魅力で、『水葬物語』のころに比べますと、短歌形式のとらえ方がぐっと深くなっています。

### 蓬野に母ひざまづきにくしみの充電のごとながし授乳は　『綠色研究』

これも本当にすばらしいイメージに仕立てましたね。お母さんがひざまずいて赤ちゃんにお乳を飲ませている、どこにでもあり得る平凡な場面です。しかし、その平凡な場面がすごい内容を持ったものに生まれ変わっているのがこの歌です。

母親の愛を注ぐために飲ませているのではない、電池を差し込んで電気を蓄えるように、子供に憎しみを充電している、そのためにこの授乳は長いのだと言っています。

しかも、母親はどこで授乳しているのか、放ったらかして手を入れていない、荒廃感を誘う蓬の野原です。

その蓬野にお母さんがひざまずいて子供におっぱいを飲ませている。マリアがイエスを抱いている聖母子像は宗教画の格好の題材としてたくさん描かれていますが、塚本邦雄が歌で描き出した聖母子像はこういう絵になっているのです。世の中の母親は怒り狂うかもしれませんけれども、子供を簡単に殺したりするのは憎しみの充電の結果でしょう。

先ほどの「出埃及記とや」の歌と同じように、姦淫、憎しみを母から学ぶのです。そういう新しい聖書をここで書こうとしているのだと見ればいいのではないですか。

人間に対する不信が大きな前提にあります。しかし、不信を抱くことによって逆に信頼というものが生まれてくることにもなるのではないですか。信頼から不信が生まれるように、不信から信頼もまた生まれる。塚本邦雄が憎しみをあらわにしているのは、本当に信頼できるものは今、どういうかたちで求められるのかということを意識しているからですね。

## あたらしき墓立つは家建つよりもはれやかにわがこころの夏至　『緑色研究』

新しい墓を立てて喜ぶ人がいるのですね。新しい墓が立つのは一軒の新築の家が建つよりも心が晴れ晴れとしてくると言うのです。すごい発想です。別にこの人は墓石屋さんではないですよ。新しい墓、つまり新しい死者ですね。墓標が立つことは、新しい家が建つよりもどこか心が晴れやかになるのだ、それが私の心の中の夏至です、と言っています。ここでも普通の小市民的な感覚を根こそぎひっくり返している。

みんなは少しでも立派な家、少しでも新しい家を建てることに一生懸命になって、家で人を判断する、これが今の時代です。塚本邦雄はそういう住宅で人を判断することはとんでもない話だと言いたいのです。そこで逆に、墓を立てたほうが心が晴れやかになると。

新しい家が建つと、ちくしょう、隣は随分貧しい家だったのに立派な家をつくったのか、とたんにコンプレックスの塊になって憎んだりするのではないですか。新しい墓が立ったからといって憎む人はそれほどいないでしょう。人間というのはそういう点でいかに欲望の深いものか、人間性の底にひそむ醜いものを塚本邦雄は凝視しようとしているのではないかと思います。

## 釘、蕨、カラーを買ひて屋上にのぼりきたりつ。神はわが櫓　『緑色研究』

これも難しい歌ですね。買ってきたものは釘と蕨《わらび》とカラーです。カラーは花のカラーではなく、学生服の衿のカラーでしょう。われわれの学生時代はセルロイドでできていました。これを買って屋上に上った。

なぜ釘と蕨とカラーなのか。ニシンとマグロとウニというならわかりやすいですが、釘と蕨とカラーを買って屋上に上り、そして「神はわが櫓」と言っているのです。これはいったい何なのかというと、讃美歌の中に出てくる言葉です。マルティン・ルターのつくった讃美歌二百六十七番の中に、「神はわがやぐら、わが強き盾、苦しめるときの近き助けぞ」とあります。

神様をたとえて言うと、私にとって、そびえ立つ櫓のような存在であり、強い盾だ、苦しんでいるときに助けてくれるものですよと。「おのが力、おのが知恵を、たのみとせる、よみのおさぞ、げにおぞましき」、神を信じていれば冥界の王者も何も恐れることはない。櫓はそびえ立つ聖なる存在ですという、讃美歌から来ている言葉です。

屋上に来て「神はわが櫓」とつぶやいているので、塚本邦雄はいつの間にか神聖なキリスト教徒になりかわったのかと思うかもしれませんけれども、もちろんこれは反語的に使っていると見たほうがいいですね。下に「?・」を隠しているのです。「神はわが櫓、本当にそうか」というこ

とです。屋上に上った歌はたくさんありますけれども、こういうことをつぶやく歌をつくってい
る人は誰もいません。
「神はわが櫓」と言っているので、その目で買った物を眺めなくてはいけないのです。釘は確かにイエスを打ちつけたものですから、宗教的なにおいがある。釘は真っ直ぐに立っています。そして蕨は「?」マークです。カラーは首に巻いてしまうと丸くなってしまいますが売っているときは細長く、いずれも櫓の形を連想させるものです。櫓を暗示するようなものが釘や蕨、カラーの中に織り込まれていると思います。
蕨が「?」マークだというのは私の発見です。そういうふうに読めるでしょう。塚本さんは遊び心も心得ている人ですから、辞書ばかり引いてもこういうことは思いつきません。

# 第十三回
# 二〇〇六年十月十一日
## 『綠色研究』

幼帝弑さるるなつかしも先づ赤き竈より幼稚園建ちはじめ　『綠色研究』

「弑」は、単なる殺人ではなく帝王、つまり一番権力を持っている人を殺すときに使う言葉です。弑殺《しいさつ》、弑逆《しいぎゃく》と使います。

「幼帝」とありますから、臣下に殺されたのでしょう。幼帝が殺されたら、普通は気の毒だという発想になると思いますが、まったく逆に、ああ、何と懐かしいことか、再び起きてくれ、と言っている。下の句を見ると、真っ赤なかまどを中心において、そこから新しい幼稚園ができあがっていったというのです。そのかまどは子供たちの給食のためのかまどかもしれない。しかし

「赤き竈」には、幼帝を殺したようにかまどの中に子供をくべて始末するといったような不気味なイメージが湧いてきます。

塚本邦雄のことですから、歴史上の人物を念頭に置いていると思いますけれども、ここでは、歴史的な事実を歌に還元して詠んでいるととる必要はないと思います。ただ、幼帝が殺されるのが懐かしい、という発想はどこから出てくるのか。しかも、幼稚園のかまどと結びつけて詠んでいる。判断材料はきわめて限定されますが、これはいったい何なのかということです。

「幼稚園建ちはじめ」とあり、今の幼稚園に通っている子供たちを無視してこの歌を読むわけにはいきません。幼帝と呼ばれるにふさわしい小さな子供がたくさんいることが前提になり、それに対する痛烈な皮肉がこの歌を呼び寄せていると見たほうがいいでしょうね。

実際にそういう場面にときどき出くわすことはないですか。電車の中であろうと公共の場所であろうと大声を上げて走り回って、わがもの顔で振る舞っていますね。しかも誰もそれを止めることができないでいます。

戦後民主主義の中で無秩序に幼い子供たちが恐るべき帝王のように振る舞い、母親さえもその幼帝に仕える奴隷のようになってしまっている。その幼帝が殺されるのは何と懐かしいことだったかと言っているのは、おそらく、そういうふうに子供を仕立ててしまった時代への憎しみを前提として考えなければならないでしょうね。

そこで虚構の世界として、幼稚園の中には赤いかまどが用意され子供たちがひそかに始末されて、かまどの中へ消えていくという、ミステリアスな物語が浮かんできます。

子供が暴力の犠牲になる場合もたくさんありますけれども、反対に子供の存在が暴力化してしまい、そのために引き起こされるいろいろな問題があります。おそらく塚本邦雄はその側に立ってこの歌を詠んでいる。文明に対する怒りがこもっている歌だと読んだらいいと思います。

## 夏の鹽甘し　わが目の日蝕といもうとの半身の月蝕　『緑色研究』

日蝕は太陽と地球の間に月が入り、そのために地球からは月に隠れて太陽が見えなくなってしまう、月蝕は太陽と月の間に地球がやってきて、地球の影で月が隠れて真っ黒になってしまう、そういう自然界の現象です。

煌煌と照りつけている太陽が一瞬のうちに真っ暗になってしまったり、あるいはまた欠けてしまったりする天体のもたらす不穏な現象は、古い時代から世界がこれで壊滅するのではないかと恐れられてきたわけですけれども、日蝕、月蝕は宇宙の問題だけではないということを、まず頭に入れておかなければいけませんね。

日蝕、月蝕は人間の肉体の中にあるもので、科学的に治療すれば治るというものとは違い、人智の関与できない恐ろしいものを含んでいると言うのです。

誰の上に日蝕がやってきているかというと、まず「私」です。黒目が日蝕だと言っている。日蝕の真っ黒な世界の中の不吉なもの、おののくようなものしか私の目の中には映ってこない。つまり、世界の破滅、人間の破滅が見える、それが「わが目の日蝕」ということでしょうね。

「いもうとの半身の月蝕」は多分、葛原妙子さんの歌を読んで着想したのではないかと思うのです。『葡萄木立』という葛原妙子さんの歌集に「月蝕をみたりと思ふ　みごもれる農婦つぶらなる葡萄を摘むに」という歌があります。妊娠をしている農婦がぶどうを摘んだ、その一瞬、「月蝕をみたり」というのです。

つまり、妊娠というものをどう受けとめているのか、農婦の中に一つの生命が孕まれているということを喜びの感情だけでは見ていないですね。月蝕を見たというのは、生まれてくる生命の不吉なものをその瞬時に感じ取ったのです。ぶどうの丸いかたちと子宮の中にいる子供が照らし合って、ちょうど月蝕現象が起きるようにひらめいたということでしょうね。

塚本邦雄のこの歌がつくられた時期と『葡萄木立』が出版された時期を重ね合わせると、おそらく読んでいる可能性は十分に考えられます。もしそうだととれば、健全で美しい生命の身ごもりというよりは、不吉なものの生誕を思わせるような感じを妹の上に見たのかもしれませんね。おそらく妹の中には生まれてくる生命のおののきのようなものがある。

兄妹の中に日蝕、月蝕が同時に常時あることになりますと、その「蝕」が与える暗いイメージが増幅し、暗い、そして不吉な予感を思わせる。自分たちにやがて訪れるであろう危機的なつらい運命を予感していると、夏の塩さえも甘く感じられる、そういう運命におののいている兄妹だということでしょう。それは現在の人間が持っている恐怖を呼び起こしますね。

「夏」を持ってきていますから、この不吉なものの中に日本の広島の原爆体験を考えてもいいと思います。見るべきではないものをあのときに見たのは日本人ですから、夏の塩に重ねて読むことは十分可能になります。その日、広島の太陽はどうだったのかわかりませんけれども、この歌の背後に一瞬にして廃墟になったイメージを置いて読んでみれば、「わが目の日蝕」もまた迫力を持ってくるのではないですか。

## カフカ忌の無人郵便局灼けて頼信紙のうすみどりの格子　『緑色研究』

カフカは、一八八三年、現在のチェコのプラハに生まれ、ドイツ語圏で活躍した文学者です。ユダヤ人を両親に持っておりましたので、出生にまつわるつらい思いがいろいろありましたけれども、不条理というものを考えるときに欠かせない一人ですね。

カフカが亡くなったその日は、たまたま休業の日で、誰もいない郵便局に、西日が強く差し込んでいたのでしょう。そこに塚本邦雄は何を浮かび上がらせたかというと、「頼信紙のうすみどりの格子」です。今は書いたものがそのまま電報になりますから死語になってしまいましたけれども、頼信紙は電報を発信するときに片仮名で書く用紙で、緑色の格子が引かれています。いったいこれは何を言おうとしているのか。なかなか解釈の要求される歌ですけれども、一つにはカフカ忌であることは外せないでしょうね。なぜわざわざカフカ忌を持ってきたのか。

カフカの作品には『審判』や『城』という非常に難しい作品がありますけれども、朝起きると虫に変わってしまっていたという『変身』が一番読まれている作品でしょう。グレゴール・ザムザが気持ちの悪い虫になると、今までの平和な家庭の人間関係がガラッと変わり、一室に閉じ込められます。投げ与えられる餌を食べて生きているだけで、最後には投げつけてよこしたリンゴが当たって化膿して死んでしまう。彼が死んだときに家族は楽しそうにピクニックに行くという作品です。

なぜ虫になったかということは書かれていませんが、突然、理屈では説明できないような異常な事態が起きたときに、いかに日常生活は壊れやすいかということです。今までの秩序ががらがらと崩れていきますね。カフカの作品にはそういうふうに崩壊しやすい人間の世界が書かれています。

たまたま休みで無人なのでしょうけれども、廃墟に近いような印象を与える郵便局に、言葉のない紙があった。他人に電報を送って人に渡すように、人に渡し得る言葉は最後まで本当に書き続けられるのかという難しい問がこの中に隠されているように思います。

カフカは『アメリカ』、『城』、『審判』の三つの作品を、死んだら燃やしてくれと言って友だちに託しましたが、友だちが裏切ってそれを出版したから、現在私たちも読むことができる。カフカは書いた作品に最後まで自分で自信を持つことができず、灰にしてしまおうとしたのです。言葉を全て捨てようと思ったときのカフカの苦しみは、何も書いていない「頼信紙のうすみどりの格子」にあるのでしょう。

われわれは、カフカの苦しみを受け継いで書いていかなければならないはずです。果たして書くことができるか、と問いかける塚本邦雄の姿勢がこの歌の中にあるのではないか。だからこそカフカ忌が生きてくる。「カフカ」を持ってきた理由はそこだと思います。

桜楓社の『現代代表歌人選集』（一九六七年）の塚本邦雄さんの項目を私が担当することになり、このカフカ忌の歌の解説をしたのです。塚本さんはそのときに喜んでくれましたが、調べたところ、カフカ忌は私の生まれた六月三日だったんです。それを知ってから、なるほど私が偶然にこの歌を選んだ理由もわかりました。

この歌はカフカ忌のことを言ってはいるのですが、塚本邦雄が言葉に新しく命を与えていくために、本当に最後の作品を書けるのかという意識が「頼信紙のうすみどりの格子」の中にあります。日常的な頼信紙を使ってこういう深い問題まで呼び起こすことは、普通の人にはなかなかできないと思います。

日本人の忌日はほとんど出てきませんけれども、カフカだけではなくロートレアモン忌やリルケ忌など外国の作家の忌がたくさん出てきます。塚本邦雄は文学者、芸術家の忌日を記憶することによってその人を深く心にとどめていたということが、この前後の歌を読むとよくわかります。その一人がこの傑作の「カフカ」です。

いもうとよ髪あらふとき火あぶりのまへのジャンヌの黒きかなしみ

『綠色研究』

長い髪を洗おうと前かがみになっている姿から、火あぶりにされたジャンヌ・ダルクの悲しみが重なってきたというのです。

百年戦争のときにフランス北部がイギリス軍に包囲され、シャルル七世の王軍を鼓舞する役割を果たしたのがジャンヌでした。しかし、後に裏切り者としてとらえられ処刑されます。救国のジャンヌは同時に背教者であるとして悲しい結末を迎えることになります。

妹は日本人でしょうから、「黒きかなしみ」には髪の黒さも当然、イメージに置いておかなくてはいけませんけれども、背教者というレッテルを張られて火あぶりにされた、その悲しみを髪を洗っているときの妹の上に重ねたことがすごいのです。

つまり、髪を洗うというのはごくありふれた日常的なことですけれども、その中に、この世の中に起こり得ない、非日常的なものを重ねて詠むのは塚本邦雄の手法です。

戦争を通してさまざまな経験をしてきた塚本邦雄には人間に対する不信感が強くありますから、この歌の中にも、輝かしい未来がやってくるのではなく、むしろ待ち受けているのは悲劇的な悲しみだという目で、妹の髪を洗う姿を描き出しています。ここにも現代というものの恐ろしさを、人間を通して表現しようという狙いがよく出ているでしょう。

## 少年蝶を逸せり　さはれ一瞬を漆黒のヒットラーの口髭　『綠色研究』

これもすごい歌ですね。少年は蝶々の後を追ってとり逃がした、そう簡単に少年につかまえられる蝶ではないですね。それはそうだが、その一瞬、ヒットラーの黒い口髭が浮かんできたというのです。黒い蝶、あるいは紫色をした蝶だととれば、その飛び去った蝶からヒットラーの口髭を思い浮かべることは十分に必然性があるでしょうね。

ヒットラーも小さいときには捕虫網を持って蝶を追っかけていたかもしれません。しかし、その蝶を追いかけていた少年がある日突然、恐るべき民族主義者に変わってしまうことがあり得るのです。その少年は蝶を逃がした、そして何をつかんだのか。漆黒のヒットラーの口髭のように、この少年はいつかヒットラーのようになり得る可能性を持っているということを言っているのだと思います。

蝶を追いかけているというのは非常にロマンチックなかわいらしいものですが、それが残虐な人間に変貌する、人間の中にはもともとそういうものがあるのだ、ただ見えないだけだ、「目の日蝕」を持っている人間でないとそれは見えないということです。表面からだけでは見えない、隠されている深い本質を一瞬のうちにとらえているのですね。

黒きパイプの果ての喫泉接吻のさまにむさぼり死ぬまで黒人　『緑色研究』

何度か黒人の歌が出てきましたけれども、これも黒人です。構成の上から言うと「黒きパイプ」の「黒」で始まり、「黒人」で終わっています。真ん中に「喫泉」を持ってきます。泉は真っ白です。黒・白・黒という色彩の対比が実に鮮明になっています。

パイプばかり吸っていますと口の中が荒れてきます。それで泉に口をつけてむさぼり飲んだのでしょう。そのありさまはまさしく泉に接吻をするようだった。けれども、いくら白い水を飲んだからといって彼の体が白くなることはない。「死ぬまで黒人」である宿命から逃れることはできない。そこに死ぬまで黒人であらざるを得ない悲しみをうたっているのです。黒人以上に黒人の気持ちになって詠んでいるところがすごい歌だと思います。

刃物積む貨車、嬰兒とわれの寝臺車相聞のごとならびすすめり　『緑色研究』

寝台車で嬰児と自分がならんで寝ている。その寝台車の横を、刃物を積んだ貨車がたまたま通った、その二台を塚本邦雄は相聞のごと、と詠んだのですね。恋歌を相聞歌と名づけるように、相聞という言葉を持ってくると、単に肩を並べて一緒にいるというだけではなく、その二つの間により親密な関係が生まれてきます。

刃物だけを積んでいる不気味な貨車と「嬰兒とわれの寢臺車」がまるで親しい恋人のように進んでいる、いつかこの「嬰兒とわれ」との間に刃物を介した危険な関係が起きるのではないかという緊迫した不安感を呼び起こす歌になっています。ここにも日常の世界に目に見えないかたちで準備されている危機の迫ってくる感じがあります。こういうところは非常にうまい。

起きてしまったことを詠むのは簡単ですが、起こるかもしれない、というのをいかに先取りするかが一番大事なことです。人生の中でいつまでも美しい親子関係が継続されることは望ましいことですが、そうではないかもしれない、と危険をさっと歌にした、そういう歌ですね。

われの悦樂《よろこび》に隣りて全身の釘ひえびえと建ちゆく禮拜堂《チヤペル》　『綠色研究』

建設中の礼拝堂、教会を詠んでいます。先ほど建設中の幼稚園が出てきました。あの幼稚園は真っ赤なかまどからできあがっていきましたけれども、ここは建設中ですから、たくさんの釘《くぎ》を打っているのでしょうね。

この釘は明らかに十字架に打たれたイエスを連想させますけれども、礼拝堂に対する崇高な尊敬の気持ちはここにはまったくありませんね。人を呪うときに釘を打ちますが、むしろ、ああいう釘と同じような神に対する呪いを連想させます。建っていく過程で、一本、一本、呪いの釘が教会の内部に打ち込められていく、それを見るのが私の最上の喜びであると。

神を敵に回して神に呪いを宣言するということは、逆に言うと神の魅力を証明することによって人間である自分の生き方を新しくつくり直していくことになります。これは神のしもべとして忠実に生きようというのではなく、神から自立して生きようとする、その自立の喜びが「われの悦樂《よろこび》」にこもっていると見たほうがいいでしょう。

## 薔薇、胎兒、慾望その他幽閉しことごとく夜の塀そびえたつ　『緑色研究』

どこのうちにもある塀を詠んでいます。しかし、この塀は隣家と自分の家の敷地面積をきちんと区画して、ここからは私のうちですよと示すだけの塀ではないのです。

その塀の中に幽閉されているものは、まず薔薇だと言っています。同じ花の中でも薔薇は最も美しい、最も高貴な花と見なされていいでしょうね。その薔薇を幽閉する。

美しいものに対する無理解といいますか、それを無縁なものとして閉じ込めてしまう。つまり薔薇が暗示しているのは、薔薇の花にたとえられるような、通俗的なものをはるかに超えてしまったすばらしい美です。しかし、ぼんくらな市民にとってはそういう高度な美は理解もされないし、むしろ憎しみの対象ですから、薔薇を分厚い夜の塀の中に閉じ込めていると言うのです。

そして、まだ生命をこの世の中に受けていない胎児です。続いて「慾望」が出てきますが、胎児はその欲望の一つの結果ではないかと見られます。そしてその他もろもろのつまらない欲望を他人に知られることなく、高い塀で囲っている。いかにも塚本邦雄らしいとらえ方ですね。

民衆にとっては、高邁な美などはむしろなくてもいいものですから、塀の中に閉じ込めてしまっている。おそらくそういう俗っぽい小市民生活を営んでいる人間に対するいら立ち、批判でしょう。

リラダンの「残酷物語」を踏まえて詠んでいる章の中にありますけれども、一見平穏な市民生活を送っている人間の中にもリラダンが書いているような残酷な世界があるのだ、被害者のような顔をしているかもしれないけれども、そうではない。残酷なものが塀の中にたくさん隠されているのだと言っている歌だと、とりたいですね。

## 馬轢死して一塊のうらわかき子宮に夏のひかりはそそぐ　『緑色研究』

死は避けがたい、厳粛で、そして悲惨なものですけれども、この歌に関するかぎり、死によってかえって若さが一段と際だって印象づけられるものになっています。

馬が轢死して体が割かれた。轢死することによって、たちまちのうちに隠されていたものがそこに姿をあらわした。その「うらわかき子宮」に注ぐ夏の光が見事な美しさでその存在を主張しております。

最も無惨なものがなぜこのように美しくなるのか。逆に言えば最も美しいものが馬の体内に隠されていた、それを引き出してきたのは轢死という不幸なものだったのですね。そういう残酷さが馬の轢死を通して詠まれていますが、問題は、馬でなくても同じことが起きるでしょうね。

うら若き女性が轢死したとき、そこには死の残酷さと一緒に、若さだけが持っている生々しい官能的な美しさがあらわれてくると思います。死と生は切り離しにくい関係にあること、美と醜が一つになって混然としている世界がこの一首の中から立ち上ってくるのではないでしょうか。

# 黒人奴隷ひとり心に飼ひ　まひる遠き電柱の胴鳴り交へる　『緑色研究』

これは一見すると誤解を招くかもしれません。黒人奴隷を心の中に飼っている、あ、塚本さんもやはり人種差別の人間だ、奴隷を心の中に飼って喜んでいるのか、と読まれる可能性があります。しかし、その逆だと思います。

実生活で奴隷的な黒人を使っているということとは違います。心の中で飼ってひそかに愛している、そういう黒人奴隷だと思います。そして、その意味と下の句のイメージがどういうふうに結びつくのかということが解読の一つのポイントになるでしょう。

「アヴェ・マリア、人妻まりあ　八月の電柱人のにほひに灼けて」（『緑色研究』）という歌がありましたけれども、この電柱も、昔の木でできてコールタールを塗っている電柱を連想してほしいのです。一本、二本の電柱ではなく何本も立っている。昼間、電柱はひそかに何にも関係ないように孤立して立っているように見えますけれども、お互いにかすかに胴を震わせて、電柱の中にこもる悲しみ、痛み、喜びといったものを交信している。生きた人間が遠くの人間に向かって何かサインを送って交信するように、電柱が鳴り交わしているのだと言っています。

電柱は電線に縛られていて逃げることはできません。しかし、であるがゆえに電柱は電線を通して交信ができるでしょう。その位置から動くことはできないけれども、電線を通してかすかな電信を送り、孤独に耐えて立ちすくんでいます。

上の句に何がつくかによって、この「電柱の胴鳴り交へる」の読みは違ってきますけれども、黒人奴隷を心に飼っているというのですから、その黒人奴隷は外部に向かって大きな声で発言できない、何かひそかな悲しみを心の底深く持っている、それを電線を通して交信し合っているイメージです。

黒人奴隷から発するメッセージをきちんと受けとめようとするためには、心の中に黒人奴隷を飼わなければそれは聞こえてこない。それに対する強い関心を持っているからこそ、「ひとり心に」飼っているのですね。


カミュ《Camus》とは「鼻低き人」の意、足下《そくか》なる靴みがき靴にむきて微笑す

『緑色研究』


先ほどは「カフカ忌の無人郵便局」が出てきました。カフカとカミュ、『シーシュポスの神話』を書いたのがカミュです。

大きなフランス語の辞典を引くと、Camusという言葉に鼻の低い人という意味が確かにあります。塚本さんはフランス語が堪能ですので、カミュのもう一つの意味として「鼻低き人」の意だと冒頭に持ってきた。ばかにして鼻がぺっちゃんこでみっともないと軽蔑の目でうたっている

のだろうかと思いますね。

ところが下の句を読んでみますと、「足下《そくか》なる靴みがき」ですから、塚本さんは椅子に坐って靴を磨いてもらっている。靴磨きの上にカミュのイメージを重ねているのです。もし靴磨きという職業を軽蔑していたら絶対にこういうことを言いません。

足元にいる靴磨きが靴に向かって微笑しているというのです。この靴磨きは自信を持って、欣然として靴を磨いている。なんでおれはこんなことをやっているのだ、才能があるのに靴磨きだなんて、といら立っている靴磨きとは全然違います。悠然として靴を磨いているのです。

『鼻低き人』の意」とは、物理的に鼻が低いというのではなく、威張らないということを言っています。反対に威張っている人は鼻高々として鷲鼻になっているのですが、見てごらん、この足元にいる靴磨きは自分の差し出した靴に向かってほほえんでいるではないか、というのです。日本の靴磨きにカミュを発見したというのですが、同時にそれはまたカミュの本質をわかっていないとこういう言葉は出てくるものではないのです。

カミュはアルジェリア出身で戦争のときは抵抗運動に携わっていて、実存主義や不条理の世界に近づいていきますが、政治を有効な手段としてみるサルトルとの間に考え方の違いがありました。つまり、実際にレジスタンス運動を経験し、そこから学んだ無名の人間たちに対する信頼感がカミュの中にはあり、政治そのものに人間的な意味を求めたいと思ったのです。

一番有名な作品は『ペスト』です。たった一人の医師の能力だけでは勝つことはできない。たくさんの人の協力がないとできないことですが、実はその「ペストを退治する」ことの中に、彼がレジスタンス運動で経験したさまざまな民衆に対する信頼感が寓意的に込められている。

僕もカミュからいろいろなことを学びましたけれども、やはり忍耐力は大切だということを教えられました。「微笑を浮かべる絶望」という絶望がある。逃げ道のない絶望だけれども、「微笑を浮かべる絶望」という言葉が頭に入ったとき、絶望のために自分がめちゃくちゃになることはないのです。

こういう言葉もあります。「試練を、そしてそれに伴う全てを受け入れねばならない。だが、最も高潔でない勤めのさなかでも、ただ、ただ、最も高潔に振る舞うことを誓わねばならない」。そして、「高潔さの土台はさげすみと勇気と深い無関心である」と言っています。「深い無関心」というのはなかなか味のある言葉です。「足下《そくか》なる靴みがき」が靴に向かって微笑すると言っていますが、この微笑は複雑です。心ならずも靴を磨いてはいるけれども、相手をさげすむ気持ちもある、忍耐する気持ちもあるのです。

そして、深い無関心で黙々と仕事をしている、これがいいのだという、その辺がカミュのいいところです。『太陽の讃歌～カミュの手帖1』（新潮文庫）は僕も愛読しているものの一つですが、塚本さんもカミュが好きなのだと思います。「靴にむきて微笑す」は上手にとらえていて、これには感動しました。

# 金婚は死後めぐり來む朴《ほほ》の花絶唱のごと蘂そそりたち　『緑色研究』

結婚して五十年のお祝いが金婚ですから、果たして金婚式が迎えられるまで生きられるかどうか、若いときはみんなそう思います。金婚は死んだ後にやってくるのだろうなと思うのは、金婚式を挙げることを目的とする生き方をしたくない。死んだ後にめぐってきてもかまわない、もっと大事なことは何かということです。

「朴《ほほ》の花絶唱のごと蘂そそりたち」、これは一見、金婚式をたたえているかのように思います。であるならば、なぜ「絶唱」という言葉を持ってこなくてはいけないのでしょうか。朴の花がきれいに咲いている、だけでいいのではないですか。「絶唱」は最もすぐれた詩歌のことです。朴の花は大きく、おしべ、めしべがまるで最も優れた詩歌のようにそそり立っている。世界の中心のようにそそり立っているすばらしいもの。あたかも絶唱のように朴の花がそそり立っている、という歌です。つまり金婚式を迎えるのは死後でもいいけれども、金婚式を迎えるには条件がある、絶唱を一首もつくらないで金婚式を迎えるのは悲惨のきわみだというのです。

ところがみんな勘違いして、金婚式を迎えますと塚本邦雄のこの歌を引いてくるので愕然としますが、これはそういう意味ではない。自分は果たして絶唱のような一首をつくれるだろうか。先ほどのカフカの「頼信紙のうすみどりの格子」が心に引っかかっているように、言葉が言葉を超えてすばらしいものになっていけるだろうかという緊迫した問題意識がここに隠されていると言いたいですね。塚本邦雄の歌にかける情熱は、金婚式の歌を詠んでいるかのようなかたちをとりながら、しかし、きちんとうたわれています。

寒泳の青年の群われにむきすすみ來つ　わが致死量の愛　『綠色研究』

剣道や柔道が寒稽古をするように、水泳もまた寒いときにやっています。冷たい水の中ですから、まかり間違えば命を落としかねません。そういう寒中水泳の青年たちが、自分に向かってやってきた。おまえも寒中水泳の青年のようでなければだめだ、生ぬるいプールの中で少しぐらい泳げてもだめだ、肌を刺すような海の中で泳ぎ切っていく、私が愛するのはそういう青年だ、それを超えたら私は死ぬというほどの強い愛をこの青年に抱いている、という歌です。

同時に塚本邦雄が、寒中水泳の青年のように泳ぎはしないけれども、自分もまた青年のように厳しい気力を持って生きていこうと思っているので、「致死量の愛」という言葉が出てくるのですね。そういう意味では詩人としての生き方の決意のようなものがあるのではないですか。

# 第十四回
# 二〇〇六年十月二十五日
## 『緑色研究』

卵黄吸ひし孔ほの白し死はかかるやさしきひとみもてわれを視む

『緑色研究』

卵を割って中身を容器に出すのではなく、卵に直接穴をあけてそこに口をつけて卵の中身を吸い出す、そのことをまず頭に入れておきましょう。卵の中身は全部吸い取られて空っぽになっています。かすかな光が殻の中に満たされておりますから、その穴がほの白い。きわめて日常的な題材ですけれども、そこから何を思い浮かべるかというところが問題です。

塚本邦雄は下の句で、死というのはこのような優しい瞳をもって私を見るだろうと詠んでいます。卵の殻の丸くあいている穴から死の瞳を連想したのです。しかも、優しい瞳をもって私を見るだろうと言っています。

もし、死は怖いものだ、不気味なものだと思っている人は、絶対にこういう見方はしないと思います。恐怖とは反対の気持ち、死は自分を育ててくれる優しい豊かな力を持っているものだと思っていないと、死がそういう瞳で私を見るだろうとは言えないですね。死の場面を想像して、死は私をそういう目で見ている、ととってはいけないのです。

大野一雄という舞踏家が、何千という精子の中からたった一つだけが卵子と結びついて命ができる、生命の発端は最初から死と結びついている、その死を踊れなかったら踊りにならないのだと言っています。

それと同じことで、生命が誕生したとたんに死を自覚せざるを得ない。塚本邦雄の場合、最初の歌集名が『水葬物語』で、要するに死んだ杉原一司、並びにそれと同世代の戦死者たちを念頭に置いて出発した人ですから、死に対して人並み以上の関心を持っていたことは事実です。

死と生が深く密着していることは、個人的な体験からも言えることです。結核を患って死の近くに歩み寄ったこともあると思います。そういう経験だけでこういう作品ができるとは思いません。優しい瞳で死に見つめられる、そういう幸福な一瞬が、死からでさえも与えられるのだということです。これは上の句のきわめて平凡な日常的な場面を一挙に哲学的な場面に昇華する力を持っている発想です。

死ぬ間際になって死を考えるのは手おくれで、二十代には二十代、三十代には三十代、それぞれの年齢に応じて死とのつき合い方をきちんとしていかなければだめだということを、こういう作品から教えられます。

## ラ・マルセイエーズ心の國歌とし燐寸《マッチ》の横つ腹のかすりきず　『綠色研究』

国旗、国歌が法律で制定されて、君が代をうたわなければ処罰されるような時代になってきましたから、おそらくこういう歌を今、掲げると、それこそ国賊扱いされるのではないでしょうか。私の心の国歌は日本の君が代ではない、ラ・マルセイエーズ、フランス国歌なのだと言って、みんなが君が代をうたっているときに心の中で一人ラ・マルセイエーズを高らかにうたっているという歌です。

マッチという日常的な素材をとてもうまく使っています。確かにマッチをするとかすり傷ができますね。質の悪いマッチは何回こすってもうまく着火しない。それは国歌をうたうたびに心の中にできるかすり傷を呼び起こします。

ラ・マルセイエーズができたのは一七九二年、フランス革命直後にフランスと近隣のプロイセンとオーストリアとの間に戦争が起きました。この曲の作詞・作曲者であるルージェ・ド・リールは、ストラスブールの宿で一夜にして歌詞と曲をつくったのです。

フランス国歌に限りませんけれども、外国の国歌を調べてみると実に生臭いですね。「立て、祖国の強者、栄光の日は来た。暴君の血まみれの軍旗がやってくる。さあ、進軍だ。奴らの汚れた血を畑にぶちまけろ」という内容の、勇壮な国歌です。

その国歌を塚本邦雄は心の国歌としてうたっている。いかに彼が君が代が大嫌いかということです。その国歌を愛するのは、言うまでもなく革命を成立させた国の国歌だからです。別に今、フランス革命と同じような革命をやれと言っているわけではないけれども、日本の敗戦で新しい国歌が生まれると思いきや、そうではなく、革命幻想は完全に握りつぶされて、相変わらず古くさい国家が生き延びてきた。その象徴が君が代です。

あれだけ君が代をうたって戦争に行く人たちを送り出したのに、戦後、また同じ歌をうたえと言うのは矛盾しています。だから彼はラ・マルセイエーズを心の国歌としているわけですが、心の国歌としたがために、心から君が代をうたうことはできません。その心の傷を「燐寸《マッチ》の横つ腹のかすりきず」と表現したのです。君が代を聞くたびにあのマッチのかすり傷が彼の心の中に浮かび上がってくる。なかなかよくできている表現だと思います。戦争中に兵隊が横っ腹に弾丸のかすり傷を受けたという例があるでしょう。「横つ腹のかすりきず」は同時に、日の丸の旗に込められているものへの批判を結びつける役割を持っているのではないかと思います。

塚本邦雄には国家に対する批判論がありますが、国旗・国歌論争をやる中で誰もこの歌を取り上げません。気がつかないのかもしれませんけれども、こういう歌さえもだんだん引っ込めてしまうというか、何となくなかったことにしましょうとしている気がします。私はあえて挙げましたが、時代をきちんととらえていた塚本邦雄ですから、そういうところをつぶしてしまっては何もならないと思います。

## 合鏡《あはせかがみ》の蒼の世界に鬚剃ればわれとワーグナーの逢ひかず知れず

『緑色研究』

「ワーグナー」という言葉が出てきました。実はこの『緑色研究』中の最大の難問がこの「縦半音階的ワーグナー論」という非常に実験的な章です。私はまだ聞いていませんが、ワーグナーに「縦」という歌曲があるようです。この作品が不幸なことは、ワーグナーの音楽を知らなければ論じられないので、正当な評価をいまだに与えられていない。そのワーグナー論の最初に出てくるのがこの歌です。

私はワーグナーだ、ワーグナーは私である、ワーグナーと私はいかに深くそこで肝胆相照らし合っているのかという歌です。朝、髭を剃っているだけの場面ですが、合わせ鏡を見ると、そこにふとワーグナーがあらわれる。

自分が上を見ると上を向いて、下を向けば下を向いて、横を向けば横を向いて、無限にワーグナーが自分と一体化してあらわれてくる。ワーグナーの魔力といいますか、そういうものが、切り離しがたい感じで彼のところにやってくることを詠んでいるわけです。

つまり、自分の中のワーグナー的なものを、ワーグナーを鏡の中で発見することで、ワーグナーもまた塚本邦雄的なものが自分の中にあることに気づいている、そういう一つの発見の魅力をプロローグとして詠んでいる歌です。

日本人はワーグナーに心酔している人が多く、たとえば石川啄木もレコードを聞いてワーグナー論を書いています。当時、オランダやフランスやいろいろな国をお手本にしなければいけないのに、国を挙げて圧倒的にドイツでしたから、森鷗外もドイツに留学しています。

そのドイツに行った連中は見聞を広げるためにオペラを見に行くわけですが、ワーグナーの音楽を聴いて日本の音楽になかった衝撃を受けて、ワーグナーのことを手紙に書いた人がたくさんいます。そういうものを調べると、ワーグナーの影響力がかなり深く作用していることがわかります。

ヒットラーもワーグナーの心酔者であったのは有名で、人を引きつけるという解きがたい謎がワーグナーにはあります。それに塚本邦雄は挑戦しようと試みたのですから、これはやはり大変なことです。たとえば歌人が、藤原定家とか、西行、芭蕉と対決することは同じジャンルですからわかりますが、音楽家のワーグナーを相手取り、自分なりのワーグナー論を散文ではなく短歌を使って表現するというのは、実験中の実験と言っていいでしょう。

その中の最たる実験の結果が、次の「死の核を繞るイリスの三首」です。

『綠色研究』

愛
の
創めに
呪はるる者
花菖蒲禁色の胎
水に漂ひ　血塗れの
劍の鞘なす　死　の蕾睡る夜
醒むる午　わが地獄
渴く花饐うる魂
樂音に悉く
鏤めた
る
殃

「愛」と「死」と「殃」、「劍」と「死」と「夜」と、「死」を中心に据えて、並んでいます。「殃」は不幸なできごとです。いずれもワーグナーに欠かすことのできない重大な言葉であることを彼は知っている。しかも「死」はワーグナーの音楽の中で非常に重要です。ヨーロッパのロマン派の文学に死を愛する「愛死」の思想がありますけれども、おそらくワーグナーもその影響を受けていると思います。

つまり、普通の恋愛であればめでたし、めでたしで終わりますが、ワーグナーの作品が違っているのは、最高の合一を求めるとすればそれは死しかない、死によって一体化する。ハッピーエンドはワーグナーにはない。必ず死が中核になります。したがって真ん中に「死」を置いたのは塚本の趣味の問題ではなく、欠かすことのできない重要な言葉だからです。イリスとは愛。イリスをめぐる三首の歌をもってこのかたちをつくったというのです。ただ、いったいどこに三首あるのか、わかりやすいようにばらしてしまいましょう。

最初の一首は「愛の創めに　呪はるる者　花菖蒲禁色の胎　水に漂ひ」です。次は「血塗れの剣の鞘なす　死の蕾　睡る夜　醒むる午　わが地獄」、三首目は「渇く花饐うる魂　樂音に悉く鏤めたる殃」となります。この三つを組み合わせてつくった歌です。

イリスはアイリス、花菖蒲のことですから、花の形が視覚的にも映るように、歌でつくった絵です。要所要所に「愛」、「剣」、「夜」、「殃」という言葉を置いて、中核に「死」を置き歌はつくられている。それをやってみたのです。

どうしてイリスの三首なのか。ワーグナーの作品にイリスが出てくるわけではないですけれども、「トリスタンとイゾルデ」という曲があって、それを連想させるためかと思います。これは花であるけれども、女性のイメージを仮託されていることは間違いないでしょう。

この三首を分解して内容を確かめた上でさらに考えてみたいと思いますが、愛というものは最初から祝福されるものではない。呪われたところからいかに愛を完成させていくのか。何の問題もなく、周囲から祝福されている愛はつまらないものだという考え方がワーグナーにも塚本にもあるのでしょう。その「呪はるる者」の魅力、美しさ。その「呪はるる者」は花菖蒲、イリスということになります。

今言いましたように花菖蒲は花であると同時に花菖蒲に匹敵する女性のイメージを念頭に置くべきでしょうね。その花菖蒲を日本語で言わずにイリスと言う。これはギリシア神話の虹の女神です。虹は一瞬の間に空に立ち、足が速くてどこにでもすぐ行くというので、ゼウスの使いとして登場します。個性的な神様とは少し違います。しかし、美しい女神であることは間違いない。花菖蒲とイリスを重ねたわけは、虹に由来する名前を持つ美しい女性のイメージなんですね。

「禁色の胎」とありますが、位によって使うべき色が決まっていた時代に、天皇など最高の権力者でないと身につけられない色が禁色、紫色です。源氏物語にはたくさんの女性が出てきますが、光源氏の初恋の人は紫の上ですね。

花菖蒲にもいろいろな色があるけれども、ここでは高貴な紫色を連想しなければいけないでしょうね。しかもわざわざ「禁色の胎」と言っています。「胎」ですから子供を宿すことになりますが、確かに女性の体の魅力的な部分が花菖蒲のかたちの中に連想されます。「禁色」は単に高貴というだけではなく、「禁色」の「禁」、つまり、してはならない恋を連想させますね。ワーグナーの「トリスタンとイゾルデ」も庶民的な恋ではなく、してはいけない恋です。国王のために美しい花嫁を探しに行ったトリスタンは、愛の酒を間違って飲まされ、本当は国王に捧げる女性と愛し合ってしまった。「禁色の胎」の「禁色」はそういうことを背景にして使っていると思います。そして「水に漂ひ」というところに、「禁色」の恋の結果、水の中を漂っていくような不安と悲しみが暗示されているでしょうね。

　心中をするということだけで言えば近松門左衛門に近いけれども、王侯貴族の禁を破って恋をするということになりますと、当然、悲劇が起こるわけです。そういうワーグナー的世界を直接うたうのではなく、呪われているがゆえに悲劇的な、人間の美しさが暗示されているのではないですか。

「血塗れの　剣の鞘なす　死の蕾」、これも一種の言葉の上の連鎖反応が見事によくできています。花のつぼみ、中でもイリスのつぼみは剣のように見えます。しかもそれを前の歌を受けて、「血塗れの剣の鞘なす」と言っている。このワーグナーの楽劇の主人公たちはしばしば剣に手をかけ、それが緊張感をはらむ場面がよく出てきます。恋を守るためにも剣が有効に活躍します。

　イリスは剣のさやをなしている死のつぼみで、夜と昼を問わず心の中に苦しい地獄が絶えずやってきます。世界から孤立したり、あるいは恐ろしい運命がやってきたりして、わが身を守って戦わなければならない。そういう戦いの恐怖が「睡る夜　醒むる午　わが地獄」の中に暗示されているのでしょうね。具体的にワグナーのどの作品を念頭に置いているのか、それは読み手によって解釈が絞られますけれども、塚本邦雄はそう見たのでしょう。

　そして三首目は、「渇く花饐うる魂」、最高の愛、至上の愛に渇いている花です。そして、よりすばらしい魂を求めているために、その魂が苦しみのあまりすえたにおいがする。救いようのない悲しみのために苦しんでいる魂ですね。

そういうものをワーグナーは音楽の中に鏤《ちりば》めたのです。その結果としてハッピーエンドがない、全ては「殃」、不幸である、悲しいですね。事件の中に終わるのだと。三首の歌を並べてすごいことをやっています。

しかも、「半音階的ワーグナー論」という副題をつけています。塚本邦雄が発明したわけではありませんけれども、半音階というのは、たとえばミとファの間、シとドの間は半音です。さらにここにシャープをつけて、ドとレ、レとミ、ファとソの間にもう一つ音を入れて、一音を半分にしていく調整が半音階的です。音をさらに細かくしていきますので、これはいったい何調なのかということがはっきりしなくなる。調整がはっきりしなくなるほうがまた魔術的な感じになっておもしろいのです。

ワーグナーの音楽のもう一つの特色は、一種の無休運動です。普通の音楽は旋律が始まり、いったん切れて、また続きますが、絶え間なく音が流れて切れ目がないような印象を与える。塚本邦雄のイリスをめぐる三首の歌でも、そういう感じを生かしてみようとしています。

たとえば、切れ目なく続いていると言うほうがわかりやすいですが、「愛の創めに　呪はるる者　花菖蒲禁色の胎　水に漂ひ」と連用形で止めています。一首が独立するのなら「水に漂ふ」と終止形になるでしょう。けれども「水に漂ひ」と連用形で止めて、二首目が「血塗れの」と続いていきますから、そこで切れるのではなく、「水に漂ひ血塗れの」と続いている感じがします。そういうふうに切れ目をはっきりとさせないで次から次へと続いていく感じを言葉の上で持たせるときに、こういう歌が生まれてきたのです。

二首から三首のところも、「睡る夜　醒むる午　わが地獄　渇く花」と体言で止めている言葉が続いていきます。これも「渇く花」から新しく一首が始まると思いにくいですね。三首が三首ともぴち、ぴちと切れていくのではなく、ずっと続いていく感じを持ちませんか。

そういうところが半音階的なものの持っている、少しずつ移行していく感じと、音が絶え間なく、切れ目なく流れていく感じを同時に、この三つの歌の組み合わせの中から浮かび上がらせようという実験を塚本さんはしたわけです。その結果、こういう不可思議なものが出てきた。切り離して読むのではなく、あくまでも三首で一組になっている作品をつくったわけです。

これはそのように段階をもって聞こえてくる作品ですが、誰一人としてこの作品の解説で納得いくものはまだ聞いたことがない、へたに手をつけると失敗するのでみんな遠ざけている作品ですね。ただ、こうしてみると、おもしろいドラマがひそんでいます。

まだまだ実験的な作品はありますが、別にワーグナー論と言ったからといって、ワーグナーの生活史やワーグナーの作品の解説を知ることが目的ではないです。ワーグナー的な考え方の上に立って、自分はワーグナーとの合わせ鏡だと言っているのですから、必ずしも全部ワーグナーを持ってこなければだめだという作品ではありません。

夏はけむりのごとくわれらをつつみたり神こそ夭《わか》き死をえらびしか

『緑色研究』


特に難しい言葉が使われているわけではないけれども、理解をするのにはなかなか手間のかかる歌だと思います。

夏はカーッと太陽が照っているのに、煙のようにわれらを包んでいるとはいったい何事か。どこかでたき火をしているわけでも火事があるわけでもなく、煙のように私たちを包んでいる。それはいったい何なのか、ワーグナーの歌にあったように、死というものを置いたときにぱっとわかりました。「けむりのごとくわれらをつつんでいる」のは死。死の煙、死のにおいです。

広島に原爆が落とされたのが八月、戦争が終わったのが八月ですね。あの暑い盛りにたくさんの死者が出ました。その死者のことをすっかり忘れてしまっていれば、煙のごとく包まれるはずはありません。塚本邦雄の心の中に八月の死者たちがずっと生き続けているのです。しかも煙のようにとらえどころがない。つまり、個別的に名前を記憶して、その人の顔をしっかり覚えているような死者ではない。煙のような無数の死者の存在は決して自分から完璧に失われてしまったわけではないのです。

下の句の「えらびしか」は一見疑問のように思いますけれども、「神こそ」とありますから係り結びの法則で、過去の助動詞の已然形です。神こそ若き死を選んだのだ、となります。もちろんお年寄りも死んだでしょうけれども、何と言っても若者たちが戦場に引っ張られて数え切れないほどたくさんの死者が生まれました。戦争のために無惨に命を落とした若い死者たちのことを八月になればいや応なしに思わざるを得ない。だからこそ、煙のようにわれらの周りを死者たちは包んでいるのです。

それはわかりますが、なぜ神が出てきたのかということです。当時、兵隊さんたちは何と言われていたのか。「神兵」、神だったのです。つまり国家によって彼らは死んだ後、全部神兵として靖国神社に祀られ、護国の神と神格化されます。

しかし、神が若い死を選んだ、殺されたのではなく若い死を選んだのだ、こんな国にいつまでも生きて、こんなむだな戦争をしていてもしょうがない、みずから選んで死んだのだと思ってやらないとかわいそうではないかと思うから、「神こそ夭《わか》き死をえらびしか」という発想が出てきたのではないかと思います。

被害者というよりも、生きにくい時代に青年たちの悲しみが忘れがたいものとしてやってきている、ととったほうがいいのではないでしょうか。何でもないように思える歌ですけれども、死というものを中心にしている章の中に置いてみれば、それなりの意味の歌ということになります。ワーグナーが「愛死」の思想、「死」というテーマに深くこだわっていますから、死を外すわけにはいかないですね。

ここで「樅」のワーグナーをモチーフとする作品が一応終わります。

## 妹よ　五月汝《な》が掌《て》にあきらけく繭盡きて黑きかひこのこれり　『綠色研究』

実際に蚕から糸をとった人ならよくわかりますね。私も戦争中にうちで蚕を飼っていまして、糸をとるために蚕の繭を茹でて糸をツーッとひきだすと、最後に真っ黒な蚕が残りますが、その場面です。

繭の中に蚕がどういう状態で眠っているのか、白い繭を見ているだけでは想像がつかないと思います。それを全部糸にしてしまった後、最後に手に残ったものは「黒きかひこ」です。それをわざわざ「妹よ」と呼びかけているところを見逃すことはできません。この「黒きかひこ」は今までのワーグナーのモチーフで言えば死であることが想像つくでしょう。

蚕も命をかけて美しい繭をつくったわけです。しかし、その繭はいつか尽きてしまい、その後に残るものは紛れもない明らかな死です。妹よ、おまえもその死を免れることはできないのだよ、おまえの手の上に乗っている黒い蚕はおまえ自身の姿だよ、よく見ておきなさい、ということです。

その死と、そしてその死を覆っていた繭の美しさ、そこに塚本邦雄は表面だけを見て生きるのではなく、繭の中に何があるのかということをちゃんと見つめて生きなければだめなのだと問いかけているのでしょう。これは妹でなくても、塚本邦雄の分身ととってもかまわないですね。

わかりやすくうたっていますが、韻律的にもとても美しいですね。第二句の「あきらけく」が効いています。死と生がいかに深いかかわりがあるかということを具体的なイメージを通して大変わかりやすく突きつける歌になっています。

## 金管樂器はたと息絶えひるがほの花花　男性のうちなる女性　『綠色研究』

この歌もわかりやすいようでわかりにくいところがあります。

ワーグナーの音楽の特質に、金管楽器を有効に使っていることがあります。人間の心理的な問題を表現するのに今までは弦楽器が中心でしたが、この歌は金管楽器の朗々たる響きを効果的に使っています。みんな金管楽器の音に聞きほれていましたが、突如としてその音がやんだ、それを「はたと息絶え」ととらえています。つまり、死ぬということです。

そして「ひるがほの花花」と言っています。今まであれだけの激しい音を出していた金管楽器の音がパッとやんだとき、それは息絶えた、死んだ昼顔の花だと。昼顔の花のような女性的な魅力をそこに見たのです。うまいとらえ方ですね。そして「男性のうちなる女性」と言うのです。男性と女性が必ずしも対立的にあるというのではなく、男性の内に女性があり、女性の内に男性があるというのです。

ワーグナーが求めていた音楽の世界はまさにこういうものでした。男性の内なる女性を一つの理想にしていました。詩は男性である、音楽は女性である。男性である詩と音楽である女性がいかに一体化して音楽的な効果を上げるのか。単にメロディーが詩に奉仕するとか、あるいは逆に音楽に解説的に詩の言葉があるのではなく、詩と音楽がぴったり一致していなくてはだめだと言うのです。

金管楽器が高らかに男性的な、熱情的な音楽を演奏していてパタッとやんだとたん、その金管楽器は優しい昼顔の花になりました。あの金管楽器の中に男と女がともに住んでいる、これがワーグナーの求めているものだったのだという、塚本邦雄の見事なワーグナー論になっています。それは同時に塚本邦雄自身の求めているものでもあったと思いますが、短い三十一音の中でワーグナーの本質をぴったりと、しかも抜群に鮮烈なイメージで詠み込めるというのはすごいことです。「男性のうちなる女性」という断言がまた見事です。

果鋪に求むる若者の頭《づ》と兩肢とくれなゐの飢ゑ明日につづけよ　『綠色研究』

「果鋪」は果物を売っているお店です。しかし、買いたいのは果物ではなく、果物をしのぐようなすばらしい若者の頭、手脚があってしかるべきだと。これも塚本が求めている理想の若者のイメージがそこにあります。燦然と並んでいる果物よりもはるかに若者の命の輝いている肉体のほうが美しいのだ、美しくあるべきだというのが塚本さんの考え方でしょうね。

おおげさに言えば、このすばらしい果物を超えるような若者の頭はないのか、若者の手脚はないのかと求める。しかし、求めてもあるはずはない。心からそれを求めていることが「くれなゐの飢ゑ」にあるでしょう。

きょうもそれは満たされなかった。しかし、そういうものを求めることが間違っているのだと撤回するのではなく、明日もまたその幻影を求めなさいと自分に言い聞かせているのです。

自身を美しい肉体として表現できる若者の時期があるはずです。この世には絶対ない肉体の輝きを求め続けようと言っているわけです。言ってみればワーグナーの描いた愛も同様に、この世の中にある愛ではなかったのです。彼の世界の中にだけあったもので、芸術家はあり得ないものを求め続けなくてはいけないのだということです。

もちろん自分の失った青春に対する回想、祈願が根底にはあると思いますけれども、芸術家としては簡単には諦められない。みずみずしい若者をどこかで求める気持ちを最後まで失ってはいけない、それが「くれなゐの飢ゑ明日につづけよ」と命令しているところにはっきりと出ています。

ワーグナーが終わり、「くれなゐの飢ゑ明日につづけよ」の世界に少しつながるような歌が次にも出てきます。

## 理髪店まひるとざして縛めし青年の皮剝げる火曜日　『綠色研究』

場所は理髪店ですが、真っ昼間、お店を閉ざしてしんと静まりかえってお客さんがいるようには見えません。塚本邦雄の目には、見えないはずの店の内側で何が起きているかが見える、これが幻視というものです。

理髪店の椅子は確かに人を縛るには格好の椅子です。その椅子に縛って一生懸命髪を切る練習でもしているのかと思いきや、そうではない。青年の頭の皮を剝いでいる。一歩その中に入り込んでみると、とんでもない惨劇が起きている、簡単に言えばそういうことです。

火曜日というのは理髪店のお休みの日です。「皮剝げる火曜日」と「か」がつながっていますが、ちゃんと休みの日に悪いことができるように仕組まれているのですね。実際にこういう理髪店があるはずもなく、検挙されたわけでもありませんけれども、お休みの理髪店でそういうとんでもない惨劇が行なわれている、多分、皮剝ぎの刑ですね。それを一つの物語として詠みとっているのがこの歌です。

しかし、とんでもない幻想だと笑ってすませられない現実が今、あるのではないですか。近所の人が知らない間に小さな子供が餓死したとか、北朝鮮に拉致されたり、ひどいことが行なわれています。皮剝ぎの刑どころの騒ぎではないことが起きています。

そういう来るべき時代を予見するのが現実の芸術家です。塚本さんは平和という時代をまやかしの平和だ、にせの平和だと一貫して言っていますが、『水葬物語』の中ではこういう物語をつくることはできませんでした。この『綠色研究』は人間性に対する限りない不信を前提にしていますが、人間はそれほど美しい存在ではない、人間の残酷さを物語化するとこうなりますよ、ということで書いている作品だと見ればいいのではないですか。

## 心に酢滿つるゆふべの祝福とわかものが肉充ちし緋のシャツ　『綠色研究』

若者が赤いシャツを着ています。しかも、やせ衰えた貧相な肉体ではなく、「肉充ちし緋のシャツ」です。下の句だけ読んでいれば、単なる若者の風俗描写、生態描写の歌だ、たいして驚くにあたらないと思うでしょう。ところが「心に酢滿つるゆふべの祝福」と、上の句がものを言っています。

たとえばイエスがはりつけになって意識を失ったときに酢を飲ませましたけれども、酢は人間の意識を覚醒させるような刺激の強い食品ですから、嗜好品としてしょっちゅう飲んでいるという意味ではありません。心の中に酢がいっぱいになっている状態は、悲しみや怒りが暗喩として酢にたとえられているのでしょうね。

心の中に悲しみ、怒りがいっぱいに満ちている夕べ、普通の男であるならそれは悲しいから絶望的な暗い顔をして、うつむいて肩をすぼめて歩いているでしょう。しかし、心の中に悲しい酢が満ちている夕べだからこそ、これは祝福に値するのだと言って、その若者は赤いシャツを着て歩いている、いいなあ、というのが塚本邦雄の若者に対する讃歎の目です。

祝福をしているのは若者自身である、赤いシャツを着ているのは、心の内なる悲しみをみずから祝福するためなのだ、こういう若者が果たしているかどうか。塚本邦雄が幻想の中でつくった若者だと思えばいいのですが、そういう若者がいていい、いるべきだという歌だと思います。

## 紫陽花のかなたなる血の調理臺　こよひ食人のたのしみあらむ　『緑色研究』

先ほどの理髪店と少し似ています。確かに調理台は魚を切ったり、けっこう血の流れる場所です。前面に紫陽花があってとても美しいですが、その向こうには「血の調理臺」がある。

これだけでは、何か血の出るような魚でも料理しているのだろうと思うでしょう。しかし、下の句がすごいですね。今晩この家で人を殺して、人を食う宴会をきっとやるのだろうなと。「たのしみあらむ」ですから、これは推量であって、実際にあるわけではないですが、食人の祝宴を張ってもよさそうな人方だと、多分、塚本邦雄は皮肉な目で見ているのでしょうね。人間に対する徹底した不信です。

それを突き詰めて言えば、近代化された家庭の立派な調理台を前にしながら、そこにいる人間の中にはなおかつ非文明的な原始的なものしかない。そういう欺瞞性を呼び起こす作品になっています。これは一種の文明批評論だと読んでいいと思います。

今、残酷なものをあえて隠して見せないようにしている。報道写真でも首が吹っ飛んだり恐ろしい死体はほとんど見せないでしょう。前面には紫陽花こそないけれども、何か別なものを持ってきて、その奥にある「血の調理臺」の現場は見せない。国家が規制して見せないものは、われわれが幻想の世界の中でちゃんと見せればこういうことになるのだと、塚本さんは言っていると見たほうがいいですね。歌にはいろいろなものの暗喩として、あるいは寓意として詠み込むことが可能ですから。

人間は必要とあればいつだって人も食えるのだと思っていないと、こういう歌は出てきませんけれどもね。今は、それを隠して見せないようにしているだけで、一皮むけば同じことではないのかという恐ろしい幻想を書いている。かたちは短歌ですが、読みようによっては一種の幻想小説ではないかという気がしますね。

# 第十五回
# 二〇〇六年十一月八日
## 『綠色研究』『感幻樂』

麪麭屋竈《かまど》に薔薇色の舌つみかさね　けぶりたつロートレアモン忌日

『綠色研究』

ロートレアモンが亡くなった日なのだというのですが、この日はいったいいつなのかがわかっているると、読み方が違ってくるでしょうね。

ロートレアモンはフランスの詩人で、一八四六年から一八七〇年、わずか二十四歳で死んだのですね。石川啄木も二十六歳で薄命でしたけれども、それよりももっと早く、一八七〇年十一月二十四日が彼の亡くなった日です。

生まれたときは、まだ海のものとも山のものともわからない、むしろ死んだときに、その人の人生そのものが表現されると思います。塚本邦雄は、忌をたくさんつくり出した人です。ロートレアモンが塚本にとっては、ただならぬ存在であったからこそ、亡くなった十一月二十四日というのは、塚本にとっては特別な日に当たっているわけでしょうね。

このロートレアモンの忌日に、どんな幻想を描いているのかというのが、上の句です。パン屋さんがパン焼きのかまどの中で、薔薇色の舌を積み重ねて焼いている。その薔薇色の舌は牛の舌とか豚の舌ではなくて、当然人間の舌と見なければいけないでしょう。特にこの「薔薇色」という言葉に象徴されるような若々しい、美しい舌でしょう。

そういう薔薇色の舌をたくさん積み重ねて、ふっくらと焼き上がったところで、パン以上においしいものをつくろうというわけですよ。そのためには、当然、舌を持っている人間を殺さないことには手に入れることはできません。一見そつなくうたっているようですけれども、慄然とするような恐ろしいものが、この上の句の物語の中に感じられます。

この恐ろしい幻想と関係があるからこそ、わざわざロートレアモンをここに持ってきている。ロートレアモンは、生きているときにはあまり認められなかったのですが、アンドレ・ブルトンが評価して、認められるようになったんですね。

彼の作品に散文詩『マルドロールの歌』があります。第一歌から第六歌まであるのですが、ソネットのような定型ではなくて、非常にグロテスクなものを書いている。

まず、とにかく私の書くものは、普通の人間の書くものと違うから、気の弱い人は読まないでくれというところから始まるわけです。「猫もしゃくしも、これから先のページを読めるというわけにはいかない。中毒せずにこの毒ある果実を味わうことができるのは特別な者に限る。だからひ弱な魂をこの前人未到の荒地にこれ以上奥深く踏み込まぬうちにきびすを返せ」。そういうふうに言われると、かえって見たくなる。読むな、読むな、というところから始まっているのですね。

そして結局彼は何を書きたかったかというと、「実際に持っているにせよ創造力の産物にせよ、要するに魂の高尚な特質によって人類の賞賛を博さんがために書く者もいる。だがこの僕は残虐の無情の快楽を描くのに、わが天才を用いるのだ」。残酷であることが、いかに快楽であるか。それを書くために私の天才を用いるのだ。それに関しては私はもう天才だと言っているのですね。

なぜそんなことをするかというと、私だけではなくて、全ての人間の心の中に残虐を喜ぶものがあるということを私は誇りに思っている。そういう無情の残虐の快楽を書こうというのが『マルドロールの歌』ですね。ですから「マルドロール」というのはロートレアモンがつくった文学の上の悪霊のような名前だと見たほうがいい。

当然『マルドロールの歌』を塚本邦雄は頭の中に置いております。そうしますと、亡くなった日に思い浮かべるのには、ロートレアモンにふさわしい幻想を用意しないと、ロートレアモンに対して失礼ということになるでしょうね。ですから、幻想の中でパン屋をつくり上げ、そしてかまどの中で薔薇色の舌を積み重ねている。そこからやがて煙が立つ。「けぶりたつ」というのは、単に物理的に焼いたから煙が立つというよりも、はるかかなたからロートレアモンが、輪郭ははっきりしませんが、何かほほえみをもってこちらを見ているような感じがありますね。

塚本邦雄もれっきとした幻想作家、幻想歌人ですから、このロートレアモンの抜群の幻想力に強い関心を持ったというのはうなずけることです。そのロートレアモンの亡くなった日に、最もロートレアモンらしい幻想をもって、たたえようとしてつくられた歌なのだというわけですね。

常識的にしかものを考えない人には、とんでもない不謹慎な幻想だということになるかもしれない。しかし、何でもない人間の中に確かに恐ろしい、人を殺しても平気なような幻想が住んでいるということは、幾らでも証明できることですね。塚本邦雄はむしろそういう幻想をもって、人間が常識的な倫理観や法律で蓋をしているものをこじ開けて、こういう作品をつくった。そのためにロートレアモンが必要だった。

次の歌も、その意味では完全な幻想の歌です。美しい若い母親の心の中に、およそそれとは矛盾して、いかに恐ろしい思いが意識下に潜んでいるのかということをテーマにしています。どこかでロートレアモン忌日の歌とつながるものがあります。


檸檬風呂《れもんぶろ》に泛かべる母よ夢に子を刺し殺し乳あまれる母よ　『緑色研究』

「母よ」と繰り返すことによって、リズムを整えるだけではなく母に対する逆接的な祈りのようなものがありますね。

レモンを輪切りにしてお風呂に浮かべている。それだけで若い母親の美しさは十分に引き立つでしょう。下の句に「乳あまれる母よ」とあり、この母親の美しい乳房のかたちを連想させるように、このレモンは働きます。

この美しい母をたたえながら、しかしその内面で起きている恐ろしい劇を歌にしているのが下の句ですね。実際に殺したのではない。夢の中で子供を刺し殺した。自分が自由に美しく生きようとするときに、子供が足手まといだ。だから夢の中で殺す。その乳を飲む子供がいなくなってしまえば「乳あまれる」という状態は否応なしにはっきりします。母親の中に隠されている聖なるものとは逆の、恐ろしい悪魔的な夢が、むしろ「乳あまれる」の中に入り込んできている。

残念ながら人間というのは美しい感情だけで満たされていない。その美しいものの中にいかに醜いものが潜んでいるのかを掘り起こそうというのが狙いなのだと思いますね。

父は殺しの対象だけれども、母というのは日本の文学の中では限りない尊敬と慈しみの対象として君臨している。あくまでも文学の世界の話ですよ。そしてお母さんをうたっている秀歌、名歌はたくさんあるけれども、いずれもそのお母さんを褒めたたえている。でも実は塚本邦雄は、そういう抒情的な体質をひっくり返すために、あえてそうではない母親を意識的に詠み込んでいる。日本の中で培われてきた抒情詩の原点に、批判を加えようとして、こういう歌をつくっています。

批評する歌というのは大体とげとげしい言葉で、さっぱり美を感じさせないけれども、塚本さんは、批評性をたっぷり含みながら、実に美しい見事なかたちで詠み取っていますね。つまり美が批評にとっても欠かすことのできない重要な武器となるのです。もしこれが醜い言葉で書かれたら、つまらない歌になると思いますね。一度脳裏に焼きついたら永遠に消えないような、そういう深さ、輝きを持っているのではないですか。

憎しみの哲学を歌の中で表現するときにも、絶対的に美が必要だということが、塚本さんの方法論として欠かせないものであることが、これでわかりますね。

轢死あれ　轢死あれ　われは屋上に蜂の巣の肺抱きて渇くを　『緑色研究』

これもまたおぞましい言葉ですよ。誰が車にひかれて死ぬのを望むのですか。それをわざわざ誰も望まないということを知っていながら、まるで悪魔の呪いのように「誰かが目の前でひかれて死ね」と言っていますね。自分が屋上にいて、「蜂の巣の肺」と言っていますから、肺に結核のような病巣があることを連想します。

実際に結核になっているかどうかは別にして、ただ一人屋上にいて、蜂の巣のような病巣を持っているその肺を抱いて、渇くと言っております。いったい何に渇くと言っているのか。この渇きは、内的なもの、精神の深いところから出てくる渇きでしょうね。この渇きの内容と結びつくのが「轢死あれ　轢死あれ」でしょう。

つまり、だらだらだらだらっと平板な日常が続いていて、自分の精神が緊迫するようなことも起きてこない。とにかく、そういう単調でつまらない日常性を断ち切って、どこか劇的なものを求めたいと思う気持ちが、轢死を望む言葉としてあふれてきたのだろうと見たほうがいいでしょうね。長く生き続けるよりも、激しく人生に絶望して死んでいく人間。そういう緊張感さえもなくなってしまっている自分が屋上で一人、激しい生き方に憧れている。

屋上を選んだのは、ひょっとしたら屋上から飛びおりて死ぬか、と思っているのかもしれません。屋上から下を見たのだけれども、健全な日常生活だけがそこに氾濫している。そういうものから飛び出していきたいという気持ちが、この轢死を願望する気持ちになっているのだということでしょうね。

ヴァチカンに神はあるとも　母が斷つ緋ダリアの根のシャム雙生兒

『緑色研究』


ヴァチカン市国は、イタリアのローマの北のほうにある小さな国ですけれども、カトリックの総本山ですから、カトリック信者にとっては絶対的な聖地と考えられているでしょうね。

しかし、神が控えていながら、神がいかに無力であるか。神がいかにだらしないかということを言いたいのですね。「神はあるとも」と言っていますから、後に続くのは当然のように逆説の内容です。

その神の無力を証明するのが、シャム双生児だと言っています。シャム双生児という名前は、タイの古い国名であるシャムで生まれた双生児に由来している。チャンとエンという二人なのですが、その二人の胸のところが結合して生まれたのですね。

生まれたのが一八一一年五月、中国系のタイ人で、後に身長は百五十七センチにも達したといっていますから、普通の人間の背丈に達するだけの成長はしたのでしょう。そしてアメリカに渡って見せ物にされたりもしましたけれども、市民権を得てアメリカで生活をしました。実際に対称形に二人が結びついていましたけれども、しかし結婚ができるぐらいの生活をしていたということがわかっています。これがシャム双生児の由来です。

ここにも母が出てくるのですが、お母さんが緋色のダリアの花を切る。そのお母さんが切ったダリアの根っこのかたちをしているシャム双生児だというのですね。ヴァチカンにいかにすばらしい神がいたとしても、このシャム双生児をどうともできないではないか。もし本当に神がいるのなら、何とかせいと。簡単には、そういうことになりますね。

このシャム双生児のような子供が生まれたとしたら、お母さんはどんな気持ちになるだろうか。「母が斷つ」は単にダリアを切ったというのではなくて、この子供との関係を断ち切りたいという母親の気持ちが隠されているような気がしますね。

つまり、そういうシャム双生児に、いったいいかなる幸せや生き方をヴァチカンの神は与えてくれるのか。こんなかたちで神の無力に挑戦する歌をつくった人は、おりません。おそらくカトリック信者がこれを読んだら、カトリックを冒瀆するといって息巻くのではないかと思われますけれども、そういう内容ですね。

ベトナム戦争のときに米軍の枯れ葉剤作戦の影響で、ベトナムでまた有名なベトちゃんとドクちゃんが生まれました。これも現代の文明がつくった悲劇ですけれども、それに対してヴァチカンの神はいったい何をしてくれるのかという問いかけですね。確かに神は聖なるものかもしれませんけれども、しかしその神が絶対ということはあり得ないのだと塚本邦雄はここで言っているわけでしょう。

塚本邦雄が反神論という姿勢を明確にしたのが『綠色研究』なのです。こういう作品があってこそ反神論という立場がはっきりするわけですね。反神論は、決して無神論ではないですよ。無神論は神がいなくていいのです。反神論は神に背く。神に反対するわけですね。だから、神を呪う、神の力をおとしめるのですから、これは難しいと思いますね。なぜ、そういう姿勢を鮮明に問い続けたのか、塚本邦雄を見るときには重大な問題になるはずですね。

神に対する疑問。それはたとえば、葛原妙子さんにもありますし、幾つか挙げることはできますけれども、しかしあえて反対するという立場に立って詠んだ歌人というのは、今のところは塚本邦雄一人ではないか。これからも出るかどうか、ちょっとわかりませんけれどもね。

そして『綠色研究』最後の歌が、次の歌です。

## 世界の黄昏をわがたそがれとしてカルズーの繪の針の帆柱　『綠色研究』

「黄昏」と漢字で書いていますから、「こうこん」と読んでもいいのかもしれない。これもロートレアモンと同じで、このカルズーという人が、どんな絵を描いていたのかということがわからないと、ちょっと読み取りにくいですね。

こんなに細い針のような絵を描く人がいるのだなと思っていたら、塚本さんがぱっと「カルズーの繪」と歌に詠んでいる、反応が早いと思いましたね。

ジャン・カルズーはフランスの人で一九〇七年の生まれ、パリの建築学校で勉強しました。なるほどなと思いますね。建築家の線って、非常にきれいですからね。一九三〇年にサロン・デ・シュール・アンデパンダン展に出品をして、一九五四年にフランスで権威のあるイル・ド・フランス大賞を受けています。そのカルズーの絵の特色として、事典ではこういうふうに書いています。「針金のような描線で異次元の幻想世界をシャープに描き出す。フランス学士院芸術アカデミー会員」。現実の世界を描いているけれども、細い針金のような線で全部それを描いてしまうと、完全にそれは異次元のものになるのですね。

入り江にたくさんの船が並んでいる。みんな帆を下していますから、帆柱だけがある。入り江にも波が寄ってきますから、帆柱もかすかに揺れます。その揺れる帆柱をほとんど無数の線で描いている。そうしますと、何か不安な気配が満ちあふれている印象があって、どこかの港の風景でありながら、現実を超越した異質な世界に見えてしまいます。

その不安をあらわしているカルズーの絵から何を受け止めたかというと、「世界の黄昏をわがたそがれとして」。絵の中ではたそがれ、夕暮れなのです。時間的にはね。だけれども、たそがれというのは、世界の終末の一歩前の時間です。今、世界はそういう終末状況の中にある。これから太陽が上って新しい、輝かしい世界が開けてくるという時代ではない。

その世界の黄昏をわがたそがれとしたというのは、非常に大事なのですね。芸術家というのは、世界の黄昏に対して何よりも敏感でなければだめだ。鋭く感受して、それを自分の作品の中に表現しなさいということですね。これは芸術家のあり方を言っているのですよ。まず世界の黄昏に鈍感な人間は、芸術家としては資格がないのですね。世界の黄昏をわがたそがれとして敏感に感じ取って、それを絵の世界の中に描いた。ああ、それでこそカルズーだ。私もまたそうあらねばならないという気持ちが、そこにこもっているのではないですか。

これで『緑色研究』の作品が終わったことになります。後で通して自分でお読みいただければ、『緑色研究』という世界が、塚本にとって大切な世界だということがおわかりいただけると思いますね。

次は第六番目の歌集『感幻樂』に入っていくことにしましょう。『感幻樂』というと、管楽器と弦楽器が一緒になっている管弦楽を頭に描きますけれども、塚本邦雄はそうではない。幻を感じる楽だ。やはり幻想をどこか心の中に感じ取って、それを作品にしていこうということです。どういう幻想がそこから開かれるか。

『感幻樂』の中で重要なのは「花曜」という作品が収録されていることです。後ほど触れますけれども、その前に、何首か読んでから「花曜」に入りましょう。

固きカラーに擦れし咽喉輪のくれなゐのさらばとは永久《とは》に男のことば　『感幻樂』

カラーは前にも出てきました。布地ではなくてセルロイドでできているようなかたいカラーでしょう。喉のところがちょうど丸く輪のようになっている。それを喉輪《のどわ》といいます。それがかたいカラーに常時すれていて赤くなっている。

そして、突如として「さらばとは永久《とは》に男のことば」と展開させている。この上の句と下の句のかかわりがつかめないと、理解できないかもしれないですね。もちろん、かたいカラーにいつも首を絞められ、喉に赤い紅の輪ができるということが快適なはずがありません。ですから、いつか首に緊張感を与えるそういうものから解放されたいと願ってはいるけれども、しかし仕事上、それをやめるわけにはいかない。ある規律の中に生きていかなければいけない男の姿が浮かんできます。

それは同時に、単にカラーのことだけを言っているのではなくて、そういうふうに喉を締めつけられるような規則、秩序、いろいろなものに縛られているのが、仕事を持つ男の生き方でしょう。縛られて逃げ出すことが難しいのは、ちょうど犬が遠くに逃げていかないために首輪をつけているのと同じように、義務とか役割とか、そういう守らなければならない、いろいろなものをこの「咽喉輪のくれなゐ」は暗示しますよね。

そのように縛りつけられていれば、全てそれを断ち切って自由になりたいという気持ちが心の中に芽生えたとしても不思議ではない。いろいろなものに縛りつけられているからこそ、全てのものと決別する「さらば」という言葉が、男のものになるのだという意味でしょうね。

仕事上の問題だけではなくて、人間関係においても「固きカラー」に暗示されるような、簡単には逃げ出せないさまざまなものがめぐっている。だからこそ「さらば」と言って、それを一気に断ち切りたいと願っている。

逆に言えば、そういう束縛するものを感じていない人間には「さらば」という言葉はやってこないのでしょうね。三島由紀夫が市ケ谷の自衛隊駐屯地に飛び込んで、世界に「さらば」と言って一気に腹をかき切った。あれも言ってみれば、男の言葉だったのでしょう。

第十六回

# 二〇〇六年十二月十三日

『感幻樂』

雪はまひるの眉かざらむにひとが傘さすならわれも傘をささうよ　『感幻樂』

「花曜」には「隆達節によせる初七調組唄風カンタータ」と副題がついております。江戸時代初期、高三隆達《たかさぶりゅうたつ》が室町時代の小唄を洗練されたものに仕上げたのが隆達節なんですね。

小唄ですから当然うたいもので、歌詞もさることながら、そのメロディーが問題になるけれども、尺八の一節切《ひとよぎり》を伴奏にうたいます。それを塚本邦雄が西欧のカンタータと組み合わせるようなかたちでつくったのが、この歌だということです。

今まで、小唄の世界をテーマにして詠むなんて誰も思っていなかったものですから、みんなびっくりしたわけですね。一読して、下の句が、いわゆる短歌的な調べとはちょっと違って、小唄風だと感じさせるでしょう。

これには出典がありましてね、狂言の中にけっこうこの小唄が入っていて、狂言小唄と名づけられています。古事記や日本書紀に入っている歌謡だけを取り出して一つにまとめるように、狂言小唄もまとめられております。原典にあたってどういうかたちで出てきているのかがわかっていると、理解がいっそう深くなるでしょう。

この歌が出てくるのは、「末広がり」という狂言です。殿様のところに名だたるお客さんがやってきます。そのお客さんへの贈り物を用意しなければいけない。そこで太郎冠者に、上質な紙でできていて、骨のところもすべすべして、要もしっかりして、しかも紙には当世風の新しい模様が描いてある「末広がり」を買ってこいと言います。「はい、わかりました」と、さっさと都に行くわけです。

しかし、末広がりがいったい何だかわからない。わからないときには、そのものを「欲しい、欲しい」と言えば、誰か売ってくれるだろうと「末広がりを買おう、末広がりを買おう」と京都の町を歩いたのですね。ばかなやろうがいるなと、すっぱが待ちかまえている。それで、殿様から言われたように、こういう紙で骨はすべすべして、要はしっかりしてと言うと「これが末広がり、最上のものだ」と唐傘を買わされる。たしかに骨もしっかりしているし、要もしっかりしていますからね。「ああ、これはよかった。ありがとう」と言って太郎冠者は帰るわけです。

売ったほうも、あまりにうまくいったものだから、ちょっと申しわけないと思ったのでしょう。お土産に教えてくれたのが、こういう歌だったというのですね。

「かさをさすなる春日山《かすがやま》　これも神の誓ひとて」、傘を差しているのは神の決めたことなのだと。だから人が傘を差すなら、私も傘を差そうよ。「げにもさあり　やようがりもさうよの」、まったくそのとおりだ、そのとおりだというはやし言葉ですね。こういうふうに、これが当世都ではやっている歌なんだと教えてくれたわけです。

太郎冠者は主人の前に「立派な末広がりを買ってきました」と傘を差し出しますが、「何をやってるんだ、おまえは。末広がりというのは扇のことだ」と怒鳴られる。「それならそれと早く言ってくれればいいのに」と、そのときに殿様の機嫌をとるためにその傘を開いて、腰を浮かして、おもしろい振りつけで、この歌をうたいます。そうしたら殿様が大喜びをして「われも傘を差そうよ」と踊って、それでその失敗は何なく処理できたという、そのはやしものの歌が狂言小唄の中にあるのですね。

これを活用したわけですよ、塚本邦雄はね。「ひとが傘さすならわれも傘をささうよ」という狂言小唄を踏まえて「雪はまひるの眉かざらむに」と大胆に、というか詩的に入れかえたわけですね。傘を差さなければ雪はまひるの眉を美しく飾るだろうけれども、しかし人が傘を差しているのだから私も傘を差そうよとまとめたわけです。

昔の人は皆、眉を描いていますから女の人だとは限りませんね。これは男の若々しい眉毛ですよ。若い見目麗しい青年が、雪の降っているときに傘を差している。女のところを訪れる、あるいは女と待ち合わせて一緒にどこかへ出かけるという遊びの場面ですね。傘を上手にくるくる回して、二人で一緒にいるとすれば早い朝になるかもしれません。恋の趣が、いろいろ解釈できるのではないですか。恋の情感みたいなものを引き立てる歌にはなっているでしょうね。

今言ったように、これは狂言小唄に着想しています。しかも男の遊び心ですね。室町時代のしゃれた雰囲気が、現代にも通じないわけはないと思います。これは王朝和歌の勅撰和歌集の中に出てくるような遊び心とは全然違ったものですが、これはまた庶民の生活に結びついて色気を感じさせるものになっているのではないでしょうか。そういうところが小唄風にしたために浮かび上がってきた一つの魅力だと言っていいでしょうね。


神は男の肉に憑くとふうすずみのわがゆめの雪ゆめのゆふがほ　『感幻樂』

神は何かに乗り移るのですね。一般的には、神が女の人に乗り移る。斎宮を初めとして、女が神の声を聞く。そしてその声を聞いて男が政《まつりごと》をするというのが古代における女と男の役割だった。神妻となる女たちが天皇制の中でも必要であったように、神が憑くのは一般的には女と思われているでしょうね。しかしこの歌は、それをひっくり返したのですね。神は女よりも男の肉に憑くのだと。

神は男の肉に憑いた。つまり男の肉は、それだけ魅力的で美しく、神秘的だ。だからこそ神は憑いたのだと。その結果、夢の中にあらわれてくるものもすっかり一変してしまって、雪は薄墨色になって降ってくるし、薄墨の夕顔があらわれてくるのですね。もちろん夕顔には女性の面影が重ねられているでしょうから、非常に奥の深い神秘的なものを感じさせますよ。

何か非現実的な世界なのですけれども、それは男の肉に憑いた神の力によって、夢の世界まで変わっていってしまうのですね。「ゆめのゆふがほ」は、当然源氏物語の夕顔を連想させますから、はかなく死んでいくかもしれない。そういう魅力ある女性のイメージがありますからね。何か日常世界とは違う神秘的な世界におのずと恋心がそそられていく、そういう小唄風の歌だととればいいでしょうね。

きらきさらぎたれかは斬らむわが武者《むさ》の紺の狩襖《かりあを》はた戀のみち　『感幻樂』

ただ「きさらぎ」と言わないで、その前に「きらら」を持ってきましたね。「きらら」は雲母のことですね。「きらきさらぎ」というと雪が降っていて、雲母のようなきれいな雪を感じさせます。二月は、まだ雪の降る季節でもありますからね。

この「きらきさらぎ」の「き」の音から「たれかは斬らむ」。「たれかは」の「かは」は、「やは」と同じで、これは反語ですね。反語ですから誰かを斬りましょうというのではなくて、誰かを斬ることができるだろうか、いいやできないという、そのできないほうの意味がここに含まれているということを見逃してはいけないのですね。

　そして、その対象となるものがその下に書かれています。「わが武者《むさ》」とありますから、自分の愛している若い男ですよ。武力をもって仕えている、それなりの剣術の心得も持っている青年を連想すればいいでしょう。

「狩襖《かりあを》」は狩りをするときの狩衣《かりぎぬ》に裏のついているものです。それを平服として着るわけですね。紺色の「狩襖」は上等な平服で、現代に直せば紺の背広を着てパリッとした若い青年です。

　つまり「斬る」という言葉を引っ張り出すために「きららきさらぎ」という遊びの言葉が、用意されているわけですね。いったい誰を斬りましょうか、いいや簡単には斬れないわよねと。別に狩襖にはさみを入れるようにして斬るのではなくて、その美しい紺の狩襖を着ている美しい武者。これは換喩の役割をしていますね。狩襖は、男そのものをあらわしているわけです。あの若者を切り捨てることができるだろうか。また恋の道を切り捨てることができるだろうか。いいや簡単にはできないよという、斬りたいと思いながら斬れないという悩みを言っているのが、この歌ですね。いかにも小唄風の感じじゃないでしょうか。

　これもやはり出典があって、それを踏まえています。「思い切れとは　身のままか　誰かは切らん　恋の道」。「身のままか」というのは、自分勝手なことですねという意味でしょうね。男に言われたのでしょうけれども、思い切れなんて言うのは、あなたのあまりにも勝手過ぎる言い方です。どうして恋の道を切り捨てることができましょうか。というのが隆達小唄の二番目に出てきます。塚本邦雄は、「きららきさらぎたれかは斬らむ」と隆達小唄の歌詞をそっくりそのまま頂戴して、きれいにつくっている。こういうところがさすがにうまいですね。

話は違うけれども、君が代は出典が古今集だということはよく知られています。「君が代」は「わが君は」に変わっているのですけれども。実はその君が代の歌詞が、そっくりそのまま載っているのが、隆達小唄なのですよ。起立して国歌斉唱なんてやるのではなくて、宴会の席で「あなたはいつまでも達者でいてくださいよ」とピーヒャララとやりながらうたう歌なんですよ。

嚙めばかたみににがきこころぞ水無月のするゑに別るる汝がまへがみも　『感幻樂』

表向きの、ただ恋しい気持ちとは違って、何か嚙むことによって心の底に深く沈んでいる悲しみのようなもの、恨みのようなものが感じられる、それが、この「にがきこころ」ですね。水無月、六月の末に別れた。二度と会わないという別れととることもできますけれども、そうではなくて、しばらく会えないので激しい愛撫を交わし合って別れた。そのとき、おまえの前髪も嚙んだ。そして、しばらく会えないその愛と悲しみ、憎しみのようなものが水無月の、水の涸れた季節の何かひりひりするような感じと、うまくマッチしているのではないですか。

現代であれば何ということもなく思うかもしれませんけれども、どっこい、小唄のほうがはるかに先を行っている。その嚙み合いっこする小唄なんて、すごいですよ。これは閑吟集にあるのです。隆達小唄よりも前の閑吟集も室町時代を代表する非常にすぐれた小唄集です。
閑吟集の九十一番に、こういう内容の小唄があります。「誰《た》そよお軽忽《きやうこつ》」、なんとおまえは軽々しい軽薄者なんだろうかという意味でしょうね。「主あるを締むるは　喰ひつくは　よしや戯《じや》るるとも　十七八の習ひよ」、まだ若い十七、八で、よく遊びの世界を覚えていないものだから、やたらにじゃれついているのだと。「そと喰ひついて給《たま》ふれなう」、そっと静かに食いついてちょうだい。「歯形のあれば顕るる」、その嚙んだ歯形が私の体についたら、人に見つけられてそれがはっきりあらわれるじゃないの、と言っているのですね。

　この主ある私を締めるというのは、これは女の場合でも男の場合でもとれる。決まった旦那がいたり、あるいは決まって通ってくる男がいる女。その女が十七、八の男に嚙みつかれ、そしてあちこちに歯形ができたら、見つけられてとんでもないことになるから、そっと食いついてちょうだいよと言っているともとれるし、もし十七、八の女がきゃっきゃと男に抱きついたら、自分は主人に仕えている身だから主人にそれを発見されて首になるかもしれない、そっと抱きついて嚙みついてちょうだいと。

　そういう閑吟集の流れを受け継いでいる内容でしょうね。閑吟集ほど露骨には言わないで、別れのときの苦い心のほうに重心を置いていますがね。これは女の前髪というよりは男の前髪でしょう。おまえの前髪にも、何か別れのときに苦い思いが走っていった。これを現在に再生させれば、これはこれでなかなかおもしろい恋歌ができるように思います。

柿のかたびら重ねてぬぐは河原《かははら》の涸るるまなつの戀のはじめ　『感幻樂』

かたびらは夏に着るもので、裏地のついていない薄い単衣《ひとえ》のものですね。「柿」とありますから、柿渋で染めた茶色っぽい色のかたびらですね。先ほどの「紺の狩襖《かりあを》」は上等な平服でしたが、「柿のかたびら」は少し品下った普段着の感じですね。江戸時代に酒屋の手代がよく着ていたのが、これですね。

「柿のかたびら重ねてぬぐは」。これだけで妖艶な場面をぱっと思わせるというのは相当なテクニックです。かたびらの「か」と「重ねて」と、同音の柔らかい効果をうまく生かしています。場所はどこなのか、重ねて脱いだのは「河原《かははら》」で、しかも水が涸れているということは、それだけ夏の暑い季節ですね。その暑い太陽の照りつける季節の中で柿のかたびらを重ねて脱ぐ。それが真夏の恋の初めだったと言っています。何かこの若い二人の恋の物語は、強烈なものを感じさせますよね。水の涸れた河原の場面というのもなかなか効果的で、きれいにまとめています。

## つね戀するはそらなる月とあげひばり　柊　ひとでなし　一節切《ひとよぎり》　『感幻樂』

月は毎日必ず空に上っていきます。それから、あげひばりも天頂を指して毎日声を発しては高く上っていきますね。だから変わらずにいつも恋し続けているのは、空にある月とあげひばりだけだと言っている。つまりその下、柊以下の人間の世界では、「つね戀する」ということが、そんなふうにはいかないということが当然予測されていますよね。恋はそういうふうに永続できないという悲しみがモチーフになるだろうと、すぐわかります。

空に恋する月とあげひばりは求めても求められない、それを求め続けて永遠に恋をし続けていると見ている。「つね戀するはそらなる月」という見方は、勅撰和歌集にはない見方ですよ。月を見て自分たちの恋を考えることはいっぱいあるけれども、月自体が恋をして、もう我慢できなくて空に上がっていっているのだという見方は、やはり小唄的な世界です。

そして「柊　ひとでなし　一節切《ひとよぎり》」、全部「ひ」で統一されている。真ん中の「ひとでなし」の「ひと」は、「人の世界は」ということを暗示したいわけです。天にあるものと人の世界と、きちんと音の世界でもあらわすように、「柊」と「一節切」で「ひとでなし」を挟んでいます。

柊をなぜ持ってきたのか。一般的に、節分の前後に柊を門前に下げますね。邪気を払うためですが、嫌な男に来られたら嫌だから、柊を出して追っ払いたい。「ひとでなし」、人情がわからないというのは、この場合は「恋の気持ちがわからない」ですね。そういう微妙な恋の気持ちのわからない男たちですね。

そして、先ほど言ったように隆達節は、一節の尺八を伴奏にしてうたいましたから、「一節切」はしょっちゅう出てくる伴奏楽器というだけではなくて、今晩限りという「一夜きり」がかけられているのですね。特に遊女の身になれば、嫌な男でも買われないわけにはいかない。今晩一晩だけと思って我慢する。一夜きりだという気持ちが、やはりそこにあるでしょう。特に遊女たちのことを念頭に置いて読むと、いっそうこの歌の内容が理解できるのではないかという気がしますね。

雪の上來しあたら長脛さやさやと杉の香はなつなれ好色漢《すきをとこ》

『感幻樂』

これも「杉の香」と「好色漢《すきをとこ》」の「す」を微妙に通わせています。しかも非常に流麗な感じですね。雪の上をやってきた青年。その青年が「あたら」というのは「惜しい、もったいない」という意味です。後には「新しい」という場合にも使うようになりましたけれども、もともとは「惜しい」ですね。惜しい長すねとありますから、すねが長い。ということは、今風に言えば足の長い格好のいい青年ということですよ。

「長脛」という言葉の出典は古く、古事記を見ますと神武天皇が東征で吉野の国にやってきますけれども、そこで手こずったのが長髄彦《ながすねひこ》です。ところが金の鳥が天皇の弓の先にとまって長髄彦の目がくらんで負けてしまった。長髄彦の中に、権力に反抗するような気概を見たほうがいいのでしょうね。

雪の上を颯爽とやってきた惜しいほどすばらしい長すねの男よ。その青年の颯爽とした感じが「さやさや」という音に出ています。そして、その長すねに雪が触れたとたん、杉の香りがぱっとにおい立つ。男の色気を実にうまく、この長すねに当たる雪であらわしている。

何とまあ、この男は好色漢《すきおとこ》。いい色男なんだろうか。実際にこんな男がいるはずはないから、塚本さんがつくり出した好色漢ですね。つまり、その色好みの男を好色漢と呼んでいる。そういう遊び心を理解できる格好のいい青年のイメージが、実に見事に光っているでしょうね。

たとえば現代短歌でこういう男をつくれるかという話ですよ。泥臭くなったり過激になり過ぎたりして、なかなか難しい。小唄風な趣を入れると、それが生きてくるというところが一つの発見でしょうね。

女性の魅力を詠む歌は、たくさんありますけれども、この歌なども小唄のかたちで現代青年のとても魅力的な世界が開かれていると見ていいのではないですか。

## まをとめの鈴蟲飼ふはひる月のひるがほの上《へ》にあるよりあはれ　　『感幻樂』

真乙女が鈴虫を飼っております。一見すると、とても情感のある優美な世界が浮かんでくるのではないかと思います。ところが、塚本邦雄はそのようには詠んでいない。真乙女が鈴虫を飼っているのは哀れだ。もちろん、この哀れは現代風の哀れとは違います。白い昼月が昼顔の花の上にあるよりも、もっと哀れである。直訳しますと、そういうことになりますね。

いったいこれは真乙女をたたえているのか悲しんでいるのか。ちょっと判断がつきにくいところがあるかもしれませんがね。夕顔とは違って昼顔のエロスというものを念頭に置かなければいけないにしても、全体の醸し出す雰囲気は、きわめてはかないですね。しかし、そのはかない印象よりも、もっと真乙女が鈴虫を飼っているのは哀れである。このときの「あはれ」というのは、また難しいですね。古典で使われる「あはれ」というのは情趣が深いということなので、決して気の毒だということではないのですけれどもね。しかし、真乙女が鈴虫を飼うというのは、それは確かに美しいし情感があるけれども、何かはかなさがある。

つまり真乙女は鈴虫など飼わないで、若い男を飼いなさいというのですよ。そのほうがふさわしい。鈴虫なんか飼っているから、そういう淡い感じになってしまう。その「あはれ」というところに複雑な気持ちがありますよね。

塚本邦雄もなかなか刺激的なことをそそのかしている。そう読めない人がほとんどだと思うけれども、そう読むと、なかなかこれはいいですよ。

空色のかたびらあれは人買ひの買ひそこねたるははのぬけがら　『感幻樂』

これも今の歌と相通ずる世界を持っている歌ですね。「かたびら」は、さきほども出てきました。美しい空色のかたびらがかかっているのを見ながら何と言っているのか。あのかたびらは、人買いの買いそこねた母の抜け殻なのだよと言っているのですね。これもまた意味深長です。人買いに売られなくて、お母さんは本当に幸せだったのだろうか。そうではない。人買いに買われて、どこかへ娼婦として売られてしまったほうが、もっと充実した人生を送ったかもしれない。まともに生きたために、ただの抜け殻になってしまったという痛烈なものがこの中にこもっているように思います、私はね。

塚本邦雄一流の諷刺が、この中に隠されていると見たほうがいいと思いますね。塚本邦雄の哲学というか、生き方というか、そういうものに結びつくものを感じさせます。怒りを忘れて、だらっとした生活の中で抜け殻になっていく。人買いに買われて毎日怒っていたら、もっともっと燃え立つような生き方ができたかもしれない。そういうものを感じさせますよね。

## 銀の串もて鮎つらぬきし若者のこころすなはちわれつらぬかむ　『感幻樂』

先ほど「あたら長脛さやさやと」とありましたけれども、この若者もきれいですね。釣ってきた鮎を焼いて食べさせる。鮎の背中の反っているきれいなかたちをつくるために串を刺す。手練《てだ》れの職人とは違うけれども、見事に串で鮎を貫いた一途な若者の心が、そこから感じ取れたのでしょうね。その心は真っ直ぐ私をも貫いてしまった。

ですから当然、これは女の人がそれを見て感銘して、あの若者の銀の串は私も貫く、そのような気持ちをかき立てる鮮やかなイメージを与えたのでしょうね。魚をさばく手つきだけではなくて緊迫感といいますか、気合いを込めたときの、その覇気といいますか、そういったものに打たれたのですね。女のほうも男を見る目がないと、こういう歌は詠めないでしょう。「われつらぬかむ」の「われ」は、どういう「われ」なのかと連想すると、それなりのおもしろい小説的な世界が出てきます。

世俗的でありながら、しかし品格が出ていますよね。これがあえて閑吟集をとらないで隆達小唄を元にした理由でしょうね。そういう、エロスを洗練させるということの難しさですよ。その挑戦が全体にありますからね。リアルで泥臭いエロスとは違ったかたちで詠もうとすると、それは言葉の使い方にかかってきます。こういうところは、やはりうまいと思います。

## 枯るる蓬生《よもぎふ》口紅ほどにもみぢする心車輪のごと急《せ》く彼方　『感幻樂』

雑草が生い茂っている野原が「蓬生《よもぎふ》」ですね。ところが、その蓬も枯れて、紅葉します。草紅葉《くさもみじ》ですね。この蓬を実にうまく使っています。あの荒れ草の蓬が、きれいな口紅のように赤くなったというのですね。うそだと思うけれども、このうそがあえて人を引きつける。当然この口紅が女性のイメージを思い起こすでしょう。

「蓬生」のかなたに一人の女性がいる。そしてその女性に向かって一刻も早く会いに行きたいと男は思っているのですね。その心をどうやって表現するのか。具体的なイメージとして車輪を持ってきました。もちろんこれは、牛車の車輪でしょうね。幾ら速く走ったって知れているけれども、その車輪がぐるぐる回って走っていくように、自分の心は、ひたすらこの「蓬生」のかなたにいる口紅の女性に向かって走っていくというイメージですね。

通いなれて、慌てずにゆっくり行くというのではなくて、もうどうにもならない火のついたような気持ちで女のところに行く、そういう気持ちがここにあります。

しかし、この歌は小唄ですからね。宮廷に登場するのは身分の高い、すばらしいインテリの女性たちばかりですが、そんな女は出してはだめですね。その女のイメージを何があらわすのか。これが「蓬生」という言葉の使い方です。塚本さんもしょっちゅう言うように、源氏物語を読まないような人は歌人になってはいけないのだと。逆に言えば、歌人になりたかったら源氏物語をちゃんと読みなさいということなのです。

源氏物語の蓬生の段に出てくる女性は末摘花《すえつむはな》です。この末摘花というのは、源氏物語でたった一人出てくる「見たくない女」なのですね。中流貴族のお嬢さんで、ひたすら源氏がやってくることを信じて、荒れた家の中に待ち続けている。源氏のほうは政治的な敗北から、須磨、明石へ身をひそめていて、しばらく彼女のことを忘れていたけれども、その話を聞いてひさびさに訪れる。ですから、一途に源氏を恋い慕って、顔は醜いけれども心は美しい女性として描き出されています。その末摘花も源氏に引き取られて再び幸せになるという後日談が蓬生の段です。

その末摘花のイメージを重ねてみれば、「枯るる蓬生《よもぎふ》」とありますからね、年齢は若くはないような気がする。しかも顔もそんなに美しくはない。けれども、どこか男を引きつけるものを持っているのですね。それに若い男が血迷ってしまって、心を車輪のごとく一刻も早くというような小唄の世界ですよ。かえって取り合わせがいいのではないですか。こういう世俗的なものをにおわせながら、恋の妙味を物語としてつくり出すというのはうまいですね。

そして、『感幻樂』中で、一番著名なこの歌が出てきます。

馬を洗はば馬のたましひ冱ゆるまで人戀はば人あやむるこころ　『感幻樂』

この「冱ゆるまで」の字を初めて目にする方が多いと思いますけれども、正字はニスイに互という字を書く。これは凝り固まるという意味がありますね。

馬を洗うならば、馬の魂が冷たく光を発するまで洗いなさいと言っている。馬を洗うというのは、俳句では夏の季語として使われています。「冷し馬」という季語もありますね。夏、馬は暑がりですから、川の中に入れて冷やしてあげる。「馬を洗はば」というのは、川に連れていってその馬の体を洗ってあげるということなのです。

しかし洗ってやるならば、馬の魂が真珠のように光を発するまで洗いなさい。要するに心を込めてやれということですよね、この歌にあるのは。これが小唄の精神なのではないですか、倫理的に大げさに考えてしまうと、おもしろみがなくなってしまうけれども、小唄の中にそういう、思い入れたら徹底してやりなさいという感じのものがありますからね。

現代短歌として読んでしまうとかた苦しくなるから、本当はくだいて鑑賞したほうがいいのではないか、そのためにはこの一連の中にあることをわかっていないとだめですね。

そして、人を恋するならば、人も殺したくなるような、そんなところまで、思い詰めないと本物じゃないよと言っているのです。

馬を洗うならば馬の魂がぴかぴか宝石のように輝くぐらいまで洗いましょうよ。人を恋するならば、人を殺したくなるところまで愛したいものだよね。「ああ、そうだよね、そうだよね」と言ってもいいのですね。平俗なかたちで言いながら、しかし「なるほどな」と思わせるところがありますよね。

歌謡調であることは、対句形式と同じようにパターン化していますから、たいして珍しいことではないのです。でも、馬と人とを対比させて、余計な口の挟みようがないような完璧性を、これで持っているのですね。これはなかなか理屈では明らかにしがたい魅力があると思います。

## 海には礁《いくり》　原に鳥網とらはれてたちまち忘れける男の名　『感幻樂』

さて「礁《いくり》」とは何ものか。岩礁のことで、普段は波をかぶっていて見えない岩ですね。「暗礁に乗り上げる」という言葉がありますけれども、肉眼では見えないものだから船が乗り上げてしまって座礁してしまう。それが「礁」です。

「原に鳥網」。これは言うまでもなく鳥をとるための網ですね。いずれも海には礁、原にも鳥網、そういう危険なものが隠されているわけです。鳥網だって、鳥の目に見えないように隠されてしつらえてありますからね。その鳥網にとらわれて、「たちまち忘れける男の名」とありますから、これは鳥が男の名前を忘れているわけではない。「とらはれて」ということを言うために用意した序詞的な使い方ですね。

海にも陸にも目に見えない落とし穴のようなものがある。それがすなわち恋というものだ。よく「恋に落ちる」と言いますけれどもね。その恋の中にとらわれてしまって、たちまち男の名前を忘れてしまったというのは、新しい恋に落ちたから、古い男の名前を一瞬のうちに忘れてしまった。新しい男の名前しか浮かんでこないということですね。摩訶不思議なそういう網の目があって、その恋に落ちたが最後、こういう始末になってしまうという。これはおもしろい歌だと思いますね。やはり小唄風の機転がきいているのではないですか。

鶉割きてその花いろの肝くらふ咲へをとこのいのちつかのま　『感幻樂』

ウズラの肝臓はきれいです。ウズラを割いて、その花色のきれいな肝を食らう。そして、本当に男が男である命というのは、きわめて短い。だから男の肝も食らえと、そそのかしているわけですよ。もちろん、肝を実際に食らうわけにはいかないけれども、肝食らえということは、その男に恋をせよという意味ですね。つかの間の命を逃がさないで、恋せよ乙女とそそのかしているのが、この歌でしょうね。
何となく、小唄のノリですが、これで「花曜」は終わります。次回はまた年が明けたら始める
ことにしましょう。

（二〇〇六年度了）

本書は、朝日カルチャーセンター札幌にて「現代短歌――塚本邦雄の宇宙」と題し、二〇〇六年四月から、四期にわたって開かれた講座を再構成したものです。毎月第二、第四水曜日夜に開かれ、一期は二〇〇六年四月十二日から九月二十七日まで、二期は同年十月十一日から翌二〇〇七年三月二十八日まで、第三期は二〇〇七年四月十一日から九月二十六日まで、第四期は同年十月十日から翌二〇〇八年三月二十六日までの予定でしたが、十二月十五日の逝去のため、十一月二十八日をもって中断、終了しました。本書では、二〇〇六年度の講義をI、二〇〇七年度の講義をIIと、二分冊にして収録いたしました。なお、録音の不備などで収録できなかった作品のあることをお断わりします。

菱川善夫（ひしかわ・よしお）

一九二九年、小樽市に生まれる。

小樽中学時代から作歌をはじめ、北海道大学大学院時代の一九五四年に「短歌研究」第一回新人評論に「敗北の抒情」が入選。以降、『現代短歌美と思想』『戦後短歌の光源』『飢餓の充足』（いずれも桜楓社刊）など評論活動を展開、前衛短歌運動の理論的支柱となる。集大成として『菱川善夫著作集』（全十巻　沖積舎刊）。『菱川善夫歌集』（短歌研究社刊）。

二〇〇七年、死去。

塚本邦雄の宇宙 Ⅰ

二〇一八年六月三日　印刷発行

著者――菱《ひし》川《かわ》善《よし》夫《お》

発行者――國兼秀二

発行所――短歌研究社

東京都文京区音羽一―一七―一四　音羽ＹＫビル　郵便番号一一二―〇〇一三

電話〇三―三九四四―四八二二　振替〇〇一九〇―九―二四三七五

印刷所――豊国印刷

製本者――牧　製　本

定価――本体三〇〇〇円（税別）



ISBN978-4-86272-578-3 C0095 ¥3000E